Ayşen Seymen Çakar

Cumhurbaşkanı Seçimi

Ayşen Seymen Çakar

Cumhurbaşkanı Seçimi

Düzenlenmesi, Yönetilmesi ve Uyuşmazlıklarının Çözümü

Türkiye Alim Kitapları

Impressum / Yayınevi adı
Bibliografische Information der Deutschen Nationalbibliothek: Die Deutsche Nationalbibliothek verzeichnet diese Publikation in der Deutschen Nationalbibliografie; detaillierte bibliografische Daten sind im Internet über http://dnb.d-nb.de abrufbar.

Deutsche Nationalbibliothek tarafından yayınlanan bibliyografik bilgiler: Deutsche Nationalbibliothek, bu yayını Deutsche Nationalbibliografie'de listeler; detaylı bibliyografik bilgi İnternet'te http://dnb.d-nb.de sitesinde mevcuttur.

Coverbild / Kitap kapağı resmi: www.ingimage.com

Verlag / Yayıncı:
Türkiye Alim Kitapları
ist ein Imprint der / yayınevinin bir ticari markasıdır
OmniScriptum GmbH & Co. KG
Heinrich-Böcking-Str. 6-8, 66121 Saarbrücken, Deutschland / Almanya
Email / E-posta: info@turkiye-alim-kitaplary.com

Herstellung: siehe letzte Seite /
Basım yeri: son sayfaya bakın
ISBN: 978-3-639-67203-9

Zugl. / Approved by: Bursa, Uludağ Üniversitesi, 2013

İÇİNDEKİLER

Sayfa

İÇİNDEKİLER 1

KISALTMALAR 5

GİRİŞ 6

Birinci Bölüm

CUMHURBAŞKANI

I. TANIMI 9

II. SEÇİLME YETERLİLİĞİ 12

A. TÜRK VATANDAŞLIĞI 12

1. Vatandaşlığın Kazanılması 13

2. Vatandaşlığın Bulunması Gereken Süre 14

3. Çok Vatandaşlığın Seçilme Yeterliliğine Etkisi 19

B. YAŞ ŞARTI 20

C. YÜKSEK ÖĞRENİM YAPMIŞ OLMAK ŞARTI 22

D. MİLLETVEKİLİ SEÇİLME YETERLİLİĞİ 24

1. Olumlu Şartlar 25

2. Olumsuz Şartlar 26

a. En az ilkokul mezunu olmak 26

b. Kısıtlı olmamak 26

c. Yükümlü olunan askerlik hizmetini yapmamış olmak 28

d. Kamu hizmetinden yasaklı olmak 31

e. Belirli suçlardan veya belirli sürelerle hüküm giymemiş olmak 32

(1) Affın seçilme yeterliliğine etkisi 36

(2) Anayasanın 76. maddesinde belirtilen suçların sınırlı sayıda olup olmadığı meselesi 40

(3) Dava zamanaşımının seçilme yeterliliğine etkisi 44

(4) Mahkumiyetin tespiti 46

(5) Hapis cezasının ertelenmesinin seçilme yeterliliğine olan etkisi 50

(6) Hükmün açıklanmasının geri bırakılmasının seçilme yeterliliğine olan etkisi 54

f. Görevlerinden çekilmedikçe aday olamayacaklar 56

İkinci Bölüm

CUMHURBAŞKANI SEÇİM USULÜ

I. TÜRK ANAYASALARINDA CUMHURBAŞKANI SEÇİM USULÜ 61

II. 31.05.2007 VE 5678 SAYILI KANUNLA YAPILAN DEĞİŞİKLİKLER SONRASI TÜRK HUKUKUNDA CUMHURBAŞKANI SEÇİMİ USULÜ 70

A. ADAYLIK 71

B. PROPAGANDA 74

C. SEÇİCİ ORGAN 93

D. SEÇİM YÖNTEMİ 97

Üçüncü Bölüm

SEÇİMİN YÖNETİMİ

I. SEÇİM KURULLARI 106

A. YÜKSEK SEÇİM KURULU 107

B. İL SEÇİM KURULU 113

C. İLÇE SEÇİM KURULU 115

D. YURT DIŞI İLÇE SEÇİM KURULU 116

E. SANDIK KURULU 118

II. SEÇİM GÜNÜ İŞLERİ 119

III. SEÇİM SONRASI İŞLERİ 136

Dördüncü Bölüm

SEÇİM UYUŞMAZLIKLARI VE ÇÖZÜM YOLLARI

I. SEÇİM UYUŞMAZLIĞI KAVRAMI VE HUKUKİ NİTELİĞİ 140

II. SEÇİM UYUŞMAZLIKLARININ SINIFLANDIRILMASI 141

A. SEÇİM ÖNCESİ İŞLERLE İLGİLİ SEÇİM UYUŞMAZLIKLARI 143

1.Adaylığa İlişkin Seçim Uyuşmazlıkları 143

2. Propagandaya İlişkin Seçim Uyuşmazlıklar 149

B. SEÇİM GÜNÜ İŞLERİ İLE İLGİLİ SEÇİM UYUŞMAZLIKLARI 152

C. SEÇİM SONRASI İŞLERLE İLGİLİ SEÇİM UYUŞMAZLIKLARI 155

SONUÇ **159**

KAYNAKLAR **172**

Kısaltma	Bibliyografik Bilgi
a.e.	Aynı Eser
a.g.e.	Adı Geçen Eser
a.g.m.	Adı Geçen Makale
a.y.	Aynı Yer
Bkz.	Bakınız
C.	Cilt
Çev.	Çeviren
Ed.	Editör
E.T.	Erişim Tarihi
Haz.	Hazırlayan
md.	Madde
no.	Numara
S.	Sayı
s.	Sayfa
ss.	Sayfadan sayfaya
TBMM	Türkiye Büyük Millet Meclisi
TCK	Türk Ceza Kanunu
v.dğr.	Ve diğerleri
vb.	Ve benzeri
vd.	Ve devamı
TRT	Türkiye Radyo Televizyonu
vs.	Vesaire
YSK	Yüksek Seçim Kurulu

GİRİŞ

Cumhurbaşkanı, cumhuriyetlerde devlet başkanına verilen isimdir. Cumhuriyet ise devlet başkanlığının ırsi olarak intikal etmediği devlet şeklinin adıdır ve bu anlamda monarşinin tersidir. Türkiye Cumhuriyeti'nin kuruluşundan bu yana Türkiye'de on dokuz kez cumhurbaşkanı seçimi yapılmıştır. Halen görevde olan cumhurbaşkanı, Türkiye Cumhuriyeti'nin on birinci cumhurbaşkanıdır. Cumhurbaşkanının nitelikleri ve seçimi esasları Anayasa'nın 101. ve 102. maddelerinde düzenlenmiştir. Ayrıca cumhurbaşkanının seçim usulünün ayrıntıları 26/01/2012 tarih ve 6271 sayılı Cumhurbaşkanı Seçimi Kanunu'nda düzenlenmiştir. 102. maddenin ayrıntılı ve açık ifadesine rağmen 2007 yılında maddenin farklı yorumlanması ülkemizde cumhurbaşkanının bir süre seçilememesine yol açmış ve hukukçular bu konuda fikir ayrılıklarına düşmüş ve hararetli tartışmalar yaşanmıştır. Tartışmaların konusunu, Anayasa'nın 102. maddesinin ilk fıkrasında yer alan üçte iki çoğunluğun karar yeter sayısını değil toplantı yeter sayısını ifade ettiği yönündeki iddialar oluşturmakta idi. Bunun üzerine Meclis, cumhurbaşkanı seçiminde toplantı yetersayısının 184 olduğu yönünde bir karar almıştır. Yapılan başvuru üzerine Anayasa Mahkemesi, Türkiye Büyük Millet Meclisi'nin, cumhurbaşkanı seçimi sırasında toplantı yetersayısının 184 olduğuna yönelik kararını eylemli içtüzük değişikliği niteliğinde bulmuş ve 01.05.2007 tarih ve 2007/45-54 E.-K. sayılı kararında başkanvekili Haşim Kılıç ve üye Sacit Adalı'nın karşı oyları ile iptal etmiş ve 01.05.2007 tarih ve 2007/45-21 E.-K. sayılı kararı ile de, oybirliği ile, ilgili TBMM kararının yürürlüğünü durdurmuştur. Türkiye Büyük Millet Meclisi, Anayasa Mahkemesi'nin söz konusu kararının ardından 31.05.2007 tarih ve 5678 sayılı Kanun'la Anayasa'nın 96. maddesini değiştirmiştir. Maddenin toplantı ve karar yetersayıları ile ilgili olan birinci fıkrası şu şekilde değiştirilmiştir: "Türkiye Büyük Millet Meclisi, yapacağı seçimler dahil bütün işlerinde üye tamsayısının en az üçte biri ile toplanır. Türkiye Büyük Millet Meclisi, anayasada başkaca bir hüküm yoksa toplantıya katılanların salt çoğunluğu ile karar verir; ancak karar yetersayısı hiçbir şekilde üye tamsayısının dörtte birinin bir fazlasından az olamaz". Anayasa

Mahkemesi'nin söz konusu kararının ardından Türkiye Büyük Millet Meclisi, yine 31.05.2007 tarih ve 5678 sayılı Kanun'la cumhurbaşkanı seçimi usulünü de değiştirmiş ve Anayasa'nın 101. maddesinde "cumhurbaşkanının halk tarafından seçileceği" ifadesi yer almıştır. Cumhurbaşkanının seçim usulü konusunda uygulanmak üzere bir de 26/01/2012 tarih ve 6271 sayılı Cumhurbaşkanı Seçimi Kanunu çıkarılmıştır. İşte bu çalışmada mevcut anayasal düzenlemeler ve Cumhurbaşkanı Seçimi Kanunu başta olmak üzere diğer seçim mevzuatından da yeri geldiğince faydalanmak suretiyle bir seçim hukuku çalışması olarak cumhurbaşkanı seçimi konusu incelenecektir. Çalışmamızın özünü, cumhurbaşkanlığı seçimi: düzenlenmesi, yönetilmesi ve uyuşmazlıklarının çözümü konuları oluşturmaktadır. Bu konunun seçilmesindeki amaç, konunun henüz hiç uygulaması olmamış yeni bir düzenlemeye dayanmasıdır. Cumhurbaşkanı, Türkiye'de henüz halk tarafından seçilmemiştir. Bu sebeple konu özgün bir konudur. Zaten Türkiye'de mevcut seçim hukuku çalışmalarının azlığı ortadadır. Olan seçim hukuku çalışmaları da daha ziyade milletvekili seçimlerine ilişkindir. Cumhurbaşkanı seçimini, mevcut değişikliklerle seçim hukuku çalışması olarak inceleyen bir kitap da araştırdığımız kadarıyla yoktur. Bu sebeple yapmış olduğumuz bu çalışma, konusunda ilk olma özelliğini taşıyacaktır. Fakat bu durum beraberinde kaynak, karar ve örnek eksikliği sıkıntısını da getirmektedir.

Çalışmada yeri geldiğince karşılaştırmalı hukuk verilerinden ve Türk anayasa düzenlemelerinden yararlanılmıştır. Bununla birlikte bu çalışma bir karşılaştırmalı hukuk çalışması veya hukuk tarihi çalışması niteliğinde değildir. Çalışmanın özü, mevcut anayasa hükümleri ve seçim mevzuatı açısından cumhurbaşkanı seçiminin incelenmesidir. Çalışmada Yüksek Seçim Kurulu'nun kararlarına da yer verilmiştir. Fakat henüz hiç uygulanmamış bir seçim hakkında Yüksek Seçim Kurulu kararı da olamayacağı için yararlanılan kararlar daha çok milletvekili seçim uyuşmazlıklarına ilişkin kararlardır. Bu kararlar örneklendirme amacıyla verilmiştir.

Çalışma dört bölümden oluşmaktadır. Birinci bölümde, cumhurbaşkanı kavramı üzerinde durulduktan sonra cumhurbaşkanı seçilme yeterlilikleri incelenecektir. İkinci bölümde, cumhurbaşkanı seçim usulü, üçüncü bölümde seçimin yönetimi ve dördüncü bölümde de hukuki uyuşmazlıklar ve çözüm yolları üzerinde durulacaktır.

BİRİNCİ BÖLÜM

CUMHURBAŞKANI

Birinci bölüm, cumhurbaşkanı konusuna ayrılmıştır. Bu bölümde genel olarak cumhurbaşkanı kavramı üzerinde durulacak, cumhurbaşkanının tanımı verildikten sonra, cumhurbaşkanı seçilme yeterlilikleri ayrıntılı olarak açıklanacaktır. Cumhurbaşkanı seçilme yeterlilikleri açıklanırken mümkün olduğunca karşılaştırmalı hukuk verilerinden de yararlanılacaktır.

I.TANIMI

Türk Dil Kurumu'nun Büyük Türkçe Sözlük'ünde tanımladığına göre cumhur, "halk, topluluk" anlamına gelmektedir[1]. Cumhurbaşkanı, cumhuriyetlerde devlet başkanına verilen isimdir[2]. Cumhuriyet[3] ise, devlet başkanlığının irsi olarak intikal etmediği devlet şeklidir ve bu anlamda monarşinin tersidir[4]. Fakat cumhuriyetlerde de cumhurbaşkanına değişik isimler verilebilmektedir. Örneğin devlet başkanına Almanya ve Avusturya'da Federasyon Başkanı, Finlandiya, Fransa, İtalya, İzlanda, Portekiz, Türkiye ve Yunanistan'da Cumhurbaşkanı, İsrail'de Devlet Başkanı, İrlanda'da sadece Başkan, Avustralya'da ise Genel Vali denmektedir[5]. Anayasamızın 104. maddesinin 1. fıkrasına göre de, cumhurbaşkanı devletin başıdır. Bu sıfatla Türkiye Cumhuriyeti'ni ve Türk milletinin birliğini temsil eder; anayasanın uygulanmasını, devlet organlarının düzenli ve uyumlu çalışmasını gözetir.

---

1 Türk Dil Kurumu, Büyük Türkçe Sözlük, http://tdkterim.gov.tr (E.T. 04.03.2013).
2 Kemal Gözler, **Devlet Başkanları,** Ekin Yayınevi, Bursa, 2001, s. 55.
Türk Dil Kurumu, Büyük Türkçe Sözlük, http://tdkterim.gov.tr/bts/ (E.T. 10.01.2013).
3 Montesquieu'ya göre üç çeşit hükümet vardır: Cumhuriyet, Saltanat, İstibdat. Cumhuriyetle yönetim, milletin tümünün birden ya da milletin bir parçasının yönetimi elinde bulundurmasıdır. Saltanatla yönetim, bir kişinin ama sabit ve yerleşmiş kanunlarla yönetimidir. İstibdatla yönetim ise, bir kişinin hiçbir kanun ve kurala bağlı olmadan kendi istek ve heveslerine göre yönetimidir. Montesquieu, **Kanunların Ruhu Üzerine**, Çev: Fehmi Baldaş, Hiperlink Yayınları, İstanbul, Tarihsiz, s. 49.
4 Kemal Gözler, **Anayasa Hukukunun Genel Esasları**, Genişletilmiş 2. b. , Ekin Yayınevi, Bursa, 2011, s. 181.
5 Gözler, **Anayasa Hukukunun Genel Esasları,** s. 362.

Türkiye Cumhuriyeti'nin kuruluşundan bu yana Türkiye'de ondokuz kez cumhurbaşkanı seçimi yapılmıştır. Halen görevde olan cumhurbaşkanı, Türkiye Cumhuriyeti'nin onbirinci cumhurbaşkanıdır. 29 Ekim 1923'te cumhuriyetin ilanı ile seçilen ilk cumhurbaşkanı Mustafa Kemal Atatürk'tür. Atatürk'ten sonra sırasıyla İsmet İnönü, Celal Bayar, Cemal Gürsel, Cevdet Sunay, Fahri Korutürk, Kenan Evren, Turgut Özal, Süleyman Demirel, Ahmet Necdet Sezer ve Abdullah Gül cumhurbaşkanı seçilmişlerdir. Aşağıda, Türkiye Cumhuriyeti'nde görev yapmış cumhurbaşkanları ve seçimleriyle ilgili bazı bilgiler tablo şeklinde gösterilmiştir.

Tablo 1. Hangi Cumhurbaşkanı Kaç Oyla Seçildi[6]?

	Seçim Tarihi	Toplam Üye	Katılan Üye	Verilen Oy	Yüzde (%)
Mustafa Kemal Atatürk (29.10.1923-10.11.1938)	29.10.1923	287	158	158	55.1
Mustafa Kemal Atatürk	01.11.1927	316	288	288	91.1
Mustafa Kemal Atatürk	04.05.1931	317	289	289	91.2
Mustafa Kemal Atatürk	01.03.1935	399	386	386	96.7
İsmet İnönü (11.11.1938-22.05.1950)	11.11.1938	399	348	348	87.2
İsmet İnönü	03.04.1939	424	413	413	97.4
İsmet İnönü	08.03.1943	455	435	435	95.6
İsmet İnönü	05.06.1946	465	451	388	83.4
Celal Bayar (22.05.1950-27.05.1960)	22.05.1950	487	453	387	79.5
Celal Bayar	14.05.1954	541	513	486	89.8

6 Radikal Gazetesi, 29.08.2007, http://www.radikal.com.tr/veriler/2007/08/29/tarihimin.gif (E.T. 04.03.2013).

Celal Bayar	01.11.1957	610	413	413	67.7
Cemal Gürsel (27.05.1960-28.03.1966)	26.10.1961	638	607	434	68.0
Cevdet Sunay (28.03.1966-28.03.1973)	28.03.1966	636	532	461	72.5
Fahri Korutürk (06.04.1973-06.04.1980)	06.04.1973	635	557	365	57.5
Kenan Evren (12.09.1980-09.11.1989)	12 Eylül darbesinin ardından, 7 Kasım 1982'de halkoyu ile kabul edilen Anayasanın geçici 1. maddesi uyarınca seçildi.				
Turgut Özal (09.11.1989-17.04.1993)	31.10.1989	450	285	263	58.4
Süleyman Demirel (16.05.1993-16.05.2000)	16.05.1993	450	431	244	54.2
Ahmet Necdet Sezer (05.05.2000-28.08.2007)	05.05.2000	550	533	330	60.0
Abdullah Gül (28.08.2007-Halen görevde)	28.08.2007	550	448	339	61.6

Mehmet Kahraman'ın ifadesiyle, Türkiye'de cumhurbaşkanlığı seçimleri hep yoğun tartışmalara neden olmuştur. Bunun sebeplerinden biri Türkiye'de cumhurbaşkanına tanınan geniş yetkiler ve diğeri ise bu makamın kale gibi görülmesi daha doğrusu, sorumsuz devlet iktidarının kalesi sayılmasıdır[7].

II.SEÇİLME YETERLİLİĞİ

Cumhurbaşkanının nitelikleri ve seçimi esasları Anayasa'nın 101 ve 102. maddelerinde düzenlenmiştir. Ayrıca cumhurbaşkanının seçim usulü konusunda uygulanmak üzere bir de 26/01/2012 tarih ve 6271 sayılı Cumhurbaşkanı Seçimi Kanunu bulunmaktadır. Anayasa'nın 101. maddesinin ilk fıkrası ve Cumhurbaşkanı Seçimi Kanunu'nun 6. maddesi uyarınca cumhurbaşkanı, kırk yaşını doldurmuş ve yüksek öğrenim yapmış Türkiye Büyük Millet Meclisi üyeleri veya bu niteliklere ve milletvekili seçilme yeterliliğine sahip Türk vatandaşları arasından seçilir. O halde cumhurbaşkanı seçilebilmek için anayasada ve kanunda aranan şartlar: vatandaşlık, yaş, yüksek öğrenim yapmış olmak ve milletvekili seçilme yeterliliğine sahip olmak şartlarıdır.

A. TÜRK VATANDAŞLIĞI

29.05.2009 tarih ve 5901 sayılı Vatandaşlık Kanunu'nun 3. maddesinin 1. fıkrasının ç bendinde Türk vatandaşı, "Türkiye Cumhuriyeti Devleti'ne vatandaşlık bağı ile bağlı olan kişi" şeklinde tanımlanmıştır. Aynı tanımlama Anayasa'nın 66. maddesinde de yer almaktadır. Anayasa'da ve adı geçen Kanun'da vatandaşlık teriminin bir tanımı bulunmamaktadır. Vatandaşlık, kişiyi devlete bağlayan ve bu sayede ona haklar kazandırıp yükümlülükler yükleyen hukuki bağdır. Her devlet egemenlik yetkisine dayanarak vatandaşlığın kazanılması ve kaybedilmesi kurallarını kendisi belirlemekte serbesttir. Bu nedenle devletler arasında farklılıklar vardır. Örneğin, Türk Vatandaşlık Hukuku ile Yunan Vatandaşlık Hukuku arasında anlayış ve kavram farklılıkları vardır. Yunan hukukunda, Türkçedeki vatandaşlık kavramı

---

[7] Mehmet Kahraman, "Fonksiyonları İtibariyle Türkiye'de Cumhurbaşkanlığı ve Cumhurbaşkanlığı Seçimi Tartışmaları", **Dumlupınar Üniversitesi Sosyal Bilimler Dergisi**, Sayı:19, Aralık 2007, ss. 156-157.

yerine “asıllılık”, “köken” kavramı tercih edilmekte olup, ırkçı bir anlayış benimsenmektedir[8]. Yunan hukukunda “ithagenis: asıllılık” ve “ipikcotita: uyrukluk” olmak üzere iki kavram kullanılmaktadır. “Asıllılık” kavramı ulus (millet) kavramı ile ilgili olup, “uyrukluk” kavramı da devlet ile yakından ilgilidir. Asıllılık, ilk kökeni (orijini), doğumla hak ve sorumlulukların kazanılmasını anlatmaktadır. Oysa uyruk, doğumdan sonra hak ve sorumlulukların kazanılmasını, başka bir deyişle hak ve sorumlulukların doğumla ilk olarak kazanılmamasını, daha sonra kazanılmasını anlatmaktadır[9]. Görüldüğü gibi, Türk hukuk düzeninde vatandaşlık, hukuki bir bağ olarak görülmekte ve ırkçı temellere dayanmamaktadır. Her devlet kendi egemenlik yetkisine dayanarak kendi vatandaşlık kurallarını belirleyebilme yetkisine sahiptir.

1.Vatandaşlığın kazanılması

5901 sayılı Vatandaşlık Kanunu’nun 5. maddesi uyarınca Türk vatandaşlığı, doğumla veya sonradan kazanılır. Doğumla kazanılan Türk vatandaşlığı soy bağı veya doğum yeri esasına göre kendiliğinden kazanılır. Doğumla kazanılan vatandaşlık doğum anından itibaren hüküm ifade eder (md. 6). Soy bağı esasına göre, Türkiye içinde veya dışında Türk vatandaşı ana veya babadan evlilik birliği içinde doğan çocuk Türk vatandaşıdır (md. 7/1). Doğum yeri esasına göre, Türkiye’de doğan ve yabancı ana ve babasından dolayı doğumla herhangi bir ülkenin vatandaşlığını kazanamayan çocuk, doğumdan itibaren Türk vatandaşıdır (md. 8/1). Vatandaşlığın sonradan kazanılması ise, Vatandaşlık Kanunu’nun 9. maddesi uyarınca üç şekilde gerçekleşebilir. Bunlar: yetkili makam kararı, evlat edinilme ya da seçme hakkının kullanılması durumlarıdır.

Görüldüğü üzere Türk vatandaşlık hukukunda, vatandaşlığın kazanılması doğumla olabildiği gibi sonradan kazanma şeklinde de olabilir. Cumhurbaşkanının nitelikleri arasında sayılan vatandaşlık şartı, başka herhangi bir ayrıma gidilmeden aranan bir şarttır. O halde Türk hukukuna göre cumhurbaşkanı, vatandaşlığı doğumla kazanmış bir kişi olabileceği gibi, sonradan vatandaşlık kazanmış bir kişi de olabilir.

[8] Turgay Cin, “Yunan Vatandaşlık Yasasına Göre Yunan Asıllılığın (Vatandaşlığının) Kazanılması”, s.1. http://deu.mitosweb.com/browse/51051/cin1.pdf?show (E.T. 04.03.2013).

[9] Cin, a.g.m., s. 1.

Anayasa'nın 101. maddesinde vatandaşlık şartını sınırlayıcı bir ifadeye yer verilmemiştir. Başka bazı ülkelerde cumhurbaşkanının vatandaşlık şartını sınırlayıcı ifadeler yer almaktadır. Örneğin Finlandiya'da doğuştan Finlandiya vatandaşı olanlar cumhurbaşkanı seçilebilirler, Yunan Anayasası'na göre de cumhurbaşkanı adayı olabilmek için baba hattından Yunan neslinden olmak ve en az 5 yıllık Yunan vatandaşı olmak şartları aranmaktadır[10]. Portekiz'de ancak köken itibariyle Portekiz olanlar cumhurbaşkanı seçilebilirken, İsrail'de ancak İsrail'de ikamet eden vatandaşlar cumhurbaşkanı adayı olabilmektedir[11].

2.Vatandaşlığın Bulunması Gereken Süre

Burada akla şöyle bir soru gelmektedir: Cumhurbaşkanı vatandaşlık şartına adaylık süresince mi yoksa cumhurbaşkanlığı sıfatının devam ettiği süre boyunca mı sahip olmalıdır? Anayasa'nın 101. maddesi ve Cumhurbaşkanı Seçimi Kanunu'nun 6. maddesi metnine bakıldığında, sayılan şartların cumhurbaşkanı seçilebilmek için aranan şartlar olduğu, dolayısıyla adaylık süresince bulunmasının yeterli olduğu sonucuna varılmaktadır. Fakat bu noktada Anayasa'nın 101. maddesi ile Cumhurbaşkanı Seçimi Kanunu'nun 6. maddesinin başlıkları arasında bir uyumsuzluk ve hatta Anayasa'nın 101. maddesinin metni ile başlığı arasında da bir uyumsuzluk olduğu dikkati çekmektedir. Şöyle ki; Anayasa'nın 101. maddesinin kenar başlığı "I. Cumhurbaşkanı, A. Nitelikleri ve tarafsızlığı" şeklindedir. Kenar başlığı dikkate alındığında, madde metninde cumhurbaşkanının nitelikleri yani cumhurbaşkanı sıfatını taşıdığı süre boyunca sahip olması gereken niteliklerin düzenlendiği şeklinde bir anlayışa varılabilir. Oysa ki, 101. maddenin ilk fıkrasında aranan seçilme yeterliliğidir. Anayasa'nın "Başlangıç ve kenar başlıklar" başlıklı 176. maddesinin 2. fıkrası da, madde kenar başlıklarının sadece ilgili oldukları maddelerin konusunu ve maddeler arasındaki sıralamayı ve bağlantıyı gösterdiğini ve bu başlıkların anayasa metninden sayılmayacağını düzenlemiştir. Bu durum kanun koyucunun gözünden kaçmamış olsa gerek, Cumhurbaşkanı Seçimi Kanunu'nun 6.

---

[10] Gözler, **Devlet Başkanları**., s. 56.
[11] a.y.

maddesinin kenar başlığı "Seçilme yeterliliği"dir. Yüksek Seçim Kurulu da 22.04.2000 tarih ve 235 sayılı kararında[12] Türk vatandaşlığı şartının seçilme anında mı arandığı yoksa görev süresi boyunca mı devam etmesi gerektiğini incelemiştir. Yüksek Seçim Kurulu, adı geçen kararında,

> "2972 sayılı Kanun'da yer alan seçilme yeterliğine ilişkin hükümlerin bir kısmının T.C. Anayasası'nın 76. maddesindeki amir hükme dayandığından, seçilenin Türk olmadığı, yaşının yasada öngörülenden küçük olduğu, okur-yazar olmadığı ve seçilme yeterliğini kaybettiren bir mahkumiyeti bulunduğu ile ilgili iddia ve itirazların, süresine bakılmaksızın ve seçim sonuçlarının kesinleşmesinden sonra dahi T.C. Anayasası'nın 79. maddesinin verdiği görev ve tam kanunsuzluk hali sebebiyle Yüksek Seçim Kurulu'nca her zaman incelenebileceğini kabul etmiştir. Ancak, Anayasa'nın 79. maddesinde tanımlandığı üzere tam kanunsuzluk halinin seçimden önce oluşmuş olması seçim kurullarını ilgilendirdiği gibi seçimden önce olup da tutanağın kesinleşmesinden sonra ortaya çıkan tam kanunsuzluk halinin ise anılan 79. madde uyarınca Yüksek Seçim Kurulu'nca değerlendirilip gerekli kararın verileceği kurala bağlanmıştır. Karar konusu olayda, Türk vatandaşlığının kaybedilmesi, seçildikten sonraya rastladığından konunun incelenmesi ilgili mercilere ait olup, yukarıda belirtildiği üzere ortaya çıkan tam kanunsuzluk halinin değerlendirilmesi Yüksek Seçim Kurulu'nun görevi dışında kabul edilmiştir. Yüksek Seçim Kurulu, seçimden sonra hasıl olan durumun değerlendirilmesi ve gereken işlemin yapılması idari makamların görev ve yetkisine dahil olduğu için, bu konuda seçim hukuku yönünden yapılacak bir işlem bulunmadığına ve itirazın görev yönünden reddine" karar vermiştir.

Kemal Gözler, milletvekillerinin seçildikten sonra Türk vatandaşlığını kaybetmesi durumunda milletvekilliklerinin düşüp düşmeyeceğini incelediği bir makalesinde[13], vatandaşlık şartının bir seçilme yeterliliği olduğu ve adaylık süreciyle ilgili olduğu, milletvekili seçilebilmek için vatandaşlık şartını düzenleyen normun "müeyyidesiz bir norm" olduğu, bu sebeple seçildikten sonra Türk vatandaşlığını kaybeden bir milletvekilinin milletvekilliğinin devam edeceğini belirtmiştir.

---

[12] http://www.ysk.gov.tr/ysk/IlkeKararlari/2000/Kararlar/2000-235-karar.htm (E.T. 04.03.2013).

[13] Kemal Gözler, "Vatandaşlık ve Milletvekilliği", **Liberal Düşünce**, Cilt 4, Yaz 1999, Sayı 16, s. 91.

Yüksek Seçim Kurulu 17.05.1999 tarih ve 1585 sayılı, milletvekili seçilme yeterliği yönünden Türkiye Cumhuriyeti vatandaşlığıyla ve bu vatandaşlığın kaybedilme tarihi ile ilgili kararında[14],

"Anayasa'nın 76. maddesi uyarınca, milletvekili seçilebilmek için Türk vatandaşı olmak, 30 yaşını doldurmuş bulunmak, askerlik hizmetini yapmış olmak, kısıtlı olmamak ve yine madde metninde sayılan cezalara hükümlü bulunmamak gerektiğini belirtmiş, 79. madde gereğince de seçim süresince ve seçimden sonra seçim konularıyla ilgili bütün yolsuzlukları, şikayet ve itirazları inceleme ve kesin karara bağlama yetkisi ve görevinin Yüksek Seçim Kurulu'na ait olduğunu açıklamıştır. Karara konu olan olayda, Yüksek Seçim Kurulu'nun bu yetki ve görevinin uygulama zamanının belirlenmesi önem kazanmaktadır. 2839 sayılı Milletvekili Seçimi Kanunu'nun 42. maddesinde, bu kanunda özel hüküm bulunmayan hallerde 298 sayılı Kanun'un bu kanuna aykırı olmayan hükümlerinin uygulanacağı belirtilmiş, 298 sayılı Seçimlerin Temel Hükümleri ve Seçmen Kütükleri Hakkında Kanun'un 130. maddesinin son paragrafında da, adaylığın kesinleşmesinden sonra adayın Türk olmadığına, yaşının kanunda gösterilenden küçük olduğuna, okur-yazar olmadığına veya seçilme yeterliğini kaybettiren bir mahkumiyeti bulunduğuna ilişkin iddialarla itiraz olunabileceği hükme bağlanmıştır. Yüksek Seçim Kurulu kararında, seçimden önce var olan seçilme yeterliğine engel bir tam kanunsuzluk halinin seçimden sonra herhangi bir yolla öğrenilmesi üzerine konunun Yüksek Seçim Kurulu'nca inceleneceği, seçimden sonra oluşacak bir yetersizlik nedeniyle alınacak kararın ise Türkiye Büyük Millet Meclisi'ne ait olduğunu belirtmiştir ve Anayasa'nın 127. maddesinde ifade edilen, mahalli idarelerin seçilmiş organlarının organlık sıfatlarını kazanmaları ve kaybetmelerinin yargı kararı ile gerçekleşeceği, bu hükmün uygulanmasında organlık sıfatının kazanılmasına ilişkin seçimler ve seçim işlerinden çıkan uyuşmazlıkların Yüksek Seçim Kurulu ve alt seçim kurullarınca denetlendiği halde seçimden sonra oluşan seçilme yeterliğinin kaybına ilişkin uyuşmazlıklar sebebiyle organlık sıfatının kaybına 2577 sayılı İdari Yargılama Usulü Kanunu'nun Ek-2. maddesi uyarınca Danıştay'ca karar verileceği yolundaki hükme dayanmıştır. Yüksek Seçim Kurulu, olayda, Merve Safa KAVAKÇI'nın Türk vatandaşlığını kaybettiğine ilişkin 99/12827 sayılı Bakanlar Kurulu Kararı'nın aday listeleri kesinleştikten, 18 Nisan 1999 tarihinde milletvekili genel seçimleri yapıldıktan sonra 16.05.1999 tarihli Resmi Gazete'de yayımlanmış bulunduğundan seçilme yeterliğinin kaybının seçimlerden sonra oluştuğuna bu nedenle, Merve Safa KAVAKÇI'nın milletvekilliğinin düşürülme yetki ve görevinin

[14] http://www.ysk.gov.tr/ysk/IlkeKararlari/1999/Kararlar/1999-1585-karar.htm (E.T. 04.03.2013).

Anayasa'nın 84. maddesi ışığında Türkiye Büyük Millet Meclisi'ne ait olduğuna" karar vermiştir.

Anayasa'nın 84. maddesi "milletvekilliğinin düşmesi" konusunu düzenlemektedir. Maddede 23.07.1995 tarih ve 4121 sayılı Kanun'un 9. maddesi ile bir değişiklik yapılmış, 07.05.2010 tarih ve 5982 sayılı Kanun'un 9. maddesi ile de son fıkrası ilga edilmiştir. Yüksek Seçim Kurulu'nun yukarıda belirtilen kararını verdiği tarih olan 17.05.1999 tarihinde Anayasa'nın 84. maddesinde düzenlenen hususlar şöyledir: Maddenin birinci fıkrasında istifa eden milletvekilinin milletvekilliğinin düşmesi, ikinci fıkrasında kesin hüküm giyme veya kısıtlanma halinde milletvekilliğinin düşmesi, üçüncü fıkrasında milletvekilliğiyle bağdaşmayan bir görev veya hizmeti sürdürmekte ısrar eden milletvekilinin milletvekilliğinin düşmesi, dördüncü fıkrasında meclis çalışmalarına özürsüz veya izinsiz olarak bir ay içerisinde toplam beş birleşim günü katılmayan milletvekilinin milletvekilliğinin düşmesi, 2010 yılında ilga edilen son fıkrasında ise partisinin temelli kapatılmasına beyan ve eylemleriyle sebep olduğu Anayasa Mahkemesi'nin temelli kapatmaya ilişkin kesin kararında belirtilen milletvekilinin milletvekilliğinin düşmesi hususları düzenlemiştir. Görüldüğü gibi Anayasa, milletvekilliğinin düşmesi sebeplerini ve bu sebepler ortaya çıktığında karar verecek olan makamları 84. maddesinde açıkça ve sınırlı bir şekilde saymıştır. Bu sebepler arasında milletvekili seçilme yeterliliğini veya daha özel bir ifadeyle vatandaşlık şartını kaybetmek ifadesi yer almamaktadır. Anayasa, seçildikten sonra Türk vatandaşlığını kaybeden milletvekilinin milletvekilliğinin düşmesini düzenlemediği gibi bu konuda herhangi bir makama da yetki vermemiştir. Yüksek Seçim Kurulu söz konusu kararında bu sonuca kıyasa başvurmak suretiyle ulaşmış olabilir. Fakat Kemal Gözler'in ifade ettiği gibi, bir kamu hukuku makamı, Anayasa ve kanun koyucunun ayrıca ve açıkça vermediği bir yetkiye sahip değildir. Bu ise *expressio unius est exclusio alterius* (bir şeyin zikredilmesi, diğerinin dışlanması demektir) ilkesinin kamu hukukunda genel kural olarak geçerli olduğu anlamına gelir. Bu nedenle de bu ilkenin geçerli olduğu kamu hukuku alanlarında kıyas yapılamaz[15].

Hamit Eşen, vatandaşlığın kaybını, milletvekilliğini kendiliğinden sona erdiren haller arasında saymıştır. Ona göre, seçimden önce şart olduğu gibi sonradan kaybedilmesi de milletvekili seçilme yeterliliğinin ortadan kalkması olarak değerlendirilmekte ve uygulamada bu durumun varlığının tespitine ilişkin kararın Genel Kurul'un bilgisine sunulması gerekmektedir[16]. Gökalp İzmir'e göre de vatandaşlığın, milletvekilliği devam ettiği sürece korunması gerekir[17].

Biz de burada cumhurbaşkanı seçilme yeterliliğini düzenleyen Anayasa'nın 101. ve Cumhurbaşkanı Seçimi Kanunu'nun 6. maddesinin müeyyidesiz normlar olduğunu ve cumhurbaşkanı seçildikten sonra Türk vatandaşlığını kaybetmenin cumhurbaşkanlığını sona erdirmeyeceğini ifade edebiliriz. Anayasa, seçimden sonra Türk vatandaşlığının kaybı durumunda cumhurbaşkanının görevine son verebilecek bir makam öngörmediği için vatandaşlığı seçimden sonra kaybeden bir cumhurbaşkanının görevine, Anayasa bu konuda bir makamı görevlendirmedikçe son verilemez. Örneğin Avusturya Anayasası'nın 60. maddesinin 6. fıkrasında cumhurbaşkanının görevden alınma usulü düzenlenmiştir. Buna göre, federal cumhurbaşkanı, görev süresinin tamamlanmasından önce halk oylamasıyla görevinden alınabilir. Federal Meclis talep etmiş ise, halk oylaması gerçekleştirilir. Milli Konsey bu yönde bir karar almışsa, Federal Meclis, Federal Şansölye tarafından bu amaçla toplanır. Milli Konsey'in kararı için, üye tam sayısının en az yarısının oylamaya katılmış olması ve kullanılan oyların üçte ikisinin çoğunluğu şartı aranır. Federal cumhurbaşkanı, Milli Konsey'in bu oyuyla görevini daha fazla sürdürmekten men edilir. Görevden alınma talebinin halk oylaması sonucu reddedilmesi, seçimlerin yenilenmesini ve Milli Konsey'in feshini gerektirir. Almanya Anayasası'nın 61.

---

[15] Kemal Gözler, "Yorum İlkeleri", **Anayasa Hukukunda Yorum ve Norm Somutlaşması (Kamu Hukukçuları Platformu 3. Toplantısı),** Ankara, TBB Kongre Merkezi, 29 Eylül 2012. www. anayasa.gen.tr (E.T. 13.02.2013).

[16] Hamit Eşen, "Parlamento Hukukunda Milletvekilliğinin Sona Ermesi", **Yasama Dergisi**, S:19, Eylül-Ekim-Kasım-Aralık, 2011, s. 45.

[17] Gökalp İzmir, "Milletvekili Seçilme Yeterliliği ve Sıfatın Kazanılması", **Yasama Dergisi**, S: 18, Mayıs-Haziran-Temmuz-Ağustos, 2011, s. 59.

maddesinin 2. fıkrasına göre de, Federal Anayasa Mahkemesi, federal cumhurbaşkanını, anayasayı veya diğer bir federal yasayı kasten ihlal etmekten suçlu bulduğu takdirde, federal cumhurbaşkanının görevini kaybettirebilir. Federal Anayasa Mahkemesi, davanın açılmasından sonra, federal cumhurbaşkanının görevini yerine getirmesini durdurabilir. İrlanda Anayasası da Alman Anayasası'na benzer bir düzenleme getirmiştir. İrlanda Anayasası'nın 12. maddesinin 10. fıkrasının 7. bendine göre, "soruşturmanın sonunda, başkanı yargılayan meclisin üye tamsayısının en az üçte ikisi ile, başkana yüklenen suçun sabit bulunduğu ve suçlandırmaya konu fena hareketin görevini yapmasına uygun olmamasına neden olduğunu ilân ederek karar vermesi durumunda, bu kararla başkan görevden alınır". Polonya Anayasası da 131. maddesinin 2. fıkrasının 5. bendinde, cumhurbaşkanının, Yüce Divan tarafından alınacak bir yargı kararıyla görevden alınabileceğini açıkça düzenlemiştir. Portekiz Anayasası'nın 130. maddesinin 3. fıkrasına göre cumhurbaşkanının görevini yerine getirirken işlediği suçlardan dolayı hakkında Yüksek Adalet Divanı tarafından verilen mahkumiyet kararı, görevinin sona ermesi ve yeniden seçilebilmek için ehliyetsizlik sonucunu doğurur. Görüldüğü üzere yukarıda belirtilen anayasalarda cumhurbaşkanının görevden alınma usulü ve cumhurbaşkanını görevden alacak olan makam açıkça düzenlenmiştir. Anayasada benzer bir düzenleme olmadan yorum yoluyla cumhurbaşkanını görevden alabilecek bir makam tesis edebilmek mümkün değildir.

3.Çok Vatandaşlığın Seçilme Yeterliliğine Etkisi

Yukarıda yapmış olduğumuz açıklamalardan sonra cumhurbaşkanlığı için aranan en temel şartlardan birinin vatandaşlık şartı olduğunu gördük. Şimdi çifte vatandaşlığın cumhurbaşkanı seçilmeye engel teşkil edip etmediğini inceleyelim. Yukarıda, gerek Anayasamızın gerekse Cumhurbaşkanı Seçimi Kanunu'nun seçilme yeterliliği olarak Türk vatandaşlığını sayarken herhangi bir sınırlamaya yer vermediğini belirtmiştik. "Çok vatandaşlık" ise bizzat 5901 sayılı Türk Vatandaşlığı Kanunu'nun 3. maddesinin 1. fıkrasının b bendinde "Türk vatandaşının aynı anda birden çok vatandaşlığa sahip olması" şeklinde tanımlanmıştır. Yine aynı Kanun'un

44. maddesinde "herhangi bir nedenle yabancı bir devlet vatandaşlığını kazanan kişilerin, bu durumlarına ilişkin belgeleri ibraz etmeleri ve yapılacak inceleme sonucunda kayden aynı kişiler olduklarının tespiti halinde, nüfus aile kütüklerindeki kayıtlarına çok vatandaşlığa sahip olduklarına dair açıklama yapılır" ifadesi yer almaktadır. Dolayısıyla Türk hukuk düzeninde kişilerin birden fazla vatandaşlığa sahip olabilmesi mümkündür. Cumhurbaşkanı seçilebilme yeterliliği olarak da vatandaşlık şartı kayıtsız olarak arandığı için birden çok vatandaşlığa sahip olan Türk vatandaşının cumhurbaşkanı seçilebilmesi mümkündür. Kemal Gözler, çifte vatandaşlığın milletvekili seçilme yeterliliğine de engel olmadığını belirtmektedir[18].

B. YAŞ ŞARTI

1961 Anayasası'nın 95. maddesinde cumhurbaşkanı seçilebilme yeterliliği olarak 40 yaşını doldurmuş olmak şartı aranmaktaydı[19]. 1982 Anayasası'nda da 40 yaş şartı korunmuştur. Avusturya Anayasası'nın 60. maddesinin 3. fıkrasına göre, "sadece Milli Konsey'e seçilebilmek için aranan şartları taşıyan ve seçim gününün hitamından önce 35 yaşında olan bir kişi cumhurbaşkanı seçilebilir". 4 Ekim 1958 tarihli Fransız Anayasası'nda cumhurbaşkanı seçilme yeterliliği olarak herhangi bir yaş şartı öngörülmemiştir[20]. Kemal Gözler'in belirttiğine göre Fransa'da genel olarak seçilebilme yeterliliği için öngörülen yaş Seçim Kanunu'na göre 23 olduğuna göre, Fransa'da 23 yaşını doldurmuş herkes cumhurbaşkanlığı seçimlerine aday olabilir[21]. Alman Anayasası'nın 54 maddesinin 1. fıkrasına göre "Federal Meclis seçimlerinde oy hakkı olan ve 40 yaşını doldurmuş bulunan her Alman, cumhurbaşkanı

---

[18] Gözler, "Vatandaşlık ve Milletvekilliği", s. 90.

[19] Bu çalışmada eski Türk anayasalarına yapılan atıflar için bakınız: Suna Kili ve Şeref Gözübüyük, **Sened-i İttifaktan Günümüze Türk Anayasa Metinleri**, Yenilenmiş 3. b., Türkiye İş Bankası Kültür Yayınları, İstanbul, 2006, s. 224.

[20] Bu çalışmada Avusturya Anayasası'na yapılan atıflar için bakınız: http://www.adalet.gov.tr/duyurular/2011/eylul/anayasalar/ulkeana/pdf/04-AVUSTURYA%201-98.pdf (E.T. 26/12/2012)
Bu çalışmada Fransa Anayasası'na yapılan atıflar için bakınız: http://www.adalet.gov.tr/duyurular/2011/eylul/anayasalar/ulkeana/pdf/07-FRANSA%20169-208.pdf (E.T. 26/12/2012)

[21] Gözler, **Devlet Başkanları**, s. 57

seçilebilir"[22]. İrlanda Anayasası'nın 12. maddesinin 4. fıkrasının 1. bendine göre, "35 yaşına erişen her vatandaş başkanlık makamı için seçime girebilir"[23]. İtalyan Anayasası'nın 84. maddesinin 1. fıkrasına göre "50 yaşını doldurmuş medeni ve siyasi haklara sahip her vatandaş cumhurbaşkanı seçilebilir"[24]. Polonya Anayasası'nın 127. maddesinin 3. fıkrasına göre, "sadece en geç seçim günü 35 yaşını dolduran ve Meclis seçimlerinde tam seçilme yeterliliği olan bir Polonya vatandaşı cumhurbaşkanı seçilebilir"[25]. Portekiz Anayasası'nın 122. maddesi uyarınca "seçmen kütüğüne kayıtlı ve 35 yaşına gelmiş köken itibariyle Portekizli vatandaşlar seçilme yeterliliğine sahiptir"[26]. Görüldüğü gibi cumhurbaşkanı seçilebilmek için aranan yaş şartı ülkeden ülkeye değişmekte, bazı ülkelerde ayrıca yaş şartı aranmazken, bazı ülkelerde 35, 40, 50 gibi değişik yaşlar öngörülmektedir.

Anayasamızda cumhurbaşkanlığı için aranan yaş şartının 40 olduğunu belirtmiştik. Murat Sevinç'e göre kırk yaş şartı, bir cumhurbaşkanının, milletvekilinden daha olgun olması gerektiği inancıyla konulmuştur. Sevinç'e göre, bir milletvekilinin cumhurbaşkanından daha az olgun olmasının kabul edilebilirliği bir yana, kesinliği kanıtlanabilecek olan, kırk yaşındaki birinin otuz yaşındaki birinden daha yaşlı olduğudur, olgun olduğu değil. Sevinç bu düşüncesi kapsamında, cumhurbaşkanı seçilebilmek için aranan yaş şartının milletvekili seçilebilmek için aranan yaş şartı ile paralel düzenlenmesinin daha uygun olacağını savunmaktadır[27].

---

[22] Bu çalışmada Almanya Anayasası'na yapılan atıflar için bakınız: http://www.adalet.gov.tr/duyurular/2011/eylul/anayasalar/ulkeana/pdf/08-ALMANYA%20209-276.pdf (E.T. 26/12/2012)

[23] Bu çalışmada İrlanda Anayasası'na yapılan atıflar için bakınız: http://www.adalet.gov.tr/duyurular/2011/eylul/anayasalar/ulkeana/pdf/09-İRLANDA%20277-318.pdf (E.T. 26/12/2012)

[24] Bu çalışmada İtalya Anayasası'na yapılan atıflar için bakınız: http://www.adalet.gov.tr/duyurular/2011/eylul/anayasalar/ulkeana/pdf/10-İTALYA%20319-354.pdf (E.T. 26/12/2012)

[25] Bu çalışmada Polonya Anayasası'na yapılan atıflar için bakınız: http://www.adalet.gov.tr/duyurular/2011/eylul/anayasalar/ulkeana/pdf/12-POLONYA%20385-438.pdf (E.T. 26/12/2012).

[26] Bu çalışmada Portekiz Anayasası'na yapılan atıflar için bakınız: http://www.adalet.gov.tr/duyurular/2011/eylul/anayasalar/ulkeana/pdf/13-PORTEKİZ%20439-532.pdf (E.T. 26/12/2012).

[27] Murat Sevinç, "Güncel Gelişmelerin Işığında, 1982 Anayasasına Göre Cumhurbaşkanı", **Ankara Üniversitesi Siyasal Bilgiler Fakültesi Dergisi**, Cilt:57, Sayı:2, 2002, s. 118.

Yüksek Seçim Kurulu, seçilme yeterliliği olarak yaş şartını incelediği bir kararında "*Bursa'nın Mustafa Kemal Paşa İlçesi Hacıali Köyü ihtiyar heyeti üyeliğine seçilen Osman İnce'nin seçim tarihi itibariyle 25 yaşını doldurmadığından tam kanunsuzluk hali nedeniyle tutanağının iptaline*" karar vermiştir[28].

C. YÜKSEK ÖĞRENİM YAPMIŞ OLMAK ŞARTI

Anayasamızın 101. maddesinin 1. fıkrasında ve Cumhurbaşkanı Seçimi Kanunu'nun 6. maddesinde, cumhurbaşkanı seçilebilmek için yükseköğrenim yapmış olmak şartı yer almaktadır. Yukarıda incelediğimiz anayasalarda cumhurbaşkanı seçilme yeterliliği olarak yüksek öğrenim yapmış olmak şartı yer almamaktadır.

Cumhurbaşkanı seçilebilmek için yüksek öğrenim yapmış olmak şartı ilk olarak 1961 Anayasası'nda yer almıştır. 1961 Anayasası'nın hazırlık sürecinde birçok anayasa ön tasarısı hazırlanmıştır. Yükseköğrenim şartı, İstanbul Bilim Komisyonu'nun ve Ankara Üniversitesi Siyasal Bilgiler Fakültesi öğretim üyelerinin hazırladığı tasarılarda yer almakla birlikte Temsilciler Meclisi Anayasa Komisyonu Yasama ve Yürütme Organları Alt Komisyonu'nun tasarısının ilk halinde yer almamış, fakat Temsilciler Meclisi üyelerinin ısrarcı tutumu üzerine tasarıda değişiklik yapılarak yükseköğrenim şartı tasarıya konulmuştur[29].

Temsilciler Meclisi'ndeki görüşmelerde adayların yükseköğrenim yapmış olmaları şartında ısrar eden üyelerden Ahmet Karamüftüoğlu, "1924 Anayasası'nda bulunmayışı, tahsilsiz de cumhurbaşkanı olur demek değil; cahillerden devletin başına geçecek kimselerin bulunabileceğinin düşünülmemiş olmasındandır" şeklinde görüşünü ifade etmiştir[30]. Emin Soysal da,

> "hiç tahsili olmayan bir adamı reisicumhur yapacaksınız, vatanın haritasını bilmez, memleketin tarihini ve geleceğini, dünya coğrafyasını ve dünya meselelerini bilmez,

---

[28] Yüksek Seçim Kurulu'nun 11.06.2005 tarih ve 267 sayılı kararı. http://www.ysk.gov.tr/ysk/IlkeKararlari/2005/Kararlar/2005-267-karar.htm (E.T. 11.03.2013). Yüksek Seçim Kurulu'nun konu ile ilgili 11.06.2007 tarih ve 433 sayılı kararı için bkz. http://www.ysk.gov.tr/ysk/IlkeKararlari/2007/Kararlar/2007-433-karar.htm (E.T. 18.03.2013).

[29] Hikmet Özdemir, **Atatürk'ten Günümüze Cumhurbaşkanı Seçimleri**, Remzi Kitabevi, İstanbul, 2007, s. 29.

[30] Ahmet Karamüftüoğlu'ndan aktaran, Özdemir, a.g.e., s. 29-30.

okuduğu kitapları anlamazsa ...ondan sonra da anayasayı çiğnedi dersiniz. Dünya nerede biz neredeyiz. Asrımızın fen, ilim asrı olduğunu unutmamak lazımdır, bilgiye değer vermek lazımdır. Yüksek tahsilin kendine mahsus özellikleri vardır. Devleti felakete sürüklememek için lütfedin cumhurbaşkanlığına seçilecek kimseler için yüksek tahsil mecburiyetini koyalım"

şeklinde düşüncelerini dile getirmiştir[31].

Bu görüşlerin karşıtı olarak, cumhurbaşkanı seçilebilmek için yükseköğrenim yapmış olmak şartının gerekmediğini savunan Anayasa Komisyonu Sözcüsü Prof. Dr. Turan Güneş, Komisyon görüşünü savunurken şöyle bir konuşma yapmıştır:

"İlkokul diplomasına bile sahip olmayan insanlardan siyasi basirete ve haysiyete sahip insanlar çıktığı gibi, yüksek mektep mezunları içinden de şeref, haysiyet ve vatanseverliği zerrece taşımayan insanların çıktığını da gördük...Bilginin hiç olmazsa şeref ve haysiyetle, yüksek tahsil, ek kademe tahsili yahut da tahsilsizlikle alakası bulunmamaktadır. Bu bakımdan yüksek tahsili şart koymakla cumhurbaşkanından beklenen işlevin daha iyi tecelli edebileceği kanaatine iştirak etmiyoruz. Siyasi hayatta özel tahsil görmüş olan veya ilkokul mezunu olanlardan bir memleketin siyasi sahasında, hatta düşünce ve ilim sahasında çok kıymetli adamlar çıktığı görülmüştür."[32]

2839 sayılı Milletvekili Seçimi Kanunu'nun 11. maddesi milletvekili seçilemeyecek olanları sayma yoluyla belirlerken 1. fıkrasının a bendinde "ilkokul mezunu olmayanlar" ifadesini kullanmıştır. Aksi yorum yöntemiyle milletvekili olabilmek için gereken öğrenim şartını en az ilkokul mezunu olmak şeklinde ifade edebiliriz. O halde Türk hukukunda milletvekili seçilebilmek için aranan öğrenim şartı ilkokul mezunu olmak iken, cumhurbaşkanı seçilebilmek için aranan öğrenim şartı ise yüksek öğrenim yapmış olmaktır. O halde meclis içinden cumhurbaşkanlığına aday olabilecek milletvekilleri sadece yükseköğrenim yapmış olan milletvekilleridir.

Yükseköğretim, 04.11.1981 tarih ve 2547 sayılı Yükseköğretim Kanunu'nun 3. maddesinin 1. fıkrasının a bendinde "milli eğitim sistemi içinde, ortaöğretime dayalı

---

[31] Emin Soysal'dan aktaran, Özdemir, a.g.e., s. 30.
[32] Turan Güneş'ten aktaran, Özdemir, a.g.e., s. 30.

en az dört yarıyılı kapsayan her kademedeki eğitim-öğretimin tümü" şeklinde izah edilmiştir. 3. maddenin 1. fıkrasının c bendinde ise yükseköğretim kurumları "üniversite ile yüksek teknoloji enstitüleri ve bunların bünyesinde yer alan fakülteler, enstitüler, yüksekokullar, enstitüsüne bağlı olmaksızın ve kazanç amacına yönelik olmamak şartı ile vakıflar tarafından kurulan meslek yüksekokulları" şeklinde sayılmıştır.

Yüksek Seçim Kurulu, seçilme yeterliliği olarak öğrenim şartını incelediği 29.05.1999 tarih ve 1679 sayılı kararında[33],

> "İlçeleri Alpagut Beldesi Belediye Meclisi üyeliklerine seçilen Tevfik ÇAL ve Hakkı KARA'nın okur-yazar olduklarına dair öğrenim belgelerinin bulunduğu, ancak her ikisinin de yaşlarının öğrenim çağını geçtiğinden dolayı öğrenimleri tamamlanmadan kayıtlarının silindiği, sonuç itibariyle seçilmeye engel hali olduğu Dodurga İlçe Seçim Kurulu Başkanlığı'nın 26.05.1999 günlü, 106 sayılı yazı ve eklerinin incelenmesi ve adı geçenlerin savunmasından açıkça anlaşılmakta olduğundan, Alpagut Beldesi Belediye Meclisi üyeliklerine seçilen Tevfik ÇAL ve Hakkı KARA'nın 2972 sayılı Kanun'un 9 ve 36. maddelerinin yollamada bulunduğu 2839 sayılı Kanun'un 11. maddesinin öngördüğü koşullardan birine sahip olmadığı gerekçesiyle Çorum İli Dodurga İlçesi Alpagut Beldesi Belediye Meclisi üyeliklerine seçilen Tevfik ÇAL ve Hakkı KARA'nın seçildikleri tarihte seçilme yeterliğine sahip olmamaları nedeniyle, tutanaklarının iptaline" karar vermiştir.

Biz de Yüksek Seçim Kurulu'nun bu kararından hareketle, cumhurbaşkanlığı için aranan yükseköğrenim şartının, seçim tarihinde bulunmaması halinde adayın seçim tutanaklarının, Yüksek Seçim Kurulu tarafından iptaline karar verilebileceğini söyleyebiliriz.

D. MİLLETVEKİLİ SEÇİLME YETERLİLİĞİ

Anayasamızın 101. maddesinin birinci fıkrası ve Cumhurbaşkanı Seçimi Kanunu'nun 6. maddesinde cumhurbaşkanı seçilebilmek için 40 yaşını doldurmuş ve yükseköğrenim yapmış olan Türkiye Büyük Millet Meclisi üyesi olmak veya yine bu niteliklere ve milletvekili seçilme yeterliliğine sahip olan Türk vatandaşı olmak

[33] http://www.ysk.gov.tr/ysk/IlkeKararlari/1999/Kararlar/1999-1679-karar.htm (E.T. 04.03.2013).

şartları aranmıştır. O halde Anayasamız ve Cumhurbaşkanı Seçimi Kanunu milletvekili seçilme yeterliliğini bir genel şart olarak kabul etmiş, bu genel şart ile çelişen örneğin yaş ve öğrenim şartı gibi farklılıkları ayrıca belirtmiştir. Milletvekili seçilme yeterliliğine sahip olmak şartı başka bazı ülkelerin anayasalarında da aranan bir şarttır. Örneğin Avusturya Anayasası'nın 60. maddesinin 3. fıkrasında ve Polonya Anayasası'nın 127. maddesinin 3. fıkrasında bu şart açıkça aranmıştır.

Anayasamızın 76. maddesinde milletvekili seçilme yeterlilikleri hem olumlu hem de olumsuz şartlar aynı madde içerisinde belirtilerek düzenlenmiştir. 2839 sayılı Milletvekili Seçimi Kanunu ise seçilme yeterliliği başlıklı 10. maddesinde olumlu şartlara yer verirken, 11. maddesinde milletvekili seçilemeyecek olanları sayarak bir nevi olumsuz şartları saymıştır.

1.Olumlu Şartlar

Anayasamızın yetmiş altıncı maddesinin birinci fıkrası ve Milletvekili Seçimi Kanunu'nun onuncu maddesinde, milletvekili seçilebilmek için aranan yeterlilik şartları yaş ve vatandaşlık şartı olarak düzenlenmiştir. Buna göre, milletvekili seçilebilmek için 25 yaşını doldurmuş olmak ve Türk vatandaşı olmak gerekmektedir. Milletvekili seçilebilmek için gereken 25 yaşını doldurmuş olmak şartı 13/10/2006 tarih ve 5551 sayılı Kanun'un 1. maddesi ile Anayasamıza girmiştir. Söz konusu anayasa değişikliğinden önce milletvekili seçilebilmek için aranan yaş şartı 30 idi. Anayasamıza göre 25 yaşını bitiren bir Türk vatandaşı milletvekili seçilebilirken, cumhurbaşkanı seçilebilmesi mümkün değildir. Çünkü yukarıda belirttiğimiz üzere cumhurbaşkanı seçilebilmek için aranan yaş şartı 40 yaşını doldurmuş olmak şeklinde ifade edilmiştir.

Vatandaşlık şartı milletvekili ve cumhurbaşkanı seçilebilmek için aranan ortak şartlardan biri ve belki de en doğal olanıdır. Bu şart bakımından milletvekilliği ve cumhurbaşkanlığı adaylığı arasında herhangi bir fark yoktur. Yukarıda cumhurbaşkanı seçilebilmek için aranan vatandaşlık şartını incelerken değindiğimiz gibi çok vatandaşlık durumu ve seçildikten sonra vatandaşlığı kaybetme durumlarında cumhurbaşkanının görevinin sona ermeyeceği gibi milletvekilliği sıfatı da sona ermez, çünkü bu şartları düzenleyen normlar şartların kaybedilmesi halinde ortaya çıkacak durumu düzenlemediklerinden birer "müeyyidesiz norm" durumundadırlar.

2. Olumsuz Şartlar

Milletvekili seçilebilmek için aranan olumsuz şartlar yani milletvekili seçimi engelleri Anayasa'nın 76. maddesinin ikinci ve üçüncü fıkralarında ve Milletvekili Seçimi Kanunu'nun 11. maddesinde düzenlenmiştir. Anayasa'nın 76. maddesinin 2. fıkrasında sayılan olumsuz şartlar daha ziyade bazı suçlar itibarıyla değerlendirilirken, 3. fıkrada sayılan olumsuz şartlar ise belirli bazı statülerde bulunan kişiler itibarıyla değerlendirilmiştir.

a.En az ilkokul mezunu olmak

Yukarıda belirttiğimiz gibi Anayasamız milletvekili olabilmek için en az ilkokul mezunu olmak şartını aramışken, cumhurbaşkanı seçilebilmek için ise yükseköğrenim yapmış olmak şartını aramıştır. O halde Meclis içerisinden cumhurbaşkanlığına aday olabilecek milletvekilleri ilkokul mezunu olan milletvekilleri değil yükseköğrenim yapmış olan milletvekilleridir.

b. Kısıtlı olmamak

Kısıtlılık hali hem milletvekili seçilme yeterliliğine[34], ve hem de Anayasamızın 101. maddesinde yapılan atıf sebebiyle cumhurbaşkanı seçilme yeterliliğine engel olan hallerden biridir. Ergin bir kişi hakkında kısıtlama kararı verilerek, kendisine vasi atanabilmesi için, Medeni Kanunumuzun 405-408. maddelerinde öngörülen kısıtlama sebeplerinden birinin varlığı gereklidir[35]. Medeni Kanunumuz anılan maddelerinde dört başlık altında kısıtlılık sebeplerini saymıştır. Bu sebepler:

-Akıl hastalığı veya akıl zayıflığı

---

[34] Yüksek Seçim Kurulunun 09.06.2007 tarih ve 427 sayılı kararı. http://www.ysk.gov.tr/ysk/IlkeKararlari/2007/Kararlar/2007-427-karar.htm (E.T. 18.03.2013).
[35] Nevzat Koç, "Türk Medeni Kanunundaki Düzenlemeler Işığında Vesayet Hukukuna Genel Bir Bakış", **Dokuz Eylül Üniversitesi Hukuk Fakültesi Dergisi**, Cilt:7, Özel Sayı, 2005, s. 113.

-Savurganlık, alkol veya uyuşturucu madde bağımlılığı, kötü yaşama tarzı, kötü yönetim

-Özgürlüğü bağlayıcı ceza

-İstek üzerine kısıtlılıktır.

Türk Medeni Kanunu'nun 405. maddesinin ilk fıkrasına göre, akıl hastalığı veya akıl zayıflığı sebebiyle işlerini göremeyen veya korunması ve bakımı için kendisine sürekli yardım gereken ya da başkalarının güvenliğini tehlikeye sokan her ergin kısıtlanır. 406. maddeye göre de, savurganlığı, alkol veya uyuşturucu madde bağımlılığı, kötü yaşama tarzı veya malvarlığını kötü yönetmesi sebebiyle kendisini veya ailesini darlık veya yoksulluğa düşürme tehlikesine yol açan ve bu yüzden devamlı korunmaya ve bakıma muhtaç olan ya da başkalarının güvenliğini tehdit eden her ergin kısıtlanır. 407. maddenin ilk fıkrasına göre, bir yıl veya daha uzun süreli özgürlüğü bağlayıcı bir cezaya mahkûm olan her ergin kısıtlanır. 408. maddeye göre de, yaşlılığı, sakatlığı, deneyimsizliği veya ağır hastalığı sebebiyle işlerini gerektiği gibi yönetemediğini ispat eden her ergin kısıtlanmasını isteyebilir. 409. madde uyarınca, bir kimsenin savurganlığı, alkol veya uyuşturucu madde bağımlılığı, kötü yaşama tarzı, kötü yönetimi veya isteği sebebiyle kısıtlanabilmesi için o kişinin mutlaka dinlenmesi gerekir. Akıl hastalığı veya akıl zayıflığı sebebiyle kısıtlamaya ancak resmî sağlık kurulu raporu üzerine karar verilir. Hâkim, karar vermeden önce, kurul raporunu göz önünde tutarak kısıtlanması istenen kişiyi dinleyebilir. 410. madde gereğince, kısıtlama kararı, kesinleşince hemen kısıtlının yerleşim yeri ile nüfusa kayıtlı olduğu yerde ilân olunur. Kısıtlama, iyiniyetli üçüncü kişileri ilândan önce etkilemez[36]. Kısıtlama kararı vermeye yetkili ve bununla görevli olan mahkeme, kısıtlanacak kişinin yerleşim yerindeki vesayet makamı olan sulh hukuk mahkemesidir[37].Yukarıda anılan sebeplerden herhangi birinin varlığı halinde hakkında kısıtlılık kararı verilen kişi milletvekili adayı olamayacağı gibi cumhurbaşkanı adayı da olamaz.

---

[36] Bilge Öztan, **Medeni Hukukun Temel Kavramları**, 18. b., Turhan Kitabevi, Ankara, 2005, s. 186.

[37] Koç, a.g.m., s. 114.

c.Yükümlü olunan askerlik hizmetini yapmamış olmak

Askerlik hizmeti, Anayasa'nın "vatan hizmeti" kenar başlıklı 72. maddesinde "Vatan hizmeti her Türk'ün hakkı ve ödevidir" şeklinde ifade edildikten sonra bu hizmetin silahlı kuvvetlerde veya kamu kesiminde ne şekilde yerine getirileceği veya getirilmiş sayılacağı kanunla düzenlenir denmiştir.

1927 tarih ve 1111 sayılı Askerlik Kanunu'nun 1. maddesine göre "Türkiye Cumhuriyeti tebaası olan her erkek, işbu kanun mucibince askerlik yapmaya mecburdur". 1111 sayılı Askerlik Kanunu'nun 22/05/2012 tarih ve 6318 sayılı Kanun'un 6. maddesiyle değişik 28. maddesine göre "Yoklamaları yapılanlar, askerliğe elverişli olanlar veya askerliğe elverişli olmayanlar şeklinde ikiye ayrılır. Askerliğe elverişli olmayanlar asker edilmezler. Askerliğe elverişli olup olmadıklarının tespiti için asker hastanesine gönderilmelerinde zaruret görülenlerin, yol ve iaşe bedelleri ile asker hastanesinde teşhis amacıyla geçen süreler için iaşe bedelleri devletçe ödenir". 1111 sayılı Askerlik Kanunu'nun değişik 28. maddesine göre yoklama sırasında askerliğe elverişli olmadığı yolunda kanaat meydana gelen kişiler asker hastanesine sevk edilerek, asker hastanesinin raporunda da askerliğe elverişli olmadıkları belirtilmişse asker edilmezler. Bu kişilerin askerlik yükümlülüğü bulunduğu söylenemez. Bu kişilerin askerlik yükümlülüğü yok ise, bu kişiler örneğin cumhurbaşkanı adayı olmak istediklerinde kendileri hakkında "askerlik yapmış olmak" şartı aranmaz, çünkü bu kişilerin askerlik yükümlülüğü bulunmamaktadır. Yine 1111 sayılı Askerlik Kanunu'nun 1. maddesine göre "Türkiye Cumhuriyeti tebaası olan her erkek, işbu kanun mucibince askerlik yapmaya mecburdur". O halde Askerlik Kanunu'nun 1. maddesinin aksi yorumundan Türkiye'de kadınların askerlik yükümlülüğü olmadığı anlaşılmaktadır. Şu halde Türkiye'de cumhurbaşkanlığına aday olan bir kadının askerlik yükümlülüğü olmadığından kendisi hakkında "askerlik yükümlülüğünü yerine getirmiş olmak" şartı da aranmaz.

Yüksek Seçim Kurulu'nun 09.04.2005 tarih ve 181 sayılı kararına göre,

"2972 sayılı Kanun'un 9. ve 36. maddelerinin göndermede bulunduğu 2839 sayılı Kanun'un 11. maddesinin c bendinde, askerlik hizmetini yapmamış olma, seçilmeye engel hal olarak kabul edilmiş bulunmaktadır. Muş İli Varto İlçesi Çaylar Köyü Muhtarı İ.D'nin daha önce "askerliğe elverişsiz" olduğu için raporla askerlikten terhis edildiği, ancak yeniden verilen "elverişli" raporu karşısında adı geçenin 23 Aralık 2004 tarihinde askere sevk edildiği, İ.D vekili tarafından yeniden askere sevk işleminin iptali istemiyle dava açıldığı, Askeri Yüksek İdare Mahkemesi İkinci Daire Başkanlığı'nın 15.12.2004 gün ve GENSEK No: 2004/3195, Esas No: 2004/828 sayılı kararı ile adı geçenin yasal unsurları taşımayan yürütmenin durdurulmasına ilişkin istemin 1682 sayılı Askeri Yüksek İdare Mahkemesi Kanunu'nun 62. maddesi uyarınca reddine karar verildiği, bunun üzerine İ.D vekili tarafından Askeri Yüksek İdare Mahkemesi Başkanlığı'na söz konusu işlemin iptali ve yürütmeyi durdurma kararı verilmesi talebi yönünde 02.11.2004 tarihinde dava açıldığı Varto İlçe Seçim Kurulu Başkanlığı'nca, Yüksek Seçim Kurulu Başkanlığı'na gönderilen 01.04.2005 tarih ve 2005/11 sayılı yazı ve eki belgelerden anlaşılmış ve, İ.D'nin Askeri Yüksek İdare Mahkemesi'ne açmış olduğu dava sonucunun beklenilmesine ve Çaylar Köyü'nde yeniden muhtarlık seçimi yapılmasına dair karar kaldırılarak, 05 Haziran 2005 tarihinde seçim yapılamayacağına" karar verilmiştir[38].

Yüksek Seçim Kurulu, bir seçilme yeterliliği olarak askerlik yükümlüğünün yerine getirilmesi şartını incelediği 16.03.1999 tarih ve 371 sayılı kararında şöyle bir sonuca ulaşmıştır:

"Anayasa'nın 79. maddesinin ikinci fıkrasında; "seçim süresince ve seçimden sonra seçim konularıyla ilgili bütün yolsuzlukları, şikayet ve itirazları inceleme ve kesin karara bağlama, Türkiye Büyük Millet Meclisi üyelerinin seçim tutanaklarını kabul etme görevi Yüksek Seçim Kurulu'na" verilmiştir. Yine Anayasa'nın 76. maddesi ile 2839 sayılı Milletvekili Seçimi Kanunu'nun 11. maddesi de diğer nedenler yanında "yükümlü olduğu askerlik hizmetini yapmamış olmayı" milletvekili seçilmeye engel olarak saymıştır. B. Ş.'nin XX. dönem milletvekili seçimlerinde Doğru Yol Partisi'nden Bilecik ilinden 24 Aralık 1995 tarihinde milletvekili seçildiği, il seçim kurulunca tutanak verildiği, tutanağın bir örneğinin de 2839 sayılı Kanunun 36. maddesi uyarınca Yüksek Seçim Kurulu'nca Türkiye Büyük Millet Meclisi Başkanlığı'na verildiği anlaşılmıştır. 298 sayılı Seçimlerin Temel Hükümleri ve Seçmen Kütükleri Hakkında Kanun'un 130. maddesinin sondan bir önceki fıkrasında; "... Ancak, adaylığın kesinleşmesinden sonra, adayın Türk olmadığına, yaşının kanunda

[38] http://www.ysk.gov.tr/ysk/IlkeKararlari/2005/Kararlar/2005-181-karar.htm (E.T. 11.03.2013).

gösterilenden küçük olduğuna, okur-yazar olmadığı veya seçilme yeterliğini kaybettiren bir mahkumiyeti bulunduğuna ilişkin iddialar dışındaki nedenlerle adaylara itiraz olunamaz. Bu hüküm olağanüstü itirazlar için de geçerlidir." hükmü yer almıştır. Yüksek Seçim Kurulu'nca öncelikle süreyle bağlı olmaksızın incelenebilecek tam kanunsuzluk durumları kapsamı içinde 130. maddede sayılmayan "askerliğini yapmış olmak" koşulunun olayda tam kanunsuzluk kapsamında düşünülüp düşünülemeyeceği ve yukarıda belirtilen ilgili kuruluş ve makamların başvurularının incelenip incelenemeyeceği üzerinde durulmuştur. 298 sayılı Kanun'un yukarıda yazılı hükmüyle ilgili maddenin 2234 sayılı Kanun'la değiştirildiği ve bu Kanun'un 31.05.1979 gün ve 16651 sayılı Resmi Gazete'de yayımlanarak yürürlüğe girdiği; askerlik hizmetini yapmamayı milletvekili seçilmeye engel sayan Anayasa'nın 76. maddesinin ise 2709 sayı ile 07.11.1982 tarihinde kabul edildiği görülmüştür. Bu duruma göre, 298 sayılı Kanun'dan sonra yürürlüğe giren ve aynı konuyla ilgili olan Anayasa'nın 76. maddesinin, uygulamada sonraki kanun hükümlerinin geçerli olduğu ilkesi ışığında değerlendirilerek askerlik koşulunun da, tam kanunsuzluk kapsamında incelenebileceği sonucuna ulaşılmıştır. Yüksek Seçim Kurulu'nun süregelen içtihatlarının da bu yönde olduğu saptandıktan sonra incelemeye geçilmiştir. Dosya içeriğinden ve ilgilinin sözlü açıklamalarından, B. Ş.'nin milletvekili tutanağının iptali isteğine dayanak gösterilen 1111 sayılı Askerlik Kanunu'nun Ek – 1. maddesi gereğince dövizle askerlik kapsamından çıkarıldığına ilişkin Milli Savunma Bakanlığı'nın 16.04.1998 gün ve MİY 4400-256-98/ASAL D.Er.İşl.Şb. Döv.As.Ks. sayılı işleminin iptali isteğiyle Askeri Yüksek İdare Mahkemesi'nin 1998/314 Esas numarasına kayden dava açıldığı, ayrıca; gerçeği yansıtmayan belge ve bilgiler sunarak askerlik hizmetini dövizle yaptığı (sahtecilik) suçlamasıyla, askeri savcılığa suç duyurusunda bulunulduğu anlaşılmıştır. Dövizle askerlik kapsamından çıkarılmaya ilişkin işlemin hukuka uygunluğunun denetim yeri Askeri Yüksek İdare Mahkemesi, sahtecilik suçunun varlığı veya yokluğuna karar verecek yargı yeri ise askeri savcılığın işlemi sonucunda askeri mahkemedir. Bu hukuki gerçek ışığında, Yüksek Seçim Kurulu'nun milletvekili tutanağının iptali isteğini incelemesi özellikle Askeri Yüksek İdare Mahkemesi'nin kararına bağlı bulunduğundan, Askeri Yüksek İdare Mahkemesi'nde açılan davanın sonuçlanması Yüksek Seçim Kurulu kararı için bir ön sorun oluşturmuştur. İdare hukuku açısından konuya bakıldığında, idari işlemin yürütülebilirliği göz önüne alınarak yürütmenin durdurulması isteği reddedildiğine göre esas kararın ön sorun oluşturmadığı düşünülebilirse de her uyuşmazlığın kendi hukuk alanında değerlendirilip çözümlenmesi gerekir. İdari yargıda işlemin idari yargı yerince iptali halinde Anayasa'nın 138. ve 2577 sayılı Kanun'un 28. maddeleri uyarınca, idareler karar gereklerine göre işlem yapmaya ve eylemde bulunmaya zorunlu olduklarından dava konusu işlemden önceki hukuksal durumu yeniden oluşturmak olanaklıdır. Ancak, Anayasa'nın 79. ve 298 sayılı Kanun'un 111 ve 130. maddelerine göre Yüksek Seçim Kurulu'nun her türlü kararı kesin olup, hiçbir kanun yolu öngörülmediğinden karardan önceki hukuki durumun oluşması mümkün değildir. Bu nedenle, seçim hukukunun özelliği karşısında idare hukuku veya özel hukukla benzerliğinden söz edilemez. Bu açıklamalar karşısında Yüksek Seçim Kurulu'nca tutanak iptali isteğine ilişkin başvuruların esastan karara bağlanabilmesi için Askeri Yüksek İdare Mahkemesi'nde açılmış olan 1998/314 Esas numaralı davanın ön sorun olarak beklenmesi gerektiği sonucuna varılmıştır. Yargılama süreci izlenerek sonuç Askeri Yüksek İdare Mahkemesi Başkanlığı'ndan sorulmuştur. Askeri Yüksek İdare Mahkemesi Başkanlığı'nın 14.01.1998 gün ve 1998/625 sayılı yazısıyla B. Ş. tarafından Milli Savunma Bakanlığı'na karşı E. 1998/314 sayılı dosyada, açılan davanın reddedildiği belirtilerek kararın gönderildiği; aynı Mahkeme Başkanlığı'nın 15.03.1999 gün ve 1998/712 sayılı yazısıyla, karar düzeltme isteminin de reddedildiği bildirilerek kararın düzeltilmesi isteminin reddine ilişkin karar örneğinin gönderildiği anlaşılmıştır. Askeri Yüksek İdare Mahkemesi'nin yukarıda sözü geçen 13.01.1999 gün ve E. 1998/314, K. 1999/8 sayılı kararın hüküm fıkrasında; "... dövizle askerlik statüsünden çıkarılma işleminin iptaline yönelik davanın reddedildiği; 10.03.1999 gün ve E. 1999/146, K. 1999/154 sayılı kararda da, karar düzeltme isteminin reddine hükmedildiği görülmüştür. Askeri Yüksek İdare Mahkemesi'nin yukarıda belirtilen kesinleşen kararı karşısında seçim tarihinde milletvekili seçilme koşullarını taşımadığı anlaşılan B. Ş.'nin tutanağının iptaline" karar verilmiştir[39].

Yüksek Seçim Kurulu'nun 15.06.2007 tarih ve 494 sayılı kararı gereğince, "*ordu mensubu iken istifa ederek ayrılan, dolayısıyla askerlik yükümlülüğü bulunmayan kişi milletvekili seçilme yeterliğine sahiptir*"[40].

d.Kamu hizmetinden yasaklı olmak

Kemal Gözler ve Gürsel Kaplan'ın tanımlamasına göre kamu hizmeti, bir kamu tüzel kişisi tarafından üstlenilen ve doğrudan doğruya onun tarafından veya onun görevlendirmesi ve denetimi altında bir özel kişi tarafından yürütülen kamu yararı amacına yönelik faaliyetlerdir[41]. 5237 sayılı Türk Ceza Kanunu'nun 53. maddesinin ilk fıkrasında, "kişi kasten işlemiş olduğu suçtan dolayı hapis cezasına

---

39 http://www.ysk.gov.tr/ysk/IlkeKararlari/1999/Kararlar/1999-371-karar.htm (E.T. 11.03.2013).
40 http://www.ysk.gov.tr/ysk/IlkeKararlari/2007/Kararlar/2007-494-karar.htm (E.T. 18.03.2013).
41 Kemal Gözler ve Gürsel Kaplan, **İdare Hukuku Dersleri**, 11. Baskıdan Tıpkı Ek Baskı, Ekin Yayınevi, Bursa, 2011, s. 528.

mahkûmiyetin kanuni sonucu olarak; sürekli, süreli veya geçici bir kamu görevinin üstlenilmesinden; bu kapsamda, Türkiye Büyük Millet Meclisi üyeliğinden veya Devlet, il, belediye, köy veya bunların denetim ve gözetimi altında bulunan kurum ve kuruluşlarca verilen, atamaya veya seçime tâbi bütün memuriyet ve hizmetlerde istihdam edilmekten, seçme ve seçilme ehliyetinden ve diğer siyasî hakları kullanmaktan yoksun bırakılır" ifadesine yer verilmiştir. Maddenin ikinci fıkrasına göre de, kişi işlemiş bulunduğu suç dolayısıyla mahkûm olduğu hapis cezasının infazı tamamlanıncaya kadar bu hakları kullanamaz. Bu sistemde süresiz bir hak yoksunluğu söz konusu olmadığı için, yasaklanmış hakların geri verilmesinden artık söz edilemeyecektir[42].

e.Belirli suçlardan veya belirli sürelerle hüküm giymemiş olmak

Anayasamızın 76. maddesinin ikinci fıkrasına göre, taksirli suçlar hariç toplam bir yıl veya daha fazla hapis ile ağır hapis cezasına hüküm giymiş olanlar; zimmet, ihtilas, irtikap, rüşvet, hırsızlık, dolandırıcılık, sahtecilik, inancı kötüye kullanma, dolanlı iflas gibi yüz kızartıcı suçlarla, kaçakçılık, resmi ihale ve alım satımlara fesat karıştırma, Devlet sırlarını açığa vurma, terör eylemlerine katılma (bu fıkrada geçen 'ideolojik veya anarşik eylemlere' ibaresi 27/12/2002 tarihli ve 4777 sayılı Kanunla 'terör eylemlerine' şeklinde değiştirilmiştir) ve bu gibi eylemleri tahrik ve teşvik suçlarından biriyle hüküm giymiş olanlar affa uğramış olsalar bile milletvekili seçilemezler. Zeki Hafızoğulları ve Bülent H. Acar'a göre Anayasanın 76. maddesinde gösterilen fiillerle isnat altında olanlar (şüpheli veya sanık), cumhurbaşkanı seçilme yeterliliğine sahip değildirler[43]. Oysa ki, Anayasa'nın 76. maddesinde açıkça "hüküm giymiş olanlar" ifadesi yer almaktadır. Dolayısıyla Anayasa'nın açık hükmüne rağmen, ilgili suçlardan şüpheli veya sanık konumunda olan kişilerin cumhurbaşkanı seçilme yeterliliğine sahip olmadığı şeklinde yorum yapabilmek mümkün olmadığı gibi Anayasa'nın 38. maddesinin 4. fıkrasında "suçluluğu hükmen sabit oluncaya kadar, kimse suçlu sayılamaz" ifadesiyle yer alan

[42] İzmir, a.g.m., s. 74.
[43] Zeki Hafızoğulları ve Bülent H. Acar, "Cumhurbaşkanı Seçilme Yeterliliğinin Suç İsnadı Altında Bulunmama Koşulu", **Ankara Barosu Dergisi**, Yıl:65, Sayı:2, Bahar 2007, s.33.

ve masumiyet karinesi şeklinde adlandırılan ilkeye de aykırılık teşkil eder. Zeki Hafızoğulları ve Bülent H. Acar, söz konusu makalelerinde ayrıca, cumhurbaşkanı dokunulmazlığı denilen bir kurumun varlığından söz etmişler, cumhurbaşkanlığının bir statü olduğu fakat bu statünün cumhurbaşkanının görev süresinin dolmasından sonra da ortadan kalkmadığı ve hayat boyu korunduğunu ileri sürmüşlerdir. Onlara göre, cumhurbaşkanı statüsü hayat boyu devam ettiği için cumhurbaşkanı dokunulmazlığı da hayat boyu sürecektir, bu sebeple de, cumhurbaşkanı seçilen kişinin, seçimden önce işlemiş olsa bile vatana ihanet dışında hiçbir fiilden dolayı görev süresi devam ederken veya görev süresi bittikten sonra da yargılanabilmesi mümkün değildir[44].

Vatana ihanet suçu, Anayasamızın "Sorumluluk ve Sorumsuzluk Hali" başlıklı 105. maddesinin son fıkrasında yer almaktadır. Bu fıkraya göre, cumhurbaşkanı vatana ihanetten dolayı, Türkiye Büyük Millet Meclisi üye tam sayısının en az üçte birinin teklifi üzerine, üye tamsayısının en az dörtte üçünün vereceği kararla suçlandırılır. Türk Ceza Kanunu'nun dördüncü kısmı "Millete ve Devlete Karşı Suçlar ve Son Hükümler" başlığını taşımaktadır. Dördüncü kısmın üçüncü bölümü, devletin egemenlik alametlerine ve organlarının saygınlığına karşı suçları; dördüncü bölümü, devletin güvenliğine karşı suçları; beşinci bölümü, anayasal düzene ve bu düzenin işleyişine karşı suçları, altıncı bölüm, milli savunmaya karşı suçları; yedinci bölüm, devlet sırlarına karşı suçlar ve casusluk suçunu düzenlemektedir. Fakat Türk Ceza Kanunu'nun ne bu sayılan kısım ve bölümlerinde ve ne de başka herhangi bir yerinde "vatana ihanet" şeklinde bir suç bulunmamaktadır. Şu durumda, bir anayasal ilke olan "kanunsuz suç ve ceza olmaz (*nullum crimen, nulla poene sine lege*)" ilkesi gereği, işlendiği zaman yürürlükte bulunan kanun tarafından suç sayılamayan bir fiilden dolayı kimseye ceza verilemez ve kimseye suçu işlediği zaman kanunda o suç için konulmuş olan cezadan daha ağır bir ceza verilemez. Anayasada sözü edilen vatana ihanet suçunun, fiilleri ve bu fiiller karşılığında öngörülecek ceza Türk hukuk düzeninde mevcut değildir. Kıyas yoluyla, anayasayı ihlal suçu veya kanunda

[44] Hafızoğulları ve Acar, a.g.m., s. 32.

düzenlenen başka bir suçun vatana ihanet suçuna dönüştürülebilmesi de mümkün değildir, çünkü ceza hukukunda kıyas mümkün değildir. Ayrıca, "anayasayı ihlal" suçu ile vatana ihanet suçlarının aynı suçlar olmadığını başka bazı ülkelerin anayasalarından da anlayabiliyoruz. Örneğin İtalyan Anayasasının 90. maddesinin 1. fıkrasında, cumhurbaşkanının vatana ihanet ve anayasayı ihlal durumları dışında, görevini yürüttüğü sırada yaptığı işlemlerden sorumlu tutulamayacağı ifade edilmiştir. Görüldüğü gibi İtalyan Anayasası'nda bu iki suç birbirinden ayrı, başlı başına iki suç olarak sayılmıştır. Şu durumda mevcut hukuk düzenimizde cumhurbaşkanının vatana ihanetten dolayı yargılanabilmesi, suç kanunda net bir şekilde tanımlanmadıkça mümkün değildir. Kemal Gözler'in de belirttiği gibi, eğer cumhurbaşkanlarının vatana ihanetten dolayı yargılanabilmesi arzu ediliyorsa, kanun koyucunun yapması gereken şey vatana ihanet suçunun fiillerini ve bu fiiller karşılığında verilecek cezayı tertip etmesidir[45]. Bu konuda Mustafa Erdoğan şöyle bir görüşü savunmaktadır: Ona göre, cumhurbaşkanı hakkında sadece vatana ihanetten dolayı bir ceza koğuşturması başlatılabilir. Yüce Divan tarafından mahkum edilen cumhurbaşkanının görevi sona erer. Hatta aynı sonuç daha önce, yani TBMM tarafından cumhurbaşkanının vatana ihanet suçlamasıyla Yüce Divana sevk edilmesiyle doğar[46]. Zafer Gören'e göre de, vatana ihanet hali Meclis tarafından fiil, zaman ve koşullara göre değerlendirilecek bir haldir ve vatana ihanet kavramı belirli bir suç tipinin adı değildir. Çünkü mevzuatımızda vatana ihanet diye bir suç tipi bulunmamaktadır. Meclisin bu konudaki değerlendirmesi sübjektif bir karar niteliğindedir bu yüzden mevzuatımızda böyle bir suç tipinin bulunmayışı bir eksiklik değildir[47]. Gören'e göre, cumhurbaşkanının vatana ihanetten Yüce Divan'da yargılanmaya başlanması durumunda cumhurbaşkanlığı makamı boşalmış olur ve Yüce Divan'ın vereceği karar beklenmeksizin yeni cumhurbaşkanının seçilmesi gerekir. Gören, Yüce Divan beraat kararı verse bile, vatana ihanetle suçlandırılan

---

[45] Kemal Gözler, **Anayasa Hukukunun Genel Teorisi,** Cilt II, Ekin Yayınevi, Bursa, 2011, s. 104.
[46] Mustafa Erdoğan,**Anayasa Hukuku**, Genişletilmiş 5. b., Orion Kitabevi, Ankara, 2009, ss. 251-252.
[47] Zafer Gören, **Anayasa Hukukuna Giriş**, 2. b., Dokuz Eylül Üniversitesi Yayınları, İzmir, 1999, s. 240.

cumhurbaşkanının yeniden seçilmedikçe göreve dönemeyeceğini ifade etmektedir[48]. Bu yöndeki görüşlere riayet edilirse yani, cumhurbaşkanı hakkında vatana ihanet suçlaması yapılmasının aynı zamanda cumhurbaşkanının görevini sona erdirdiği düşünülürse, o halde anayasal bir ilke durumunda olan "masumiyet karinesi" ne işe yarar, bu husus tartışılabilir. Aynı şekilde "şüpheli, sanık, mahkum" terimleri arasındaki fark anlamsızlaşmış olur. Meclis'in belli bir çoğunluğu sırf siyasi saiklerle bu tür bir suçlamada bulunup cumhurbaşkanının görevine son verilmesine neden olabilir, bu da siyasi bir istikrarsızlığa, aynı zamanda hukuki güvenlik ilkesine de ters düşer. Aynı zamanda cumhurbaşkanının sırf vatana ihanet suçlamasıyla görevinin sona erdiğinin düşünüldüğü durumlarda, cumhurbaşkanının bu suçtan (eğer öyle bir suç tipi kanunlarımızda tanımlanmış olsaydı) beraat etmesi durumunda sonuç ne olacaktır? Hele ki, cumhurbaşkanının bundan böyle halk tarafından seçileceği göz önünde bulundurulursa, halkın iradesi, yine halk tarafından seçilen Meclis'in belli sayıdaki çoğunluğuyla (yargılama olmaksızın) göz ardı edilmiş olmayacak mıdır? Bu şekilde bir yargısız infazdan sonra hala kuvvetler ayrılığı ilkesinden bahsedilebilecek midir? Anayasa tarafından verilen bir yetki ancak anayasa tarafından belirtilen organlarca ve belirtilen usule uyularak geri alınabilir. Anayasamızda cumhurbaşkanının görevinin bu şekilde sırf vatana ihanet suçlamasıyla sona ereceği düzenlenmediğine göre yapılan bazı yorumlar "aşırı yorum[49]" şeklinde değerlendirilebilir.

Anayasa, taksirli suçlar hariç toplam bir yıl[50] veya daha fazla hapis ile ağır hapis cezasına hüküm giymiş olanların, affa uğramış olsalar bile milletvekili seçilemeyeceklerini düzenlemiştir. Ergun Özbudun'a göre, bunun sonucu olarak,

---

48 Gören, a.g.e., s. 242.

49 "Aşırı yorum" kavramının kullanılmasında, Umberto Eco'nun "Yorum ve Aşırı Yorum" adlı kitabından esinlenilmiştir. Bkz. Umberto Eco, **Yorum ve Aşırı Yorum**, Çev. Kemal Atakay, 6. b., Can Yayınları, İstanbul, 2012.

50 Yüksek Seçim Kurulu 25.02.2004 tarih ve 386 sayılı kararında, adayların sabıka kayıtlarında 12 ay hapis cezası mahkumiyeti olduğundan bahisle, bu mahkumiyetin adaylık için sakıncalı olup olmadığını incelemiştir. Yüksek Seçim Kurulu adı geçen kararında 12 ay hapis 360 gün olup, 1 yıla yani 365 güne tekabül etmediğinden, bu durumda olan adayın seçime katılabileceğine oy birliği ile karar vermiştir. http://www.ysk.gov.tr/ysk/IlkeKararlari/2004/Kararlar/2004-386-karar.htm (E.T. 18.03.2013).

önemsiz denilebilecek bir veya birkaç suçtan mahkum olma halinde, milletvekili seçilme yeterliliği ortadan kalkacaktır[51]. Ayrıca, "affa uğramış olsalar bile" ifadesi genel affın niteliğine pek uygun değildir. Çünkü genel afta kural, affın sadece cezayı değil, aynı zamanda suçu bütün hukuki hüküm ve neticeleriyle ortadan kaldırmasıdır[52]. Burada yeri gelmişken affın seçilme yeterliliğine etkisinin incelenmesi uygun olacaktır.

(1)Affın seçilme yeterliliğine etkisi

Af, kaynağını anayasadan alan bir yetkidir. Anayasamız genel af çıkarma yetkisini 87. maddesinde Türkiye Büyük Millet Meclisi'ne, özel af çıkarma yetkisini ise Türkiye Büyük Millet Meclisi'ne (md. 87) ve cumhurbaşkanına (md. 104) vermiştir. Anayasamız, genel af çıkarma yetkisi konusunda nitelikli çoğunluk aramış ve bu çoğunluğu da Türkiye Büyük Millet Meclisi'nin beşte üç çoğunluğu olarak belirlemiştir. Aynı şekilde Meclis tarafından özel af kanunu çıkarılabilmesi için de Meclis'in beşte üç çoğunluğunun kararı gerekmektedir. 104. madde gereğince cumhurbaşkanının özel af yetkisi de, sürekli hastalık, sakatlık ve kocama sebebi ile belirli kişilerin cezalarının hafifletilmesi veya kaldırılması olarak ifade edilmiştir. Af olgusu, yalnızca ceza hukuku veya anayasa hukukunda düzenlenmiş bir kurum olmayıp, bunun yanında, özel hukuk bakımından da düzenlenmiş bir kurum niteliğini taşımaktadır[53]. Biz burada konumuzla ilgili olan anayasa ve ceza hukukunda düzenlenmiş olan aftan bahsedeceğiz. Ceza hukuku bakımından af, bir suç işleyen kişinin takibi ve cezalandırılması suretiyle toplumsal erke ilişkin hakkın kullanılmasından adalet veya genel menfaat düşünceleriyle tamamen veya kısmen vazgeçilmesi anlamını taşır[54]. Af çıkarma bir infaz ve ıslah politikası olmayıp siyasi bir tercihtir. Toplumsal barışın büyük ölçüde bozulduğu, sosyal ve ekonomik dönüşümlerin yaşandığı savaş, büyük afet vs. durumlarında suçluların affedilmesi

---

[51] Ergun Özbudun, **Türk Anayasa Hukuku**, Gözden Geçirilmiş 13. b., Yetkin Yayınları, Ankara, 2012, s. 285.
[52] Özbudun, a.g.e., s. 285.
[53] Hasan Dursun, "Af Kavramına Genel Bir Bakış", **Türkiye Barolar Birliği Dergisi**, Sayı:85, 2009, s. 373.
[54] Dursun, a.g.m., s. 373.

gündeme gelebilir. Sık sık af çıkarılması yasama ve yargı organı arasındaki kuvvetler ayrılığı prensibi çerçevesinde tartışılmaktadır[55]. Af, genel af ve özel af olmak üzere ikiye ayrılır. Genel af hem mahkûmiyeti, hem de kamu davasını ortadan kaldırır. Başka bir deyişle genel af ile affedilmiş bir fiil artık suç olmaktan çıkar. Buna karşılık özel af yalnız ceza üzerinde etki yapar. Cezayı kaldırır, değiştirir veya hafifletir. Özel af etkilerini kesin hükümden sonra gösterir. Genel afta mahkûmiyet ortadan kalktığı için, sonraki suçtan dolayı tekerrür hükümlerinin uygulanması söz konusu olmaz. Oysa özel af yalnız cezayı etkileyip, mahkûmiyeti etkilemediğinden daha sonra işlenecek suçun cezası diğer şartlar da mevcut olduğu takdirde tekerrüre ilişkin hükümlere göre arttırılır[56]. Genel af vaki olmuş veya olacak ceza mahkumiyetinin hiç vaki olmamış gibi tüm hüküm ve sonuçlarını ortadan kaldıran bir kurum iken, özel af ceza mahkumiyetinin hüküm ve sonuçlarını tamamen ortadan kaldırmayıp sadece cezanın niteliğine ve miktarına ilişkin bir kurumdur. Bu tanımlardan görüldüğü üzere genel af veya özel aftan bahsedebilmek için gerekli olan ön koşul bir ceza mahkumiyetinin varlığı veya tehdididir[57].

Af konusu Türk Ceza Kanunu'nun 65. maddesinde düzenlenmiştir. 65. maddede affın tanımına yer verilmemiş, affın kamu davasına ve cezaya olan etkileri üzerinde durulmuştur. Buna göre, genel af halinde kamu davası düşer, hükmolunan cezalar bütün neticeleri ile birlikte ortadan kalkar. Özel af ile hapis cezasının infaz kurumunda çektirilmesine son verilebilir veya infaz kurumunda çektirilecek süresi kısaltılabilir ya da adli para cezasına çevrilebilir. Cezaya bağlı olan veya hükümde belirtilen hak yoksunlukları, özel affa rağmen etkisini devam ettirir.

Anayasa'nın 76. maddesinde "en az ilkokul mezunu olmayanlar, kısıtlılar, yükümlü olduğu askerlik hizmetini yapmamış olanlar, kamu hizmetinden yasaklılar, taksirli suçlar hariç toplam bir yıl veya daha fazla hapis ile ağır hapis cezasına hüküm

---

[55] N. Talat Arslan, "Kamu Örgütlerinde Hukuksal Düzenlemelerden Kaynaklanan Sorunlar (İnfaz Kurumları Örneği)", **Cumhuriyet Üniversitesi İktisadi ve Bilimler Dergisi**, Cilt:4, Sayı:1, 2003, s. 36.
[56] Nami Çağan, "Türk Hukukunda Vergi Cezalarının Affı", **Ankara Üniversitesi Hukuk Fakültesi Dergisi**, Cilt:29, Sayı:1-2, 1972, s. 111.
[57] İbrahim Araç ve Hasan Erikli, "Anayasanın 87. Maddesine Göre Kabulünde Nitelikli Çoğunluk Aranması Gereken Af Kanunları", **Yasama Dergisi**, Sayı:1, Nisan-Mayıs-Haziran, 2005, s. 32.

giymiş olanlar; zimmet, ihtilâs, irtikâp, rüşvet, hırsızlık, dolandırıcılık, sahtecilik, inancı kötüye kullanma, dolanlı iflas gibi yüz kızartıcı suçlarla, kaçakçılık, resmî ihale ve alım satımlara fesat karıştırma, Devlet sırlarını açığa vurma, terör eylemlerine katılma ve bu gibi eylemleri tahrik ve teşvik suçlarından biriyle hüküm giymiş olanlar, affa uğramış olsalar bile milletvekili seçilemezler'' hükmü ile milletvekili seçilmeye engel durumlar sayılmıştır. "Affa uğramış olsalar bile" ifadesinden yola çıkarak affın seçilme engelini ortadan kaldırmadığını söyleyebiliriz. Fakat Yüksek Seçim Kurulu konu ile ilgili kararlarında aksi yönde görüş bildirmiş ve affın seçilme engelini ortadan kaldırdığını ifade etmiştir. Fakat Anayasa'nın açık hükmüne rağmen Yüksek Seçim Kurulu'nun bu şekilde karar vermesi Anayasa hükmüne aykırılık teşkil eder. Açıklamalarımızı örneklendirmek amacıyla aşağıda Yüksek Seçim Kurulu'nun konu ile ilgili kararlarından bazılarına yer veriyoruz.

Yüksek Seçim Kurulu'nun 17.05.1999 tarih ve 1553 sayılı kararında istek, 18.04.1999 tarihinde yapılan seçimde Akörü Köyü muhtarlığına seçilen M. K.'nin seçilmeye engel mahkumiyeti bulunduğuna ilişkindir.

"Bu yönüyle istemin yasal dayanağı belirgin olarak 2972 sayılı Kanun'un 31 ve 36. maddelerinin yollamada bulunduğu 2839 sayılı Kanun'un 11/e maddesidir. Antalya İli Kaş İlçesi Akörü Köyü muhtarlığına seçilen M. K.'nin Elmalı Ağır Ceza Mahkemesi'nin 20.04.1954 gün ve 49-21 sayılı ilamı ile 12 yıl 21 gün ağır hapis cezası ile cezalandırıldığı ve cezasını infaz ederken 1960 yılında yayımlanarak yürürlüğe giren 134 sayılı Af Kanunu gereğince 23.11.1960 tarihinde tahliye edildiği, bu nedenle cezasının anılan kanun ile kaldırılmış olduğu Yüksek Seçim Kurulu'na gönderilen evrakın incelenmesinden anlaşılmaktadır. 2839 sayılı Kanun'un 11. maddesinin e fıkrasında süresi ne olursa olsun ağır hapis cezasına mahkum olan şahsın seçilme yeterliliğini kaybedeceği kesin olarak hükme bağlanmış ise de; 1803 sayılı Af Kanunu'nun 7/B maddesinde "Bu kanundan kısmen yararlananların fer'i ve mütemim cezaları, ceza mahkumiyetlerinin sonuçlarını da kapsamak üzere af edilmişlerdir..." denilmektedir. Bu durumda adı geçen kişi, hakkında verilen ceza affa uğradığı için seçilme yeterliğini kaybetmemektedir. Bu durumda, ilgili hakkında verilen ceza Af Kanunu ile kaldırılmış bulunması ve suçun adam öldürme suçu olup, 2839 sayılı

Kanun'un 11/f fıkrasındaki 1-2-3-4 bentlerinde belirtilen suçlardan olmaması nedeniyle seçilme ehliyetini kaybetmediğinin kabulü gerekmektedir"[58].

Yüksek Seçim Kurulu 12.06.1999 tarih ve 1816 sayılı kararında,

"2839 sayılı Kanun'un 11. maddesinin e fıkrasında süresi ne olursa olsun ağır hapis cezasına mahkum olan şahsın seçilme yeterliliğini kaybedeceği kesin olarak hükme bağlanmış ise de; 1803 sayılı Af Kanunu'nun 7/B maddesinde "Bu kanundan kısmen yararlananların fer'i ve mütemim cezaları, ceza mahkumiyetlerinin sonuçlarını da kapsamak üzere af edilmişlerdir..." denilmektedir. Bu durumda adı geçen kişi hakkında verilen ceza affa uğradığı için seçilme yeterliğini kaybetmemektir. Bu durumda, ilgili hakkında verilen cezanın Af Kanunu ile kaldırılmış bulunması ve suçun ırza geçme suçu olup, 2839 sayılı Kanun'un 11/f fıkrasındaki 1-2-3-4 bentlerinde belirtilen suçlardan olmaması nedeniyle seçilme ehliyetini kaybetmediğinin kabulü gerekmektedir"[59] şeklindeki karara oy çokluğu ile ulaşmıştır.

Yüksek Seçim Kurulu'nun 13.11.1999 tarih ve 2363 sayılı kararında,

"İstek konusu olayda, Balıkesir İli Merkez İlçesi Deliklitaş Köyü muhtarlığına seçilen H. Y.'nin Ayvalık Asliye Ceza Mahkemesi'nin 09.07.1973 gün ve E:1973/17, K:1973/80 sayılı kararı ile hırsızlık ve rüşvet vermek suçundan T.C.K.'nun 491/son., 55/3 ve 71. maddeleri uyarınca 8 ay hapis ve 1600 lira ağır para cezası ile cezalandırıldığı ve daha önceden yapılan itiraz yerine getirtilen evrakın incelenmesinden adı geçene ilişkin mahkumiyetin kesinleşmiş olduğu kabul edilerek Yüksek Seçim Kurulunca itiraza konu iptal kararı verilmiştir. Ancak H. Y.'nin sözkonusu karara karşı yaptığı itiraz üzerine temyiz incelemesine tabi tutulduğu ve dosya Yargıtay 5. Ceza Dairesi'nde incelemede iken 1961 Anayasası'na istinaden çıkartılan 1803 sayılı genel affın yürürlülüğe girmesiyle Yargıtay 5. Ceza Dairesi'nin 17.06.1974 gün ve 2821/2643 sayılı ilamı ile ortadan kaldırıldığı, bu durumun daha önceden Yüksek Seçim Kurulu'na ibraz edilmediği gibi bu şerhin ve kararın dosyada bulunmadığı, Yargıtay 5. Ceza Dairesi'nin anılan kararında ise H. Y.'ye isnat olunan hırsızlık suçu, işlendiği tarihe, niteliğine, cezanın miktarına ve sanığın yaşına göre 1803 sayılı Af Kanunu'nun 4/B ve 1/A maddeleri gereğince affın kapsamı içinde bulunduğundan sair cihetleri incelenmeksizin hükmün bozulmasına ve T.C.K.'nun 97. maddesi uyarınca H. Y.'nin kamu davasının ortadan kaldırılmasına karar verildiği ara karar gereği celbedilen

---

[58] http://www.ysk.gov.tr/ysk/IlkeKararlari/1999/Kararlar/1999-1553-karar.htm (E.T. 11.03.2013).
[59] http://www.ysk.gov.tr/ysk/IlkeKararlari/1999/Kararlar/1999-1816-karar.htm (E.T. 11.03.2013).

evrakın incelenmesinden anlaşılmıştır. Yüksek Seçim Kurulu'nun kararları kesin ise de, olayda önceki karara dayanak yapılan ilamın kesinleşmediği anlaşıldığına göre, verilen kararda maddi hata bulunduğu kabul edilmelidir. Bu nedenle, kararda maddi yanılgı sözkonusu olduğundan işin yeniden incelenebilir olduğu Kurulca kabul edilmiştir. Mahkumiyet ortadan kalkmış olduğuna göre de, seçilmeye engel değildir. O halde, 15.09.1999 gün ve 2190-1541 sayılı tutanak iptaline ilişkin Yüksek Seçim Kurulu kararının kaldırılmasına ve ilgili hakkında itirazın reddine" karar verilmesi gerekmiştir[60].

(2) Anayasa'nın 76. maddesinde belirtilen suçların sınırlı sayıda olup olmadığı meselesi

Anayasa'nın 76. maddesinde "en az ilkokul mezunu olmayanlar, kısıtlılar, yükümlü olduğu askerlik hizmetini yapmamış olanlar, kamu hizmetinden yasaklılar, taksirli suçlar hariç toplam bir yıl veya daha fazla hapis ile ağır hapis cezasına hüküm giymiş olanlar; zimmet, ihtilâs, irtikâp, rüşvet, hırsızlık, dolandırıcılık, sahtecilik, inancı kötüye kullanma, dolanlı iflas gibi yüz kızartıcı suçlarla, kaçakçılık, resmî ihale ve alım satımlara fesat karıştırma, devlet sırlarını açığa vurma, terör eylemlerine katılma ve bu gibi eylemleri tahrik ve teşvik suçlarından biriyle hüküm giymiş olanlar, affa uğramış olsalar bile milletvekili seçilemezler'' hükmü ile milletvekili seçilmeye engel durumlar sayılmıştır. Fakat madde metninde başvurulan sayım yöntemi sınırlı sayım yöntemi değil örneklendirici sayım yöntemidir. Şöyle ki, madde metninde bazı suçlar ismen zikredildikten sonra, "ve bu gibi eylemleri" ifadesine yer verilmiştir. Bu ifade benzerlik anlatan bir ifadedir ve bu ifade sebebiyle benzer eylemlerin de maddede sayılan milletvekili seçilmeye engel suçlar arasına sokulması mümkündür. Eğer anayasa koyucu bunun aksini düşünmüş olsaydı bu ifadeyi madde metnine koymaz ve sınırlayıcı bir sayım esasını benimseyebilirdi. Fakat Yüksek Seçim Kurulu söz konusu hususu incelediği kararlarında aksi yönde görüş benimsemiş ve 76. maddede ismen zikredilen suçlar dışındaki suçların yüz kızartıcı suçlar olarak benimsenemeyeceğini kabul etmiştir. Mehmet Karaarslan'a göre de, bu suçlar dolayısı ile meydana gelen ehliyetsizlikler göz önüne alınınca kanunun dar

---

[60] http://www.ysk.gov.tr/ysk/IlkeKararlari/1999/Kararlar/1999-2363-karar.htm (E.T. 11.03.2013).

yorumlanması yani sayılanlardan başka yüz kızartıcı suç tahsis edilmemesi daha isabetli olacaktır[61].

Yüksek Seçim Kurulu'nun yukarıda belirtmiş olduğumuz 12.06.1999 tarih ve 1816 sayılı kararına karşı oy yazısında şu hususlar yazıya dökülmüştür:

"Yaylabaşı muhtarlığına seçilen Y. E'nin reşit olmayan mağdurenin ırzına geçip, kızlığını bozmaktan ibaret infaz edilmiş 8 yıl ağır hapis cezasının 2839 sayılı Kanun'un 11. maddesinin f bendine göre seçilmeye engel yüz kızartıcı suç sayılıp sayılmayacağıdır. Çoğunluk, 2839 sayılı Kanun'un f bendinde sayılan "... zimmet, ihtilas, irtikap, rüşvet, hırsızlık, dolandırıcılık, sahtecilik, inancı kötüye kullanma, dolanlı iflas gibi yüz kızartıcı suçlardan biriyle mahkum edilmiş bulunulmasını seçilmeye engel hal olarak kabul etmekte, buradaki gibi tabirini yasa koyucunun ve benzeri suçlar anlamında kullanmadığını, suçların sınırlı olarak sayıldığını, yorum yoluyla yüz kızartıcı suç kavramının ve kapsamının genişletilemeyeceği görüşünü benimsemiştir. Yargıtay Cumhuriyet Başsavcılığı'nın 11.06.1996 gün ve 11023 sayı ile ve yukarıda arz ve izah edilen düşünceyle, 3. Ceza Dairesi'nin bir kararına yaptığı itiraz, Ceza Genel Kurulu'nda 02.07.1996 günü müzakerede oy çokluğuyla reddedilmiştir. Ceza Genel Kurulu kararında yasa koyucunun pek çok yasada yüz kızartıcı suç kavramıyla ilgili kullandığı "gibi" sözcüğünün benzetme edatı olduğunu, maddede örnek olarak sayılan suçlar dışındaki yüz kızartıcı suçların da bulunduğunu ve sayılan suçlara ilavesi gerektiğini kabul etmiştir. Madde metninde sayılmamış olan diğer yüz kızartıcı suçların neler olduğu yasaları uygulamakla görevli yargı organlarınca saptanacak ve Yargıtay tarafından uygulamada birlik sağlanacak biçimde denetlenecektir Aksi halde, yani hükmün maddede sayılı suçlarla sınırlı tutulduğu kabul edilecek olursa, metne aykırı bir anlam verilerek yasa koyucunun yüz kızartıcı suçları tek tek sayma yöntemini benimsediği sonucuna ulaşılacaktır ki, bu da metinlerde yer alan "gibi" sözcüğünü yasa koyucunun yersiz ve anlamsız tekrarladığı biçiminde bir yorum olacaktır. 3582 sayılı Adli Sicil Yasası'nın Türkiye Büyük Millet Meclisi Genel Kurulu'nda görüşülürken, bir milletvekilinin "gibi" sözünün bunlar ve benzerleri şeklinde tatbikata algılandığını ve insanların mağdur olduğunu ifade ederek, maddedeki "gibi" sözcüğüne açıklık getirecek düzeltme yapılması isteğinde bulunmuştur. Bu düşünce mecliste itibar görmemiş ve metin komisyonlardan geçtiği gibi aynen kabul edilerek yasalaşmıştır. Şu halde, yasalarda kullanılan "gibi" sözcüğünün sayılanlarla sınırlı olduğunu kabule ne yasal, ne hukuksal, ne de dil kuralları itibarıyla

[61] Mehmet Karaarslan, "Suç ve Cezaların Memuriyete Etkisi", **Ankara Üniversitesi Hukuk Fakültesi Dergisi,** Cilt: 58, Sayı:1, 2009, s. 110.

(benzetme edatı olduğundan) olanak yoktur. Sonuç olarak, yüz kızartıcı suçların neler olduğunu yargı organları saptayacak ve Yargıtay denetimi ile uygulamada birlik sağlanacaktır. Bu itibarla, çoğunluk görüşüne katılınmamış, Ceza Genel Kurulu'nun kararı yönünde ırza geçme ve ırza tasaddi suçlarının yüz kızartıcı suçlar kapsamında olduğu düşüncesiyle Yaylabaşı Köyü muhtarlığına seçilen Y. E.'nin mazbatasının iptalinin gerektiği" öne sürülmüştür[62].

Yüksek Seçim Kurulu'nun 27.04.1999 tarih ve 784 sayılı kararında, istek, Gaziantep İli Nizip İlçesi Sekili Beldesi Belediye başkanlığına seçilen B. A. K.'nin seçilme yeterliğini kaybettiren bir mahkumiyeti bulunduğuna ilişkindir.

"Bu yönüyle istemin yasal dayanağı belirgin olarak, 2972 sayılı Kanun'un 9. maddesi ve atıfta bulunduğu 2839 sayılı Kanun'un 11. maddesinin e bendidir. İstek konusu olayda Gaziantep İli Nizip İlçesi Sekili Beldesi belediye başkanlığına seçilen B. A. K'nin Gaziantep 2. Asliye Ceza Mahkemesi'nin 28.02.1996 gün ve E:1994/999, K:1996/67 sayılı kararı ile ruhsatsız tabanca taşımak suçundan, 6136 sayılı Kanun'un 13/1 maddesi uyarınca takdiren 1 yıl ve 20.000 lira ağır para cezası ile cezalandırıldığı ve 1 yıl cezasının 647 sayılı Kanun'un 4. maddesi uyarınca 1.825.000 lira ağır para cezasına çevrildiği, söz konusu para cezalarının birleştirilerek neticeten 2.085.000 lira ağır para cezası ile cezalandırıldığı Yüksek Seçim Kurulu'na gönderilen dilekçe eki belgelerin incelenmesinden anlaşılmıştır. Şikayet olunana verilen hapis cezasının miktarı ve hükümlülüğe esas alınan suçun niteliği itibariyle sözü edilen madde sayılan suçlar gibi "yüz kızartıcı" olarak değerlendirmeye ve böyle bir değerlendirme ile bent kapsamını genişletmeye imkan bulunmamaktadır. O halde, Gaziantep İli Nizip İlçesi Sekili Beldesi belediye başkanlığına seçilen B. A. K. hakkında verilen hapis cezasına ilişkin hükümlülük, ne suçun niteliği ne de cezasının miktarı itibariyle seçilmesine engel teşkil etmemektedir"[63].

Yüksek Seçim Kurulu'nun 08.01.2005 tarih ve 8 sayılı kararında, hırsızlık suçunun seçilme yeterliliğine etkisi incelenmiş olup,

"Zonguldak İli Merkez İlçesi Köroğlu Köyü muhtarlığına seçilen Ş.K.'nın Zonguldak 2. Sulh Ceza Mahkemesi'nin 28.04.2000 tarihinde kesinleşen 20.04.2000 gün ve Esas: 1999/545, Karar: 2000/225 sayılı ilamı ile elektrik hırsızlığı suçundan T.C.K.'nun 491/ilk. , 522 ve 81/1. maddesi gereğince 2 ay 1 gün hapis cezası ile cezalandırıldığı ve bu cezanın da

---

[62] http://www.ysk.gov.tr/ysk/IlkeKararlari/1999/Kararlar/1999-1816-karar.htm (E.T. 11.03.2013).
[63] http://www.ysk.gov.tr/ysk/IlkeKararlari/1999/Kararlar/1999-784-karar.htm (E.T. 11.03.2013).

647 sayılı Kanunun 4. maddesi gereğince 610.000 lira ağır para cezasına çevrildiği, Yüksek Seçim Kurulu'na gönderilen evrakın incelenmesinden anlaşılmaktadır. 2972 sayılı Kanun'un 31 ve 36. maddelerinin atıfta bulunduğu 2839 sayılı Kanun'un 11. maddesinin f/1. bendine göre, hırsızlık suçundan mahkum olanların seçilemeyecekleri belirtilmiştir. Bu durum karşısında, Zonguldak İli Merkez İlçesi Köroğlu Köyü muhtarlığına seçilen Ş.K.'nın 2972 sayılı Kanun'un 31 ve 36. maddelerinin yollamada bulunduğu 2839 sayılı Kanun'un 11. maddesinin f bendinin öngördüğü koşula sahip olmadığı anlaşıldığından, Ş.K.'nın seçimden önce kesinleşmiş yüz kızartıcı suçtan (hırsızlık) dolayı mahkumiyeti bulunması sebebiyle tutanağının iptaline" karar verilmiştir[64].

Yüksek Seçim Kurulu'nun 17.09.2005 tarih ve 398 sayılı kararına göre,

"Bolu İli Gerede İlçesi Sofular Köyü muhtarlığına seçilen A.S'nin; Gerede Asliye Ceza Mahkemesi'nin 08.10.1985 gün ve E: 1983/108, K: 1985/297 sayılı ilamı ile sarkıntılık suçundan dolayı T.C.K.'nun 421/2. maddesi uyarınca 6 ay hapis cezası ile cezalandırıldığı, Yüksek Seçim Kurulu'na gönderilen evrakın incelenmesinden açıkça anlaşılmaktadır. Yargıtay ve Yüksek Seçim Kurulu'nun müstakar içtihatlarında belirtildiği üzere, şikayet olunanın hükümlülüğüne esas alınan suçun niteliği itibariyle sözü edilen madde sayılan suçlar gibi "yüz kızartıcı" olarak değerlendirmeye ve böyle bir değerlendirme ile bent kapsamını genişletmeye imkan bulunmamaktadır"[65].

Yüksek Seçim Kurulu'nun 05.03.2005 tarih ve 105 sayılı kararına göre,

"Malatya İli Arguvan İlçesine bağlı Bahçelievler Mahallesi muhtarlığına seçilen F.E'nin Arguvan Asliye Ceza Mahkemesi'nin 29.12.1987 günlü, Esas No: 1987/71, Karar No: 1987/85 sayılı ilamı ile Ticarete Hile Karıştırmak suçundan T.C.K.'nun 363/1. maddesi uyarınca 6 ay hapis ve 10.000 lira ağır para cezası ile cezalandırıldığı ve aynı mahkemenin 10.03.1988 günlü, 1988/5 Müt. sayılı kararı ile F.E'nin 10.03.1988 tarihinden geçerli olmak üzere şartla tahliyesine karar verildiği, yine aynı mahkemenin 29.04.1999 tarihinde kesinleşen 19.04.1999 günlü, E: 1999/4, K: 1999/2 sayılı ilamı ile Resmi Sıfata Haiz Memura Hakaret Suçundan 266/3, 19, 72 ve 647 sayılı Kanun'un 4. maddeleri uyarınca neticeten 3.320.000 Lira ağır para cezası ile cezalandırıldığı, Yüksek Seçim Kurulu'nca celbedilen evrakın incelenmesinden açıkça anlaşılmaktadır. 2972 sayılı Kanun'un 36. maddesinin göndermede bulunduğu 2839 sayılı Kanun'un 11. maddesinin e ve f bentleri, taksirli suçlar hariç, toplam bir yıl veya daha fazla hapis veya süresi ne olursa olsun ağır

---

[64] http://www.ysk.gov.tr/ysk/IlkeKararlari/2005/Kararlar/2005-8-karar.htm (E.T. 11.03.2013).
[65] http://www.ysk.gov.tr/ysk/IlkeKararlari/2005/Kararlar/2005-398-karar.htm (E.T. 11.03.2013).

hapis cezasına hüküm giymiş olması ve affa uğrasa dahi basit ve nitelikli zimmet, ihtilas, irtikap, rüşvet, hırsızlık, dolandırıcılık, sahtecilik, inancı kötüye kullanma, dolanlı iflas gibi yüz kızartıcı... suçlardan biriyle mahkum edilmiş bulunmasını seçilmeye engel hal olarak kabul etmektedir. Şikayet olunanın hükümlülüğe esas alınan suçun niteliği itibariyle sözü edilen madde sayılan suçlar gibi "yüz kızartıcı" olarak değerlendirmeye ve böyle bir değerlendirme ile bent kapsamını genişletmeye imkan bulunmamaktadır. O halde, Malatya İli Arguvan İlçesine bağlı Bahçelievler Mahallesi muhtarlığına seçilen F.E hakkında verilen cezaların mahiyeti ve suçların niteliği itibariyle seçilmesine engel teşkil etmemektedir"[66].

(3) Dava zamanaşımının seçilme yeterliliğine etkisi

Dava zamanaşımı Türk Ceza Kanunu'nun 66 vd. maddelerinde düzenlenmiştir. Türk Ceza Kanunu'nun 66. maddesi uyarınca, kanunda başka türlü yazılmış olan haller dışında kamu davası; ağırlaştırılmış müebbet hapis cezasını gerektiren suçlarda otuz yıl, müebbet hapis cezasını gerektiren suçlarda yirmibeş yıl, yirmi yıldan aşağı olmamak üzere hapis cezasını gerektiren suçlarda yirmi yıl, beş yıldan fazla ve yirmi yıldan az hapis cezasını gerektiren suçlarda onbeş yıl, beş yıldan fazla olmamak üzere hapis veya adlî para cezasını gerektiren suçlarda sekiz yıl geçmekle düşer. Fiili işlediği sırada oniki yaşını doldurmuş olup da onbeş yaşını doldurmamış olanlar hakkında, bu sürelerin yarısının; onbeş yaşını doldurmuş olup da onsekiz yaşını doldurmamış olan kişiler hakkında ise, üçte ikisinin geçmesiyle kamu davası düşer. Dava zamanaşımı süresinin belirlenmesinde dosyadaki mevcut deliller itibarıyla suçun daha ağır cezayı gerektiren nitelikli hâlleri de göz önünde bulundurulur. Yukarıda yer alan sürelerin belirlenmesinde suçun kanunda yer alan cezasının yukarı sınırı göz önünde bulundurulur; seçimlik cezaları gerektiren suçlarda zamanaşımı bakımından hapis cezası esas alınır. Aynı fiilden dolayı her ne suretle olursa olsun tekrar yargılanması gereken hükümlünün, sonradan yargılanan suça ait üçüncü fıkrada yazılı esasa göre belirlenecek zamanaşımı göz önünde bulundurulur. Zamanaşımı, tamamlanmış suçlarda suçun işlendiği günden, teşebbüs hâlinde kalan suçlarda son hareketin yapıldığı günden, kesintisiz suçlarda kesintinin gerçekleştiği ve zincirleme suçlarda son suçun işlendiği günden, çocuklara karşı üstsoy veya

---

[66] http://www.ysk.gov.tr/ysk/IlkeKararlari/2005/Kararlar/2005-105-karar.htm (E.T. 11.03.2013).

bunlar üzerinde hüküm ve nüfuzu olan kimseler tarafından işlenen suçlarda çocuğun onsekiz yaşını bitirdiği günden itibaren işlemeye başlar. Türk Ceza Kanunu'nun ikinci kitabının dördüncü kısmında yazılı ağırlaştırılmış müebbet veya müebbet veya on yıldan fazla hapis cezalarını gerektiren suçların yurt dışında işlenmesi hâlinde dava zamanaşımı uygulanmaz.

Türk Ceza Kanunu'nun 67. maddesinde, dava zamanaşımı süresinin durması veya kesilmesi halleri belirtilmiştir. Madde metnine göre, soruşturma ve kovuşturma yapılmasının, izin veya karar alınması veya diğer bir mercide çözülmesi gereken bir meselenin sonucuna bağlı bulunduğu hâllerde; izin veya kararın alınmasına veya meselenin çözümüne veya kanun gereğince hakkında kaçak olduğu hususunda karar verilmiş olan suç faili hakkında bu karar kaldırılıncaya kadar dava zamanaşımı durur. Bir suçla ilgili olarak; şüpheli veya sanıklardan birinin savcı huzurunda ifadesinin alınması veya sorguya çekilmesi, şüpheli veya sanıklardan biri hakkında tutuklama kararının verilmesi, suçla ilgili olarak iddianame düzenlenmesi, sanıklardan bir kısmı hakkında da olsa, mahkûmiyet kararı verilmesi halinde, dava zamanaşımı kesilir. Dava zamanaşımı kesildiğinde, zamanaşımı süresi yeniden işlemeye başlar. Dava zamanaşımını kesen birden fazla nedenin bulunması halinde, zamanaşımı süresi son kesme nedeninin gerçekleştiği tarihten itibaren yeniden işlemeye başlar. Kesilme halinde, zamanaşımı süresi ilgili suça ilişkin olarak Kanun'da belirlenen sürenin en fazla yarısına kadar uzar.

Yüksek Seçim Kurulu'nun 26.02.2005 tarih ve 80 sayılı kararında dava zamanaşımının seçilme yeterliliğine etkisi incelenmiş olup,

"Akköy İlçesi Kavakbaşı Köyü muhtarlığına seçilen M.B. hakkında Denizli 2. Ağır Ceza Mahkemesi'nce verilen 28.11.1988 günlü, 1986/34 Esas ve 1988/232 Karar sayılı ilamının temyiz edilerek Yargıtay 7. Ceza Dairesi'ne gönderildiği ve anılan dairece 07.06.1990 günlü, 1990/5454 Esas ve 1990/7139 karar sayılı ilam ile Denizli 2. Ağır Ceza Mahkemesinin anılan kararının bozulmasına ve T.C.K.'nun 102/4 ve 104/2. maddeleri uyarınca zamanaşımı nedeniyle kamu davasının ortadan kaldırılmasına karar verildiği anlaşılmaktadır. Bu nedenle, M.B. hakkında verilen cezanın zamanaşımı nedeniyle ortadan kaldırılmasına karar verilmiş olması nedeniyle itirazın reddine" karar verilmiştir[67].

(4) Mahkumiyetin tespiti

Yüksek Seçim Kurulu'nun 14.03.2011 tarih ve 200 sayılı kararında[68],

"Adayların yapacakları ilk başvuruda; adli sicil ve arşiv kaydının bulunması aranmıştır. Ayrıca, adli sicil kaydında sabıkası bulunan adayların 2839 sayılı Milletvekili Seçimi Kanunu'nun 11. maddesinin f fıkrasında belirtilen suçlardan ve e fıkrasında söz edildiği gibi taksirli suçlar hariç bir yıl veya daha fazla hapis veya süresi ne olursa olsun ağır hapis cezasına hüküm giymiş olanların, kesinleşmiş cezalarının infazından sonra, 765 sayılı Türk Ceza Kanunu'nun 121 - 122 - 123 - 124. veya 5352 sayılı Adli Sicil Kanunu'nun 13/A maddelerine göre mahkumiyet kararlarına ilişkin olarak ayrı ayrı memnu hakların iadesi kararları almaları ve kararın kesinleşme şerhli, yine, 2839 sayılı Milletvekili Seçimi Kanunu'nun 11. maddesinin f fıkrasında yazılı suçlardan ve e fıkrasında belirtilen taksirli suçlar hariç bir yıl veya daha fazla hapis veya süresi ne olursa olsun ağır hapis cezasına hüküm giymiş olup da cezaları 647 sayılı Kanun'un 6. maddesi uyarınca ertelenmiş olanların, 765 sayılı Türk Ceza Kanunu'nun 95/II. maddesine göre, hüküm tarihinden itibaren beş yıl içinde, başka bir suçtan hüküm giymemiş olduklarını kanıtlayabilmeleri için söz konusu tecilli mahkumiyet kararlarının kesinleşme şerhli, 2839 sayılı Milletvekili Seçimi Kanunu'nun 11. maddesinin f fıkrasında belirtilenler dışındaki diğer kasıtlı bir suçtan dolayı 1 yıldan az süre ile ve 5237 sayılı Türk Ceza Kanunu'nun 53. maddesinde öngörülen seçilme hakkı yoksunluğunu doğuracak biçimde kesinleşmiş hapis cezası bulunanların bu cezalarını infaz ettiklerine veya infaz etmiş sayıldıklarına ilişkin belgenin, milletvekili seçilmesine engel sabıkası olanlar hakkında sonradan uyarlama yapılarak 5271 sayılı Ceza Muhakemesi Kanunu'nun değişik 231. maddesi uyarınca hükmün açıklanmasının geri bırakılması kararı verilmiş olanların buna ilişkin kararın, onaylı birer örneğini eklemeleri gerektiği" kanaatine varılmıştır.

5237 sayılı Türk Ceza Kanunu'nun 53. maddesi gereğince hapis cezasına mahkumiyetin kanuni sonucu olarak uygulanan hak yoksunluklarının, hapis cezasının

---

[67] http://www.ysk.gov.tr/ysk/IlkeKararlari/2005/Kararlar/2005-80-karar.htm (E.T. 11.03.2013).
[68] http://www.ysk.gov.tr/ysk/docs/Kararlar/2011Pdf/2011-200.pdf (E.T. 04.03.2013).

infazı tamamlanınca (ya da zamanaşımı süreleri dolunca) kendiliğinden son bulacağı ayrıca bir yargı kararı gerekmeyeceği görülmektedir[69].

25.05.2005 tarih ve 5352 sayılı Adli Sicil Kanunu'nun 4. maddesinde adli sicile kaydedilebilecek bilgiler sayılmıştır. İlgili madde uyarınca, Türk mahkemeleri tarafından vatandaş veya yabancı hakkında verilmiş ve kesinleşmiş mahkumiyet hükümleri adli sicile kaydedilir. Bu bağlamda;

a) Hapis cezaları ile ilgili olarak;

1. Hapis cezasına mahkumiyet kararı,

2. Koşullu salıverilme kararı,

3. Koşullu salıverilmede denetim süresinin uzatılmasına ilişkin karar,

4. Koşullu salıverilme kararının geri alınmasına dair karar,

5. Hapis cezasının infazının tamamlandığı hususu,

b) Hapis cezasının ertelenmesi halinde;

1. Denetim süresi

2. Denetim süresinin yükümlülüklere uygun veya iyi halli olarak geçirilmesi dolayısıyla cezanın infaz edilmiş sayıldığı hususu,

3. Ertelenen hapis cezasının infaz kurumunda çektirilmesine ilişkin karar,

c) Adli para cezası ile ilgili olarak;

1. Adli para cezasına ilişkin mahkumiyet hükmü,

2. Adli para cezasının ödenmek suretiyle infaz edildiği hususu,

3. Adli para cezasının tazyik hapsi suretiyle kısmen veya tamamen infaz edildiği hususu,

4. Adli para cezasının tazyik hapsinden sonra kalan kısmının ödenmek suretiyle infaz edildiği hususu,

---

[69] Filiz Yalçın Çiflik, **Seçim Suçları ve Cezaları**, Adalet Yayınevi, Ankara, 2008, s. 39.

d) Kısa süreli hapis cezasına seçenek yaptırıma mahkumiyet halinde;

1. Kısa süreli hapis cezasına seçenek yaptırım olarak, adli para cezasına mahkumiyet veya güvenlik tedbiri uygulanması hükmü,

2. Kısa süreli hapis cezasına seçenek yaptırım olarak hükmedilen adli para cezasının veya güvenlik tedbirinin gereklerinin yerine getirilmemesi dolayısıyla hapis cezasının infazına ilişkin karar,

3. Kısa süreli hapis cezasına seçenek yaptırım olarak hükmedilen güvenlik tedbirinin değiştirilmesine ilişkin karar,

e) Belli hakları kullanmaktan yoksun bırakılma ile ilgili olarak;

1. Kasten işlenen bir suç nedeniyle hapis cezasına mahkumiyetin kanuni sonucu olarak yoksun kalınan haklara cezanın ertelenmesi dolayısıyla getirilen istisnaya ilişkin karar,

2. Mahkumiyet hükmüyle bağlantılı olarak verilen, belli bir hak ve yetkinin kullanılmasının veya belli bir meslek veya sanatın icrasının yasaklanmasına ya da sürücü belgesinin geri alınmasına ilişkin karar,

f) Türk vatandaşı hakkında yabancı mahkemeden verilmiş ve kesinleşmiş olan mahkumiyet kararının Türk hukuku bakımından doğurduğu hak yoksunluklarına ilişkin olarak Cumhuriyet savcısının istemi üzerine mahkemece verilen karar,

g) Ceza mahkumiyetini bütün sonuçlarıyla ortadan kaldıran şikayetten vazgeçme veya etkin pişmanlık dolayısıyla verilen karar,

h) Ceza zamanaşımının dolduğunun tespitine ilişkin karar,

i) Genel veya özel affa ilişkin kanun; özel affa ilişkin cumhurbaşkanlığı kararı

j) Askeri Ceza Kanunu'na göre verilmiş mahkumiyet kararlarındaki feri cezalar, adli sicile kaydedilir.

Kanun yararına bozma veya yargılamanın yenilenmesi sonucunda verilen mahkumiyet hükmü ya da eski hükümde değişiklik yapan tüm hüküm ve kararlar da adli sicile kaydedilir (md. 4/2).

Adli Sicil Kanunu'nun 6. maddesine göre, kamu davasının açılmasının ertelenmesine ve hükmün açıklanmasının geri bırakılmasına ilişkin kararlar, ancak bir soruşturma veya kovuşturmayla bağlantılı olarak mahkeme, hakim, askeri hakim, cumhuriyet başsavcılığı veya askeri savcılık tarafından istenmesi halinde verilmek üzere kaydedilir. Adli Sicil Kanunu'nun 10. maddesinin birinci fıkrasının c bendi uyarınca, arşiv bilgileri, yetkili seçim kurulları tarafından istenebilir.

Adli Sicil Kanunu'nun 9. maddesinde adli sicil bilgilerinin silinmesi düzenlenmiştir. Adli sicildeki bilgiler; cezanın veya güvenlik tedbirinin infazının tamamlanması, ceza mahkumiyetini bütün sonuçlarıyla ortadan kaldıran şikayetten vazgeçme veya etkin pişmanlık, ceza zamanaşımının dolması, genel af halinde Adli Sicil ve İstatistik Genel Müdürlüğü'nce silinerek arşiv kaydına alınır. Adli sicil bilgileri ilgilinin ölümü üzerine tamamen silinir. Türk vatandaşları hakkında yabancı mahkemelerce verilmiş olup adli sicile kaydedilen hürriyeti bağlayıcı ceza mahkumiyet hükümleri, kesinleştiği tarihten itibaren mahkumiyet kararında belirtilen sürenin geçmesiyle, Adli Sicil ve İstatistik Genel Müdürlüğü'nce adli sicil kayıtlarından çıkartılarak arşiv kaydına alınır. Adli para cezasına mahkumiyet hükümleri ile cezanın ertelenmesine ilişkin hükümler adli sicil kaydına alınmadan doğrudan arşive kaydedilir.

Adli Sicil Kanunu'nun 12. maddesinde adli sicil ve arşiv bilgilerinin silinmesi düzenlenmiştir. Arşiv bilgileri, ilgilinin ölümü üzerine ve her halde kaydın girildiği tarihten itibaren seksen yılın geçmesiyle tamamen silinir. Fiilin kanunla suç olmaktan çıkarılması halinde, bu suçtan mahkumiyete ilişkin adli sicil ve arşiv kayıtları, talep aranmaksızın tamamen silinir. Kanun yararına bozma veya yargılamanın yenilenmesi sonucunda verilen beraat veya ceza verilmesine yer olmadığı kararının kesinleşmesi halinde, önceki mahkumiyet kararına ilişkin adli sicil ve arşiv kaydı tamamen silinir.

Anayasa'nın 76 maddesinde '' En az ilkokul mezunu olmayanlar, kısıtlılar, yükümlü olduğu askerlik hizmetini yapmamış olanlar, kamu hizmetinden yasaklılar, taksirli suçlar hariç toplam bir yıl veya daha fazla hapis ile ağır hapis cezasına hüküm giymiş olanlar; zimmet, ihtilâs, irtikâp, rüşvet, hırsızlık, dolandırıcılık, sahtecilik, inancı kötüye kullanma, dolanlı iflas gibi yüz kızartıcı suçlarla, kaçakçılık, resmî ihale ve alım satımlara fesat karıştırma, devlet sırlarını açığa vurma, terör eylemlerine katılma ve bu gibi eylemleri tahrik ve teşvik suçlarından biriyle hüküm giymiş olanlar, affa uğramış olsalar bile milletvekili seçilemezler.'' hükmü ile milletvekili seçilmeye engel durumlar belirlenirken maddede belirtilen suçlar ile cezaların affa uğramış olsalar bile milletvekili seçilmeye engel olduğu belirtilmek suretiyle bu hükme dayanılarak düzenlenen 5352 sayılı Kanun'un geçici 2/2 inci maddesine göre de bunlara dayalı mahkumiyet kayıtlarının arşiv kaydından hiçbir şekilde silinemeyeceği de açıkça hüküm altına alınmıştır[70].

Yüksek Seçim Kurulu, "*seçilmeye engel mahkumiyeti bulunan adayların aday olamayacağına ve milletvekili geçici aday listesinden çıkarılmalarına*" karar vermektedir[71].

(5)Hapis cezasının ertelenmesinin seçilme yeterliliğine olan etkisi

Hapis cezasının ertelenmesi, 26.09.2004 tarih ve 5237 sayılı Türk Ceza Kanunu'nun 51. maddesinde düzenlenmiştir. 51. maddenin 1. fıkrasına göre, işlediği suçtan dolayı iki yıl veya daha az süreyle hapis cezasına mahkum edilen kişinin cezası ertelenebilir. Bu sürenin üst sınırı, fiili işlediği sırada onsekiz yaşını doldurmamış veya altmışbeş yaşını bitirmiş olan kişiler bakımından üç yıldır. Ancak erteleme kararı verilebilmesi için kişinin;

a) Daha önce kasıtlı bir suçtan dolayı üç aydan fazla hapis cezasına mahkum edilmemiş olması,

b) Suçu işledikten sonra yargılama sürecinde gösterdiği pişmanlık dolayısıyla tekrar suç işlemeyeceği konusunda mahkemede bir kanaatin oluşması gerekir.

---

[70] Nejat Özkan, "Adli Sicil ve Arşiv Kayıtlarının 5352 Sayılı Yasaya Göre Silinmesi", **Ankara Barosu Dergisi**, Yıl:68, Sayı:3, 2010, s. 258.

[71] Yüksek Seçim Kurulu'nun 17/09/2002 tarih ve 576 sayılı kararı. http://www.ysk.gov.tr/ysk/IlkeKararlari/2002/Kararlar/2002-576-karar.htm (E.T. 04.03.2013).

Yüksek Seçim Kurulu, 11.07.1998 tarih ve 183 sayılı kararında[72] hapis cezasının ertelenmesinin seçilme yeterliliğine olan etkisini incelemiş olup şu yönde karar vermiştir:

"Söz konusu olayda hırsızlık suçundan mahkum olan kişinin hapis cezası ertelenmiştir. Ertelemede, başlangıçta ilk belirtilen husus "cezanın infazına engel olmak" hali olmakla beraber, ertelemenin asıl sonucu deneme süresi sonunda meydana gelmektedir. Bu da, "mahkumiyetin esasen vaki olmamış sayılmasıdır" ki, konumuz yönünden önemli olan da ertelemenin doğurduğu bu sonuçtur. Sözü edilen madde hükmünden, cezanın ertelenmesi durumunda hüküm tarihinden itibaren beş yıl içinde yeni bir cürümden ötürü herhangi bir ceza alınmadığı takdirde "ilk mahkumiyet yok kabul edilir, kişi hiç ceza almamış sayılır" sonucuna ulaşılmaktadır. Öğretideki, cezası ertelenmiş ve yasada belirtilen süre içinde herhangi bir ceza almamış kişi için, ortada infaz edilmiş bir ceza bulunmadığından, memnu hakların iadesi kararı verilemeyeceği yolundaki görüşe paralel olarak uygulamada mahkemelerce de, bu tür işlemlerde "Türk Ceza Kanunu'nun 95/II. maddesi hükmü uyarınca mahkumiyet esasen vaki olmamış sayıldığından, memnu hakların iadesi için karar verilmesine gerek olmadığı" şeklinde karar vermiştir.

Memnu Hakların İadesi, Yüksek Seçim Kurulu'nun 30.03.2002 tarih ve 194 sayılı kararında "*ceza mahkumiyetinden doğan müebbet yasaklılık ve ehliyetsizliklerin ortadan kaldırılmasını sağlayan bir kurum*" olarak tanımlanmıştır[73]. Veli Özer Özbek, Nihat Kanbur, Pınar Bacaksız ve Koray Doğan'a göre memnu hakların iadesi, mahkumiyetten doğan müebbet yasakların ve ehliyetsizliklerin ortadan kaldırılmasını sağlayan ve bu suretle bunlardan kurtulmak isteyen kişiyi namuslu bir şekilde yaşamaya teşvik eden bir hukuki kurumdur[74]. Memnu hakların iadesi kurumuna 5237 sayılı Türk Ceza Kanunu dışındaki kanunların belli bir suçtan dolayı veya belli bir ceza mahkumiyetine bağladığı hak yoksunluklarının giderilebilmesi için başvurulabilir. 5237 sayılı Türk Ceza Kanunu sadece süreli hak yoksunluklarını düzenlediği için Türk Ceza Kanunu, Ceza Muhakemeleri Kanunu, Ceza İnfaz Kanunu içinde yasak hakların geri verilmesi usulüne yer verilmiş

[72] http://www.ysk.gov.tr/ysk/IlkeKararlari/1998/Kararlar/1998-183-karar.htm (E.T. 04.03.2013).
[73] http://www.ysk.gov.tr/ysk/IlkeKararlari/2002/Kararlar/2002-194-karar.htm (E.T. 04.03.2013).
[74] Veli Özer Özbek, Nihat Kanbur vd., **Ceza Muhakemesi Hukuku**, 2. b., Seçkin Yayınevi, Ankara, 2008, s. 542.

değildir[75]. Yukarıda belirttiğimiz, Yüksek Seçim Kurulu'nun 30.03.2002 tarih ve 194 sayılı kararında, Ağır Ceza Mahkemesi'nce memnu hakları iade edilen ilgililerin, seçilme yeterliğini yeniden kazanacağının, Yüksek Seçim Kurulu'nun birçok kararında vurgulandığı belirtilmiştir. O halde, Yüksek Seçim Kurulu'nun yerleşmiş içtihatlarına göre nasıl ki, memnu hakların iadesi kararı seçilme yetersizliğini ortadan kaldırıyorsa, seçilmeye engel bir hükümlülüğün, Türk Ceza Kanunu'nun 95. maddesinin 2. fıkrasında sürenin geçmesi sonucu esasen vaki olmamış sayılması halinde de seçilme yeterliğinin yeniden kazanıldığı kabul edilmelidir[76]. Bahri Öztürk ve Mustafa Ruhan Erdem hapis cezasının ertelenmesinin sonuçları konusunda Yüksek Seçim Kurulu'nun yukarıda belirtilen kararından farklı bir yaklaşım içersisindedirler. Şöyle ki, Yüksek Seçim Kurulu ilgili kararında denetim süresi içerisinde herhangi bir ceza alınmadığı taktirde "mahkumiyet yok kabul edilir" görüşünü benimsemişken, Bahri Öztürk ve Mustafa Ruhan Erdem, denetim süresi olaysız geçirilmiş olsa bile mahkumiyet tüm sonuçları ile birlikte varlığını sürdürecek; bunun sonucu olarak da söz gelimi, daha sonra işlenen suçtan dolayı tekerrür hükümleri uygulanabileceği gibi, ertelemeye konu mahkumiyet, sonradan işlenen suçtan dolayı verilecek hapis cezasının ertelenmesine de engel oluşturacaktır[77].

21.12.2000 tarih ve 4616 sayılı, 23 Nisan 1999 Tarihine Kadar İşlenen Suçlardan Dolayı Şartla Salıverilmeye, Dava ve Cezaların Ertelenmesine Dair Kanun'un, 21.05.2002 tarih ve 4758 sayılı Kanun ile değişik 1. maddesinde, "23 Nisan 1999 tarihine kadar işlenmiş ve ilgili kanun maddesinde öngörülen şahsî hürriyeti bağlayıcı cezanın üst sınırı on yılı geçmeyen suçlardan dolayı haklarında henüz takibata geçilmemiş veya hazırlık soruşturmasına girişilmiş olmakla beraber dava açılmamış veya son soruşturma aşamasına geçilmiş olmakla beraber henüz

[75] Veli Özer Özbek, Nihat Kanbur vd., a.g.e., s. 542.
[76] Yüksek Seçim Kurulunun aynı yönde kararları için bakınız: YSK'nun 12.06.1999 tarih ve 1813 sayılı kararı, YSK'nun 30.03.2002 tarih ve 194 sayılı kararı, YSK'nun 20.09.2002 tarih ve 625 sayılı kararı, YSK'nun 08.06.2007 tarih ve 384 sayılı kararı.
[77] Bahri Öztürk ve Mustafa Ruhan Erdem, **Uygulamalı Ceza Hukuku ve Güvenlik Tedbirleri Hukuku**, 11. b., Seçkin Yayınevi, Ankara, 2011, ss. 388-389.

hüküm verilmemiş veya verilen hüküm kesinleşmemiş ise, davanın açılması veya kesin hükme bağlanması ertelenir; varsa tutukluluk halinin kaldırılmasına karar verilir. Bu suçlarla ilgili dosya ve deliller, her bir suçun dava zamanaşımı süresinin sonuna kadar muhafaza edilir.

Erteleme konusu suçun dava zamanaşımı süresi içinde bu suç ile aynı cins veya daha ağır şahsî hürriyeti bağlayıcı cezayı gerektiren bir suç işlendiğinde, erteleme konusu suçtan dolayı da dava açılır veya daha önce açılmış bulunan davaya devam edilerek hüküm verilir. Bu süre, erteleme konusu suç ile aynı cins veya daha ağır şahsî hürriyeti bağlayıcı cezayı gerektiren bir suç işlenmeksizin geçirildiğinde, ertelemeden yararlanan hakkında kamu davası açılmaz; açılmış olan davanın ortadan kaldırılmasına karar verilir. Bu bentle ilgili olarak bu Kanun'un yürürlüğe girdiği tarihten itibaren üç ay içinde dosyanın bulunduğu yargı merciine başvurmak suretiyle soruşturmaya veya davaya devam edilmesini istediklerini bildirenler hakkında soruşturma veya davaya devam olunur. Mahkûmiyet halinde verilen ceza, dava zamanaşımı süresince ertelenir. Bu süre içinde erteleme konusu suç ile aynı cins veya daha ağır şahsî hürriyeti bağlayıcı cezayı gerektiren bir suç işlendiğinde ertelenen ceza da infaz edilir. Aynı süre, erteleme konusu suç ile aynı cins veya daha ağır şahsî hürriyeti bağlayıcı cezayı gerektiren bir suç işlenmeksizin geçirildiğinde, mahkûmiyet vaki olmamış sayılır" ifadesi yer almaktadır.

Yüksek Seçim Kurulu 12.06.2007 tarih ve 452 sayılı kararında,

"Aday hakkında Amasya Ağır Ceza Mahkemesi tarafından verilen 2002/65-141 E.-K. sayılı karar ile 4758 sayılı Kanun ile değişik 4616 sayılı Kanun'un 1. maddesine göre kesin hükme bağlanmasının ertelenmesine karar verildiği, ayrıca adı geçenin adli sicil sabıka kaydı sorgulama sonucunda herhangi bir mahkumiyetinin bulunmadığı, sonuç itibariyle seçilmeye engel sabıka oluşmadığı kanaatiyle itirazın reddine" karar vermiştir[78].

Yüksek Seçim Kurulu 17.05.1999 tarih ve 1554 sayılı kararında, "*Adli sicilden sabıka kaydının silinmesine karar verilmiş olmasının, seçilmeye engel mahkumiyet yasaklamalarını ortadan kaldırmayacağını çünkü sabıka kaydının silinmesi kararının*

---

[78] http://www.ysk.gov.tr/ysk/IlkeKararlari/2007/Kararlar/2007-452-karar.htm (E.T 04.03.2013).

memnu hakların iadesi kararı niteliğinde olmadığını" vurgulamıştır[79]. Yasaklanmış hakların geri verilebilmesi için; mahkum olunan cezanın infazının tamamlandığı tarihten itibaren üç yıllık bir sürenin geçmiş olması, kişinin bu süre zarfında yeni bir suç işlememiş olması ve hayatını iyi halli olarak sürdürdüğü hususunda mahkemede bir kanaat oluşması gerekir[80]. Ancak mahkum olunan cezanın infazına genel af veya etkin pişmanlık dışında başka bir hukuki sebeple son verilmiş olması halinde, yasaklanmış hakların geri verilmesi yoluna gidilebilmesi için, hükmün kesinleştiği tarihten itibaren beş yıl geçmesi gerekir. Ancak bu süre kişinin mahkum olduğu hapis cezasına üç yıl eklenmek suretiyle bulunacak süreden az olamaz[81]. Yasaklanmış hakların geri verilmesi için, hükümlünün veya vekilinin talebi üzerine, hükmü veren mahkemenin veya hükümlünün ikametgahının bulunduğu yerdeki aynı derecedeki mahkemenin karar vermesi gerekir. Mahkeme bu husustaki kararını, dosya üzerinde inceleme yaparak ya da cumhuriyet savcısını ve hükümlüyü dinlemek suretiyle verebilir[82]. Yasaklanmış hakların geri verilmesine ilişkin karar, kesinleşmesi halinde, adli sicil arşivine kaydedilir[83].

Yüksek Seçim Kurulu 20.09.2002 tarih ve 620 sayılı kararında,

"seçim takviminde belirlenen sürelerden sonra alınacak bir memnu hakların iadesi kararı, seçilme yeterliliğinin seçim sırasında var olduğu sonucunu doğurmayacağından, memnu hakların iadesine ilişkin kararın geriye yürümeyeceği kuralı karşısında kişinin karar tarihinden önceki hukuki durumunda bir değişiklik husule getirmeyecektir" şeklinde karar vermiştir[84].

(6)Hükmün açıklanmasının geri bırakılmasının seçilme yeterliliğine olan etkisi

Hükmün açıklanmasının geri bırakılması Ceza Muhakemesi Kanunu'nun 231. maddesinin 5. fıkrasında yer almaktadır. 231. maddenin 06.12.2006 tarih ve 5560

---

79 http://www.ysk.gov.tr/ysk/IlkeKararlari/1999/Kararlar/1999-1554-karar.htm (E.T. 04.03.2013).
80 Veli Özer Özbek, Nihat Kanbur vd., a.g.e., s. 542.
81 Veli Özer Özbek, Nihat Kanbur vd., a.g.e., s. 542-543.
82 Veli Özer Özbek, Nihat Kanbur vd., s. 543.
83 Veli Özer Özbek, Nihat Kanbur vd., a.g.e., s. 543.
84 http://www.ysk.gov.tr/ysk/IlkeKararlari/2002/Kararlar/2002-620-karar.htm (E.T. 04.03.2013).

sayılı Kanun'un 23. maddesi ile ek 5. fıkrasına göre, sanığa yüklenen suçtan dolayı yapılan yargılama sonunda hükmolunan ceza, iki yıl veya daha az süreli hapis veya adlî para cezası ise; mahkemece, hükmün açıklanmasının geri bırakılmasına karar verilebilir. Uzlaşmaya ilişkin hükümler saklıdır. Hükmün açıklanmasının geri bırakılması, kurulan hükmün sanık hakkında bir hukukî sonuç doğurmamasını ifade eder. Hükmün açıklanmasının geri bırakılmasına karar verilebilmesi için; sanığın daha önce kasıtlı bir suçtan mahkûm olmamış bulunması, mahkemece, sanığın kişilik özellikleri ile duruşmadaki tutum ve davranışları göz önünde bulundurularak yeniden suç işlemeyeceği hususunda kanaate varılması, suçun işlenmesiyle mağdurun veya kamunun uğradığı zararın, aynen iade, suçtan önceki hale getirme veya tazmin suretiyle tamamen giderilmesi gerekir. Sanığın kabul etmemesi hâlinde, hükmün açıklanmasının geri bırakılmasına karar verilmez (f.6). Açıklanmasının geri bırakılmasına karar verilen hükümde, mahkûm olunan hapis cezası ertelenemez ve kısa süreli olması halinde seçenek yaptırımlara çevrilemez (f.7). Hükmün açıklanmasının geri bırakılması kararının verilmesi halinde sanık, beş yıl süreyle denetim süresine tâbi tutulur. Bu süre içinde bir yıldan fazla olmamak üzere mahkemenin belirleyeceği süreyle, sanığın denetimli serbestlik tedbiri olarak; bir meslek veya sanat sahibi olmaması halinde, meslek veya sanat sahibi olmasını sağlamak amacıyla bir eğitim programına devam etmesine, bir meslek veya sanat sahibi olması halinde, bir kamu kurumunda veya özel olarak aynı meslek veya sanatı icra eden bir başkasının gözetimi altında ücret karşılığında çalıştırılmasına, belli yerlere gitmekten yasaklanmasına, belli yerlere devam etmek hususunda yükümlü kılınmasına ya da takdir edilecek başka yükümlülüğü yerine getirmesine, karar verilebilir. Denetim süresi içinde dava zamanaşımı durur (f.8). Altıncı fıkranın c bendinde belirtilen koşulu derhal yerine getiremediği takdirde; sanık hakkında mağdura veya kamuya verdiği zararı denetim süresince aylık taksitler halinde ödemek suretiyle tamamen gidermesi koşuluyla da hükmün açıklanmasının geri bırakılması kararı verilebilir (f.9). Denetim süresi içinde kasten yeni bir suç işlenmediği ve denetimli serbestlik tedbirine ilişkin yükümlülüklere uygun davranıldığı takdirde, açıklanması geri bırakılan hüküm ortadan kaldırılarak, davanın düşmesi kararı verilir (f.10). Denetim süresi içinde kasten yeni bir suç işlemesi veya denetimli serbestlik tedbirine ilişkin yükümlülüklere aykırı davranması halinde, mahkeme hükmü açıklar. Ancak mahkeme, kendisine yüklenen yükümlülükleri yerine getiremeyen sanığın durumunu değerlendirerek; cezanın yarısına kadar belirleyeceği bir kısmının infaz edilmemesine ya da koşullarının varlığı halinde hükümdeki hapis cezasının ertelenmesine veya seçenek yaptırımlara çevrilmesine karar vererek yeni bir mahkûmiyet hükmü kurabilir (f.11).

Yüksek Seçim Kurulu 14.03.2011 tarih ve 200 sayılı kararında,

"milletvekili seçilmesine engel sabıkası olanlar hakkında sonradan uyarlama yapılarak 5271 sayılı Ceza Muhakemesi Kanunu'nun değişik 231. maddesi uyarınca hükmün açıklanmasının geri bırakılması kararı verilmiş olanların buna ilişkin kararın, onaylı bir örneğini adaylık başvuru evrakına eklemeleri gerektiğine" karar vermiştir[85].

f. Görevlerinden çekilmedikçe aday olamayacaklar

Anayasa'nın 76. maddesinin 3. fıkrasında ise statü itibariyle milletvekili adayı olamayacak ve milletvekili seçilemeyecek olan kişiler sayılmıştır. Buradaki sayım statüleri kapsadığı için bu statülerden çekilen kişilerin milletvekili adayı olabilmesi ve milletvekili seçilebilmesi mümkündür. Anayasa'nın 76. maddesinin 3. fıkrasında statüleri itibariyle milletvekili seçilemeyecek kişiler şöyle sayılmıştır: Hakimler ve savcılar, yüksek yargı organları mensupları, yükseköğretim kurumlarındaki öğretim elemanları, Yükseköğretim Kurulu üyeleri, kamu kurum ve kuruluşlarının memur statüsündeki görevlileri ile yaptıkları hizmet bakımından işçi niteliği taşımayan diğer kamu görevlileri ve silahlı kuvvetler mensupları, görevlerinden çekilmedikçe aday olamazlar ve milletvekili seçilemezler. Madde metninden anlaşıldığı üzere sayılan bu olumsuz şart mutlak nitelikte değildir. Sayılan statülere mensup kişiler bu statüleri terk ettiklerinde milletvekilliğine ve cumhurbaşkanlığına aday olup seçilebilirler.

Statü itibariyle cumhurbaşkanı seçilemeyecek olanların daha doğrusu görevinden ayrılmadıkça cumhurbaşkanı seçilemeyecek olanların görevden ayrılması veya seçim sonrasında göreve dönmesi hususu Cumhurbaşkanı Seçimi Kanunu'nun

[85] http://www.ysk.gov.tr/ysk/docs/Kararlar/2011Pdf/2011-200.pdf (E.T. 21.04.2013).

11. maddesinde düzenlenmiştir. 11. maddenin ilk fıkrasında, cumhurbaşkanı adayı gösterilen hakimler ve savcıların, yüksek yargı organları mensuplarının, yüksek öğretim kurumlarındaki öğretim elemanlarının, Yükseköğretim Kurulu, Radyo ve Televizyon Üst Kurulu üyelerinin, kamu kurumu ve kuruluşlarının memur statüsündeki görevlileri ile yaptıkları hizmet bakımından işçi niteliği taşımayan diğer kamu görevlilerinin, belediye başkanları ve subaylar ile astsubayların, siyasi partilerin il ve ilçe yönetim kurulu başkan ve üyeleri ile belediye meclisi üyelerinin, il genel meclisi üyelerinin, kamu kurumu niteliğindeki meslek kuruluşları ile sendikalar, kamu bankaları ile üst birliklerin ve bunların üst kuruluşlarının ve katıldıkları teşebbüs veya ortaklıkların yönetim ve denetim kurullarında görev alanların, aday listesinin kesinleştiği tarih itibariyle görevlerinden ayrılmış sayılacağı düzenlenmiştir. Bu durum Yüksek Seçim Kurulunca, aday gösterilenin bağlı bulunduğu bakanlığa veya kuruma derhal bildirilecektir. Milletvekili Seçimi Kanunu'nun "görevden ayrılmaya ilişkin hükümler" kenar başlıklı 19. maddesinin 3. fıkrasına göre, subay ve astsubayların savaş ve seferberlik hallerindeki ayrılma istekleri hariç olmak üzere, ayrılma hakkını kazanmış olanların ayrılma istekleri reddedilemez. Subay ve astsubayların görevlerinden çekilmeleri ile ilgili, 1402 sayılı Sıkıyönetim Kanunu'nda bir istisna mevcuttur. Adı geçen Kanun'un 2. maddesinin 7. fıkrası gereğince " Sıkıyönetim Komutanlığı emrine atanan veya görev alan bilcümle personelin sıkıyönetim süresince, Sıkıyönetim Komutanının izni olmadıkça, istifa veya emeklilik işlemleri yürütülemez veya başka bir göreve atanması yapılamaz".

Bulundukları statüden ayrılarak cumhurbaşkanı adayı olanların adaylığı veya seçimi kaybetmeleri halinde tekrar eski statülerine dönüp dönemeyecekleri hususu ise Cumhurbaşkanı Seçimi Kanunu'nun 11. maddesinin ikinci fıkrasında düzenlenmiştir. Buna göre, Yüksek mahkeme üyeleri, hakimler, savcılar ve bu meslekten sayılanlar ile subay ve astsubaylar hariç olmak üzere, cumhurbaşkanı adayı gösterilen devlet memurları ve diğer kamu görevlileri, adaylığı veya seçimi kaybetmeleri halinde, Yüksek Seçim Kurulu'nca, cumhurbaşkanının seçildiğinin ilan edilmesini takip eden bir ay içinde müracaat etmeleri kaydıyla eski görevlerine veya kazanılmış hak aylık derecelerindeki başka bir göreve dönebilirler. Fıkra metninde yüksek mahkeme üyeleri, hakimler, savcılar ve bu meslekten sayılanlar ile subay ve astsubaylar hariç tutulduğuna göre, bu statülerde bulunan kişilerin cumhurbaşkanlığına aday olup da adaylığı veya seçimi kaybetmeleri halinde artık tekrar eski görevlerine dönmeleri mümkün değildir. Bu statülerin ayrıca ve açıkça sayılmasındaki amaç, bu statülerin tarafsızlıklarının herhangi bir şüpheye yer vermeyecek şekilde mutlak olması gerekliliğinden kaynaklanmaktadır.

Yüksek Seçim Kurulu'nun 28.05.2005 tarih ve 254 sayılı kararında,

"Kurul Başkanlığı'na N.Ç. tarafından verilen 20.05.2005 tarihli dilekçede; halen İstanbul ili Küçükçekmece belediye başkanlığında 657 sayılı Devlet Memurları Kanunu'na tabi devlet memuru olarak görev yaptığı, aynı zamanda Bulgaristan vatandaşı olduğu, Bulgaristan'da 25.06.2005 tarihinde yapılacak olan genel seçimlere katılmak amacıyla görevinden istifa ederek ayrılması halinde ve seçimler sonucunda milletvekili seçilemediği takdirde tekrar görevine geri dönmesinin mümkün olup olmadığı hususunda görüş bildirilmesi istenilmiş olmakla, konu incelenmiştir. Seçimlerde aday olacak kamu görevlilerinin adaylık için görevlerinden ayrılma ve seçim sonrası seçimi kazanamamaları durumunda görevlerine geri dönme usul ve esasları, Türkiye Cumhuriyeti'ndeki seçimlere münhasır olarak düzenlenmiş ve başka bir yabancı memleket seçim mevzuatıyla ilişkilendirilmemiştir. Bu bakımdan, seçimlerde adaylık için kamu görevinden ayrılmayla ve sonrasında göreve geri dönüş imkanı sağlamayla ilgili Türk seçim mevzuatının yukarıda belirtilen Kanun hükümleri karşısında, Bulgaristan'da 25.06.2005 tarihinde yapılacak olan genel seçimlerle ilgili olarak Yüksek Seçim Kurulu'nca bir karar alınmasının mümkün olmadığına ve göreve geri dönüş imkanı sağlanan 298 sayılı Kanunun Ek-7. maddesinin Türkiye'deki seçimlerle ilgili olduğuna" karar verilmiştir[86].

Yüksek Seçim Kurulu'nun 15.06.2007 tarih ve 496 sayılı kararı gereğince, "*geçici köy korucularının, milletvekili adayı olabilmek için görevlerinden istifa etmeleri gerekmez*"[87]. Yine Yüksek Seçim Kurulu'nun 16.06.2007 tarih ve 502 sayılı kararı gereğince,

---

[86] http://www.ysk.gov.tr/ysk/IlkeKararlari/2005/Kararlar/2005-254-karar.htm (E.T. 11.03.2013).

[87] http://www.ysk.gov.tr/ysk/IlkeKararlari/2007/Kararlar/2007-496-karar.htm (E.T. 18.03.2013).

"Türkiye Cumhuriyeti Ziraat Bankası 4603 sayılı Yasa ile anonim şirket statüsüne getirildiği ve yürüttüğü hizmetin yasa ile kamu hizmeti olmaktan, çalışanların da memurluktan çıkarıldığı anlaşıldığından, Adalet ve Kalkınma Partisi'nce Amasya ili seçim çevresinden 3. sıra milletvekili adayı olarak gösterilen Ziraat Bankası Genel Müdür Yardımcısı E. Ç.'nin 2839 sayılı Kanun'un 18. maddesine göre görevinden ayrılma zorunluluğu bulunmamaktadır"[88].

Hukuk düzenimizde cumhurbaşkanlığına seçilebilmek için aranan olumsuz şartlar bu şekildedir. Bu şartlar bizzat anayasa ile veya anayasanın verdiği yetkiye dayanarak kanunla artırılabilir. Bazı ülkelerde cumhurbaşkanı seçilebilmek için başka bazı olumsuz şartlar, daha doğru bir ifadeyle, cumhurbaşkanı seçilme yasakları sayılmıştır. Örneğin Avusturya Anayasası'nın 60. maddesinin 3. fıkrasının son cümlesinde "hanedan mensupları, ya da daha önce ülkeyi yönetmiş hanedandan olan kişiler aday olamazlar" ifadesi yer almaktadır. İtalyan Anayasası'nın "geçici ve son hükümler" başlıklı bölümünün XIII. maddesinde "Savoya Hanedanının üyeleri ve soyundan gelenler seçmen olmadıkları gibi, kamu hizmeti ve seçimle gelinen görevler yürütemezler" denilmektedir.

[88] http://www.ysk.gov.tr/ysk/IlkeKararlari/2007/Kararlar/2007-502-karar.htm (E.T. 18.03.2013).

İKİNCİ BÖLÜM

CUMHURBAŞKANI SEÇİM USULÜ

Yukarıda belirttiğimiz üzere cumhurbaşkanı, cumhuriyetlerde devlet başkanına verilen isimdir. Cumhuriyetlerde cumhurbaşkanının seçim usulü ise sistemin türüne göre farklılıklar göstermektedir. Fakat cumhuriyetin tanımı gereği bu tip sistemlerde cumhurbaşkanı ırsî olarak belirlenmez[89]. Federal Avusturya Anayasası'nın 60. maddesinin 1. fıkrası gereğince federal cumhurbaşkanı, eşit, doğrudan, gizli ve şahsi oy esasına dayalı olarak halk tarafından seçilir. Sadece bir aday mevcutsa, seçim halk oylaması şeklinde gerçekleştirilir. 4 Ekim 1958 tarihli Fransız Anayasası'nın 6. maddesine göre cumhurbaşkanı, tek dereceli genel seçimle seçilir. Federal Almanya Cumhuriyeti Anayasası'nın 54. maddesinin 1. fıkrasına göre federal cumhurbaşkanı, Federasyon Kongresi tarafından görüşmesiz olarak seçilir. 54. maddenin 6. fıkrasına göre, Federasyon Kongresi üyelerinin çoğunluğunun oyunu alan aday seçilir. İlk iki turda hiçbir aday bu çoğunluğu sağlayamamışsa, bunlardan sonraki turda en çok oy elde eden aday seçilmiş olur. İrlanda Anayasası'nın 12. maddesinin 2. fıkrasının 1. bendine göre, başkan, halkın doğrudan oyu ile seçilir. 12. maddenin 3. fıkrasına göre de, oylama gizli oy usulüyle ve devredilebilir tek oy ile nispi temsil sisteminde yapılır. İtalyan Cumhuriyeti Anayasası'nın 83. maddesinde cumhurbaşkanının, meclislerin müşterek oturumuyla parlamento tarafından seçileceği (f.1) belirtildikten sonra, cumhurbaşkanının gizli oyla ve genel kurulun üçte iki çoğunluğuyla seçileceği, üçüncü defa oylamaya başvurulduğunda mutlak çoğunluğun yeterli olacağı (f.3) vurgulanmıştır. Polonya Cumhuriyeti Anayasası'nın 127. maddesinin 1. fıkrası cumhurbaşkanının, gizli oyla yapılan, genel, eşit ve doğrudan seçimlerde ulus tarafından seçileceğini hükme bağlamıştır. Portekiz Cumhuriyeti Anayasası'nın 121.

[89] Gözler, **Devlet Başkanları**, s. 58.

maddesinin 1. fıkrasına göre de, cumhurbaşkanının Portekiz topraklarında oy vermek için kayıtlı olan tüm Portekiz vatandaşlarının ve maddenin ikinci fıkrası uyarınca, yurtdışında ikamet eden tüm Portekiz vatandaşlarının genel, doğrudan, gizli oyu ile seçilir.

Yukarıda görüldüğü üzere cumhurbaşkanının seçim usulü ülkeden ülkeye değişmektedir. Türk hukuk sisteminde de cumhurbaşkanının seçim usulü 1982 Anayasası'nda 31/05/2007 tarih ve 5678 sayılı Kanun'la yapılan değişiklikler ile tamamıyla değiştirilmiştir. Bu değişiklikleri incelemeden önce Türk anayasacılık tarihi içerisinde cumhurbaşkanının seçim usulüne değinmekte fayda vardır.

I.TÜRK ANAYASALARINDA CUMHURBAŞKANI SEÇİM USULÜ

Cumhurbaşkanlığı seçimi konusu 1924 Anayasası'nın 31. maddesinde düzenlenmiştir. Bu maddeye göre 1924 Anayasası döneminde cumhurbaşkanı, Büyük Millet Meclisi Kamutayı tarafından ve kendi üyeleri arasından bir seçim dönemi için seçilirdi. Cumhurbaşkanlığı görevi, yeni cumhurbaşkanının seçimine kadar sürerdi ve yeniden cumhurbaşkanı seçilmek mümkündü. Görüldüğü gibi 1924 Anayasası cumhurbaşkanını seçme yetkisini Büyük Millet Meclisi Genel Kurulu'na vermiştir. Bu dönemde cumhurbaşkanı adayı olabilmek için aranan tek şart Büyük Millet Meclisi üyesi olmaktı, dolayısıyla Meclis dışından bir kimsenin cumhurbaşkanı adayı olabilmesi mümkün değildi. Anayasa, milletvekilleri için aranan şartları cumhurbaşkanı için de aramış, ayrıca başka şartlar veya sınırlamalar benimsememiştir. Görev süresi biten cumhurbaşkanının birden fazla kereler ve hatta üst üste cumhurbaşkanı seçilebilmesi mümkündü. Bu nedenle 1924 Anayasası'nın yürürlükte olduğu dönemde Atatürk ve İsmet İnönü dörder, Celal Bayar üç defa üst üste cumhurbaşkanı seçilmişlerdir[90].

Cumhurbaşkanının seçimi konusu, 1961 Anayasası'nın 95. maddesinde 1924 Anayasası'na oranla daha kapsamlı bir şekilde düzenlenmiştir. 1961 Anayasası 95.

---

[90] İbrahim Halil Tavaş, "Türk Anayasalarında Cumhurbaşkanı Seçimi", **Yasama Dergisi**, Sayı 5, Nisan-Mayıs-Haziran 2007, s. 28.

maddesinde hem cumhurbaşkanı seçilme yeterliliklerini ve hem de cumhurbaşkanlığı seçimini düzenlemiştir. 95. maddeye göre 1961 Anayasası döneminde cumhurbaşkanı, Türkiye Büyük Millet Meclisi'nce, 40 yaşını doldurmuş ve yüksek öğrenim yapmış kendi üyeleri arasından, üye tamsayısının üçte iki çoğunluğu ile ve gizli oyla yedi yıllık bir süre için seçilir, ilk iki oylamada bu çoğunluk sağlanamazsa, salt çoğunlukla yetinilirdi. 1961 Anayasası'nın 101. maddesine göre, cumhurbaşkanının görev süresinin dolmasına on beş gün kalınca veya cumhurbaşkanlığı boşalınca, Türkiye Büyük Millet Meclisi yeni cumhurbaşkanı seçerdi, Türkiye Büyük Millet Meclisi toplanık değilse, hemen toplantıya çağrılırdı. 1961 Anayasası, cumhurbaşkanı seçme yetkisini 1924 Anayasası'na paralel şekilde yine Türkiye Büyük Millet Meclisi'ne yani parlamentoya vermiştir. Fakat 1961 Anayasası'nda 1924 Anayasası'ndan farklı olarak cumhurbaşkanı seçilme yeterliliği olarak özel bazı şartlar aranmıştır. 1924 Anayasası cumhurbaşkanı seçilme yeterliliği olarak sadece milletvekili olmayı yeterli görmüş iken; 1961 Anayasası milletvekili olma şartını korumakla birlikte, ayrıca 40 yaşını doldurmuş olmak şartı ve yüksek öğrenim şartı da aramıştır. Ayrıca 1961 Anayasası 1924 Anayasası'ndan farklı olarak cumhurbaşkanı seçme konusunda nitelikli çoğunluk yani meclisin üye tam sayısının üçte iki çoğunluğunun sağlanması şartını öngörmüştü. 1924 Anayasası'ndan farklı olarak 1961 Anayasası'nda, cumhurbaşkanı seçimlerinde gizli oy esası kabul edilmişti. 1961 Anayasası 63. maddesinde Türkiye Büyük Millet Meclisi'nin, Millet Meclisi ve Cumhuriyet Senatosu'ndan kurulacağını düzenleyerek çift yapılı bir parlamento öngörmüştü. 95. madde, Türkiye Büyük Millet Meclisi üyesi olmak şartını aradığına göre, meclis üyesinin Millet Meclisi veya Cumhuriyet Senatosu üyesi olması, cumhurbaşkanı adayı olabilmesi açısından herhangi bir fark yaratmaz. Hem Millet Meclisi üyeleri, hem de Cumhuriyet Senatosu üyeleri cumhurbaşkanlığına aday olabilir. Cumhurbaşkanının görev süresi açısından da 1924 Anayasası ile 1961 Anayasası arasında fark vardır. Şöyle ki, 1924 Anayasası görev süresini bir seçim dönemiyle sınırlandırmıştı. 1924 Anayasası'nın 13. maddesi uyarınca Büyük Millet Meclisi'nin seçimi dört yılda bir yapılır. O halde 1924 Anayasası'nda 4 yıl olarak belirlenen cumhurbaşkanının görev süresi 1961 Anayasası ile 7 yıla çıkarılmıştır. 1961 Anayasası'nın 69. maddesine göre Millet Meclisi seçimleri dört yılda bir yapılır. 1961 Anayasası'nın 73. maddesine göre de Cumhuriyet Senatosu üyeliğinin süresi altı yıldır. Cumhuriyet Senatosu'nun genel oyla ve cumhurbaşkanınca seçilen üyelerinin üçte biri her iki yılda bir yenilenir. Şu durumda, 1924 Anayasası cumhurbaşkanının görev süresini seçim dönemiyle sınırlı tutmuşken, 1961 Anayasası ise bu süreyi seçim döneminden daha uzun tutmuştur.

1982 Anayasası cumhurbaşkanı seçimi konusunu en ayrıntılı şekilde düzenleyen Türk Anayasasıdır. 1982 Anayasası, 1924 ve 1961 Anayasaları'ndan farklı olarak cumhurbaşkanı seçilme yeterlilikleri ile cumhurbaşkanı seçimi konularını farklı iki maddede düzenlemiştir. Cumhurbaşkanı seçilme yeterlilikleri ve bu yeterlilikleri düzenleyen 101. madde yukarıda incelenmiştir. Burada, cumhurbaşkanı seçimini düzenleyen 102. maddenin 2007 yılında yapılan değişiklikten önceki şekli üzerinde durulacak, ayrıca 101. maddede yer alan cumhurbaşkanının tarafsızlığı ile ilgili düzenlemelerden de söz edilecektir. Anayasa'nın 102. maddesi cumhurbaşkanlığı seçimi konusunu oldukça ayrıntılı düzenlemiştir. Maddenin ilk fıkrasına göre cumhurbaşkanı seçme yetkisi Türkiye Büyük Millet Meclisi'ndedir. Bu noktada 1924, 1961 ve 1982 Anayasası'nın 2007 yılı değişikleri öncesindeki metni arasında herhangi bir farklılık bulunmamaktadır. 1961 Anayasası'nda olduğu gibi 1982 Anayasası da cumhurbaşkanı seçebilmek için nitelikli çoğunluk yani Meclis üye tamsayısının üçte iki çoğunluğu esasını benimsemiş ve yine 1961 Anayasası'yla paralel şekilde gizli oy esasını kabul etmiştir. 102. maddenin 2. fıkrasına göre, cumhurbaşkanının görev süresinin dolmasından otuz gün önce veya cumhurbaşkanlığı makamının boşalmasından on gün sonra cumhurbaşkanlığı seçimine başlanır ve seçime başlama tarihinden itibaren otuz gün içinde sonuçlandırılır. Bu sürenin ilk on günü içinde adayların Meclis Başkanlık Divanı'na bildirilmesi ve kalan yirmi gün içinde de seçimin tamamlanması gerekir. Oylama ile ilgili esaslar 102. maddenin üçüncü fıkrasında düzenlenmiştir. Buna göre, en az üçer gün ara ile yapılacak oylamaların ilk ikisinde üye tamsayısının üçte iki çoğunluk oyu sağlanmazsa üçüncü oylamaya geçilir, üçüncü oylamada üye tamsayısının salt çoğunluğunu sağlayan aday cumhurbaşkanı seçilmiş olur. Bu oylamada üye tamsayısının salt çoğunluğu sağlanamadığı takdirde üçüncü oylamada en çok oy almış bulunan iki aday arasında dördüncü oylama yapılır, bu oylamada da üye tamsayısının salt çoğunluğu ile cumhurbaşkanı seçilemediği takdirde derhal Türkiye Büyük Millet Meclisi seçimleri yenilenir. 102. maddenin son fıkrası uyarınca, seçilen yeni cumhurbaşkanı göreve başlayıncaya kadar görev süresi dolan cumhurbaşkanının görevi devam eder.

Görüldüğü üzere 1982 Anayasası cumhurbaşkanlığı seçimini ayrıntılı şekilde düzenlemiş, ayrıca cumhurbaşkanlığı seçim sürecinin tıkanması yani cumhurbaşkanı seçilememesi durumunda başvurulacak yolu da düzenlemiştir. Bu noktada 1982 Anayasası'nın cumhurbaşkanlığı seçimi ile ilgili düzenlemelerinin 1961 Anayasası'ndaki ilgili düzenlemelere oranla tıkanıklığı giderme noktasında daha elverişli düzenlemeler olduğu söylenilebilir. Şöyle ki, 1961 Anayasası'nın 95. maddesi cumhurbaşkanı seçiminde ilk iki oylamada Meclis'in üye tamsayısının üçte iki çoğunluğu sağlanamazsa, salt çoğunlukla yetinileceğini belirtmiştir. O halde 1961 Anayasası'na göre cumhurbaşkanı seçimlerinde ilk iki turda aranan nitelikli çoğunluk sağlanamazsa üçüncü oylama yapılacak ve bu oylamada salt çoğunluk yeterli kabul edilecekti. Fakat üçüncü oylamada salt çoğunluğun sağlanamaması durumunda başvurulacak yöntem belirtilmiş değildi, böyle bir durum da cumhurbaşkanının seçilememesine ve ülkede siyasi krizin çıkmasına sebep olurdu. İşte bu tür bir krizin önüne geçebilmek amacıyla 1982 Anayasası hem oylama sayısını artırmış ve dört tur oylama esasını benimsemiş ve dördüncü oylamanın üçüncü turda en çok oy almış bulunan iki aday arasında yapılacağını belirtmiş hem de, dördüncü oylamada da cumhurbaşkanı seçilememesi durumunda derhal Türkiye Büyük Millet Meclisi seçimlerinin yenileneceği düzenlenmiştir.

1982 Anayasası, cumhurbaşkanı seçimi ile ilgili bazı yenilikler de getirmiştir. Örneğin 1924 ve 1961 Anayasaları'na göre cumhurbaşkanı adayı olabilmek için Meclis üyeliği yani milletvekilliği veya senatör olmak şartları aranırken, 1982 Anayasası'nın 101. maddesinde cumhurbaşkanının diğer şartları taşımak kaydıyla

Türkiye Büyük Millet Meclisi üyesi olabileceği gibi, yine belirtilen şartları taşıyan ve milletvekili seçilme yeterliliğine sahip Türk vatandaşları arasından da seçilebileceği düzenlenerek Türk anayasacılık tarihinde bu konuda bir ilke imza atılmıştır. Yani 1982 Anayasası'na göre cumhurbaşkanı seçilebilmek için illa ki Türkiye Büyük Millet Meclisi üyesi olmak şart değildir, diğer şartları da taşımak kaydıyla milletvekili seçilme yeterliliğine sahip olmak yeterlidir, bu anlamda 1982 Anayasası döneminde cumhurbaşkanlığına meclis dışından da aday gösterilebilir. Tavaş, bu konuda 1961 Anayasası döneminde de TBMM üyesi olmayanların cumhurbaşkanınca kontenjan senatörü seçilerek Cumhuriyet senatosuna girebildiklerini ve adaylık hakkını kazandıklarını belirtmektedir. Tavaş bu konuda örnekler de vermiştir[91]: 1966'da Orgeneral Cevdet Sunay bu yolla cumhurbaşkanı seçilmiştir, 1973'te cumhurbaşkanlığın güçlü adaylarından Orgeneral Faruk Gürler kontenjan senatörü olarak adaylığını koymuş, ancak seçilememiştir. 1961-1980 döneminin diğer iki cumhurbaşkanı Orgeneral Cemal Gürsel ve Oramiral Fahri Korutürk de Cumhuriyet Senatosu'nun halkça seçilmemiş üyelerindendir. Fakat burada şöyle bir husus dikkati çekmektedir ki, 1961 Anayasası'na göre cumhurbaşkanı seçilebilmek için Türkiye Büyük Millet Meclisi üyesi olmak yeterliydi. Bu açıdan, Millet Meclisi üyesi olmak ile Cumhuriyet Senatosu üyesi olmak arasında herhangi bir fark yoktu. O halde Cumhuriyet Senatosu üyesi olabilmek yeterliyse, Senato üyesinin üyelik sıfatını hangi usulle kazandığı önemli değildir, önemli olan bu sıfata sahip olup olmadığıdır. Bu noktada kişi ister Cumhuriyet Senatosu'nun genel oyla seçilen üyelerinden olsun, ister cumhurbaşkanınca seçilen üyelerinden olsun veya isterse tabii üyelerinden olsun, cumhurbaşkanlığına aday olabilme konusunda herhangi bir farklılık yoktur, bu üyelerin hepsi cumhurbaşkanı adayı olabilme hakkına sahiptir. Senatörün cumhurbaşkanınca seçilmiş olması onun senatörlük sıfatını etkilemediği için cumhurbaşkanlığı adaylığına da engel değildir.

Cumhurbaşkanlığı seçimi konusunda 1982 Anayasası'yla getirilen diğer bir yenilik de bir kişinin birden fazla kereler cumhurbaşkanı seçilip seçilemeyeceği ile

---

[91] Tavaş, a.g.m., s. 29.

ilgilidir. Yukarıda belirttiğimiz gibi 1924 Anayasası'na göre bir kişinin birden fazla ve hatta üst üste cumhurbaşkanı seçilebilmesi mümkündü. 1961 Anayasası'nın 95. maddesinin ikinci fıkrasında "bir kimse arka arkaya iki defa cumhurbaşkanı seçilemez" hükmünü ihtiva etmiş, dolayısıyla bir kimsenin birden fazla kere cumhurbaşkanı seçilebilmesi imkanını tanımış iken, arka arkaya iki defa cumhurbaşkanı seçilebilmeyi yasaklamıştır. 1982 Anayasası ise 101. maddesinin üçüncü fıkrasında "bir kimse iki defa cumhurbaşkanı seçilemez" diyerek bu hususu açıkça yasaklamıştır. Bu yasak ve 1961 Anayasası'nda yer alan arka arkaya iki defa seçilememe yasağı cumhurbaşkanının tarafsızlığını sağlamak için öngörülmüş yasaklardır. Cumhurbaşkanının tarafsızlığını sağlamak açısından getirilen bir düzenleme de cumhurbaşkanı seçilenin partisi ile ilişiğinin kesilmesi ve Türkiye Büyük Millet Meclisi üyeliğinin sona ermesi ile ilgilidir. 1982 Anayasası'nın 101. maddesinin son fıkrasında yer alan husus, 1961 Anayasası'nın 95. maddesinin son fıkrasında da yer almaktadır.

Yukarıda, 1982 Anayasası'nın 2007 değişikliğinden önceki halinin cumhurbaşkanı seçimi konusunda ayrıntılı ve sürecin tıkanmasını önleyici nitelikte bir düzenlemeye sahip olduğundan bahsettik. 102. maddenin değişiklikten önceki halinin ilk fıkrasında, cumhurbaşkanının, Türkiye Büyük Millet Meclisi üye tamsayısının üçte iki çoğunluğu ile ve gizli oyla seçileceği düzenlenmişti. Maddenin üçüncü fıkrasında ise, en az üçer gün ara ile yapılacak oylamaların ilk ikisinde üye tamsayısının üçte iki çoğunluk oyu sağlanamazsa üçüncü oylamaya geçileceği, üçüncü oylamada üye tamsayısının salt çoğunluğunu sağlayan adayın cumhurbaşkanı seçilmiş olacağı ifade edilmişti. Fıkranın devam eden metninde, üçüncü oylamada üye tamsayısının salt çoğunluğu sağlanamadığı takdirde bu oylamada en çok oy almış bulunan iki aday arasında dördüncü oylamanın yapılacağı, bu oylamada da üye tamsayısının salt çoğunluğu ile cumhurbaşkanı seçilemediği takdirde derhal Türkiye Büyük Millet Meclisi seçimlerinin yenileneceği belirtilmişti. 102. maddenin bu ayrıntılı ve açık ifadesine rağmen 2007 yılında maddenin farklı yorumlanması ülkemizde cumhurbaşkanının bir süre seçilememesine yol açmış ve hukukçular bu konuda fikir ayrılıklarına düşmüş ve hararetli tartışmalar yaşanmıştır. Tartışmanın kaynağındaki isim Sabih Kanadoğlu idi. Sabih Kanadoğlu'nun iddiaları, Anayasa'nın 102. maddesinin ilk fıkrasında yer alan üçte iki çoğunluğun karar yeter sayısını değil toplantı yeter sayısını ifade ettiği yönünde idi[92]. Cem Eroğul'un aktardığına göre, bu iddiayı ilk ortaya atan isim Sabih Kanadoğlu değil, Sermaye Piyasası Kurulu eski başkanı Ali İhsan Karacan'dır. Ali İhsan Karacan, 1 Aralık 2006 günü Dünya Gazetesi'nde 20. sayfada "Köşk Seçiminde Anayasadaki Püf Nokta" başlıklı yazısında, "Karar nisabı olan üçte iki oyun sağlanamadığını anlayabilmek için toplantının yapılmış olması gerektiği kanısındayım. Bunun için de mutlaka ilk iki toplantıda en az üçte iki çoğunlukla toplantı yapmanın gerekli olduğunu düşünüyorum" ifadelerini kullanmıştır[93]. Aynı görüş Sabih Kanadoğlu'nun 26 Aralık 2006 günü Cumhuriyet Gazetesi'nde yayınlanan yazısında da ifade edilmiştir. Anayasa'nın, 102. maddesinin ilk fıkrasında "toplantı yetersayısı" ifadesi değil, "...seçilir" ifadesi yer almaktaydı. Anayasa'nın, "Toplantı ve Karar Yeter Sayısı" başlıklı 96. maddesinin ilk fıkrasında, "anayasada başkaca bir hüküm yoksa, Türkiye Büyük Millet Meclisi, üye tamsayısının en az üçte biri ile toplanır ve toplantıya katılanların salt çoğunluğu ile karar verir; ancak karar yeter sayısı hiçbir şekilde üye tamsayısının üçte birinin bir fazlasından az olamaz" ifadelerine yer verilmiştir. Bu madde, toplantı ve karar yetersayıları konusunda uygulanabilecek genel hüküm niteliğindedir. Dolayısıyla toplantı ve/veya karar yetersayıları konusunda anayasa özel bir hüküm ihtiva ediyorsa öncelikle özel hüküm uygulama alanı bulur, fakat anayasanın ilgili maddelerinde bu şekilde bir özel hüküm yer almıyorsa o takdirde uygulanacak olan, genel hüküm, yani Anayasa'nın 96. maddesidir. Anayasa'nın çeşitli maddelerinde karar yeter sayısı hakkında özel hükümlere yer verilmiş olduğu halde, hiçbir maddesinde toplantı yeter sayısı ile ilgili özel bir hükme yer

[92] Kemal Gözler, "Hukukun Siyasetle İmtihanı-Kim Sınıfta Kaldı?", **Türkiye Günlüğü**, Sayı: 89, Yaz 2007, s. 5-6. Kemal Gözler, "Cumhurbaşkanının Seçimi Konusunda Bir Açıklama", **Türkiye Günlüğü**, Sayı: 89, Yaz 2007, s. 17. Nur Uluşahin, "Cumhurbaşkanı Seçiminin Düşündürdükleri ya da Hukukun Siyasallaşması", **Ankara Barosu Dergisi**, Sayı:2, Yıl: 65, Bahar 2007, s. 19. Ergun Özbudun, "Anayasa Savaşları", **Zaman Gazetesi**, 23 Ağustos 2007.

[93] Cem Eroğul, "2007 Cumhurbaşkanı Seçimi Bunalımından Çıkarılabilecek Dersler", **Ankara Üniversitesi SBF Dergisi**, Cilt: 62, Sayı: 3, 2007, s. 169-170.

verilmemiştir[94]. Anayasa'nın 102. maddesinin ilk fıkrasında "...üye tamsayısının üçte iki çoğunluğuyla...seçilir" ifadesi yer almakta, "....üçte iki çoğunluğuyla toplanır" ifadesi yer almamaktadır. "Seçilir" kelimesinin, toplantı yeter sayısını ifade etmediği çok açıktır. Bu iddiaların ardında, cumhurbaşkanının geniş bir uzlaşma ile seçilmesi gerektiği görüşü bulunmaktadır. Fakat Ergun Özbudun'un da ifade ettiği üzere, 102. maddenin ne lafzında ne de ruhunda cumhurbaşkanının geniş bir mutabakat ile seçilmesi gerektiği yönünde bir vurgu yoktur. Kaldı ki, ilk iki turda üye tamsayısını üçte iki çoğunluğu aranırken, üçüncü ve dördüncü turda salt çoğunluk ile yetinilmiştir. Anayasa koyucu isteseydi, cumhurbaşkanı seçiminin üçüncü ve dördüncü turları için de daha büyük çoğunluklar arayabilirdi[95].

Anayasa Mahkemesi, Türkiye Büyük Millet Meclisi'nin, cumhurbaşkanı seçimi sırasında toplantı yetersayısının 184 olduğuna yönelik kararını eylemli içtüzük değişikliği niteliğinde bulmuş ve 01.05.2007 tarih ve 2007/45-54 E.-K. sayılı kararında başkanvekili Haşim Kılıç ve üye Sacit Adalı'nın karşı oyları ile iptal etmiş[96] ve 01.05.2007 tarih ve 2007/45-21 E.-K. sayılı kararı ile de, oybirliği ile, ilgili

---

[94] Ergun Özbudun, "Anayasa Mahkemesi ve Demokrasi", **Zaman Gazetesi**, 3 Mayıs 2007.
[95] Ergun Özbudun, "Cumhurbaşkanı Seçimi ve Anayasa", **Zaman Gazetesi**, 17 Ocak 2007.
Celaleddin Kavas'a göre, "Nitelikli uzlaşı olmazsa geniş halk kesimlerinin kucaklanmasında ve cumhurbaşkanının bütünleştiriciliğinde bir eksiklik olacağını söylemek, aslında bir takım krizlerin ya da müdahalelerin içselleştirilmesinden başka nasıl açıklanabilir? Tahakküm bu değilse nedir? 102. madde daha açık bir dille yazılmış olsa ve toplantı yeter sayısı olarak sadece 184'ün aranacağı belirtilmiş olsaydı, o zaman cumhurbaşkanı toplumu bütünleştirici rolünü mü kaybedecekti? O halde bütün mesele Anayasa Mahkemesi'nin ortaya attığı nitelikli uzlaşı doktrininden değil, sadece anayasayı kaleme alanların düşüncesizliğinden kaynaklanmaktadır. Mahkeme kararının maskelediği tahakküm budur".
D. Celaleddin Kavas, "Araçsal Akıl ve 367 Kararı", **Türkiye Günlüğü Dergisi**, Sayı: 90, Seçim 2007, s. 59.
[96] TBMM İçtüzüğü'nün 121. maddesinin ilk fıkrasında, *"Cumhurbaşkanı, Anayasa'nın 101. maddesinde yazılı nitelikleri taşıyan adaylar arasından, Anayasa'nın 102. maddesi hükümlerine göre seçilir."*; Anayasa'nın 102. maddesinin ilk fıkrasında da *"Cumhurbaşkanı, Türkiye Büyük Millet Meclisi üye tamsayısının üçte iki çoğunluğu ile ve gizli oyla seçilir."* denilmektedir. İlk inceleme bölümünde belirtildiği gibi, Anayasa'nın 102. maddesinin ilk fıkrasında cumhurbaşkanının seçimi için öngörülen üçte iki çoğunluk, dava konusu Meclis kararına ilişkin birinci oylama yönünden hem toplantı hem de karar yetersayısını kapsamaktadır. Bu nedenle, İçtüzüğün 121. maddesinde de yapılan gönderme doğrultusunda aynı yetersayının benimsenmiş olduğunun kabulü gerekmektedir. Oysa TBMM'nin 27.4.2007 günlü, 96. birleşiminde 11. Cumhurbaşkanı seçimiyle ilgili birinci oylamaya geçilmeden önce cumhurbaşkanı seçiminde uygulanması gereken toplantı yetersayısının Anayasa'nın 96. maddesinde öngörülen toplantı yetersayısı olduğu Meclis kararıyla saptanmıştır. Böylece, Anayasa'nın 102. maddesine yapılan

TBMM kararının yürürlüğünü durdurmuştur[97]. Anayasa Mahkemesi'nin bu kararı, hem yapmış olduğu yorum, hem söz konusu konuyu inceleme yetkisinin olup olmadığı[98] ve hem de yürütmeyi durdurma kararı verme yetkisi olup olmadığı, yargının siyasallaştığı[99] gibi farklı noktalarda tartışmalara yol açmıştır. Biz burada çalışmamızın yönünü değiştireceği endişesiyle bu tartışmalara yer vermeyeceğiz. Anayasa Mahkemesi yaptığı otantik yorumlarda, bu yorumların yol açabileceği tepkileri göz önünde bulundurmalıdır. Aksi takdirde kendi yetkileri zamanla kısıtlanabilir. Dolayısıyla, Anayasa Mahkemesi'nin otantik yorum yapma yetkisi, diğer anayasal organların gösterecekleri tepkilerle dengelenmiştir[100]. Türkiye Büyük Millet Meclisi, Anayasa Mahkemesi'nin söz konusu kararının ardından 31.05.2007

---

gönderme nedeniyle, cumhurbaşkanı seçimine ilişkin toplantı ve karar yetersayısının ilk oylamada TBMM üye tamsayısının üçte ikisini oluşturan 367 olduğunu öngördüğü sonucuna varılan İçtüzüğün 121. maddesi dava konusu Meclis kararına ilişkin birinci oylama yönünden değiştirilerek toplantı yetersayısı konusunda, Anayasa'nın 96. maddesindeki genel kural doğrultusunda TBMM üye tamsayısının en az üçte birini oluşturan 184 oyun yeterli olduğu kabul edilmiştir. Toplantı ve karar yetersayısının ilk oylamada TBMM üye tamsayısının üçte iki çoğunluğu, bu bağlamda 367 olduğunu öngördüğü sonucuna varılan Anayasa'nın 102. maddesinin ilk fıkrası karşısında, bu çoğunluğun 184 olarak uygulanması sonucunu doğuran eylemli İçtüzük değişikliği niteliğindeki dava konusu TBMM kararı Anayasa'nın 102. maddesine aykırıdır. İptali gerekir. http://www.anayasa.gov.tr/index.php?l=manage_karar&ref=show&action=karar&id=2435&content=
(E.T. 15.04.2013).

[97] Mahkeme, Anayasada yer almayan ve kanunlar konusunda dahi kullanılmasının meşruluğu çok tartışmalı olan yürürlüğü durdurma yetkisini, uygulanma sürekliliği olmayan, dolayısıyla yürürlüğünün durdurulmasının ne anlam ifade ettiği açık olmayan bir TBMM kararı hakkında kullanmakla hataya düşmüştür.
Ergun Özbudun, "Türk Anayasa Mahkemesinin Yargısal Aktivizmi ve Siyasal Elitlerin Tepkisi", **Ankara Üniversitesi Siyasal Bilgiler Fakültesi Dergisi,** Cilt:62, Sayı:3, 2007, s. 267.
Yürütmenin durdurulması kararı verme yetkisi Anayasa'da ve hiçbir yasal düzenlemede Anayasa Mahkemesi'ne açıkça verilmemiştir. Mantıksal çıkarsamalarla ve akıl yürütmelerle, boşluk doldurucu örnekseme yöntemleriyle, etkili olabilme kaygılarıyla kamu hukuku yetkisi veren bir norm yaratılamaz; böyle bir varsayımla yola çıkılamaz. Kamu hukuku yetkileri ayrıktır.
Sami Selçuk, "Anayasa Mahkemesi'nin Kararları, Kararlar Öncesinde ve Sonrasında Yaşananlar ve Ortaya Çıkan Gerçekler", **Türkiye Günlüğü Dergisi**, Sayı:90, Seçim 2007, s. 13.

[98] Kemal Başlar'a göre Anayasa Mahkemesi'nin kaynağını Anayasa'dan almadığı bir yetkiyi kullanarak verdiği kararının yok hükmünde olması ve kararın Resmi Gazete'ye yayımlanması amacıyla gönderilmesi halinde, gerçekte bir Anayasa Mahkemesi kararı olmadığı için Başbakanlık tarafından yayımlatılmaması gerekir.
Kemal Başlar, "Anayasa Mahkemesi'nin 367 Kararı Sonrası", www.anayasa.gen.tr/367karari.doc, (E.T. 20.04.2013), s.4.

[99] İlknur Türe, "Anayasal Denetimin Gücü Üzerine Teoriler", **Türkiye Günlüğü Dergisi**, Sayı:90, Seçim 2007, s. 47.

[100] Kemal Gözler, "Realist Yorum Teorisi ve Mekanist Anayasa Anlayışı", **Anayasa Yargısı,** Cilt:15, 1998, s. 238.

tarih ve 5678 sayılı kanunla Anayasa'nın 96. maddesini değiştirmiştir. Maddenin toplantı ve karar yetersayıları ile ilgili olan birinci fıkrası şu şekilde değiştirilmiştir: "Türkiye Büyük Millet Meclisi, yapacağı seçimler dahil bütün işlerinde üye tamsayısının en az üçte biri ile toplanır. Türkiye Büyük Millet Meclisi, anayasada başkaca bir hüküm yoksa toplantıya katılanların salt çoğunluğu ile karar verir; ancak karar yetersayısı hiçbir şekilde üye tamsayısının dörtte birinin bir fazlasından az olamaz". Anayasa Mahkemesi'nin söz konusu kararının ardından Türkiye Büyük Millet Meclisi, yine 31.05.2007 tarih ve 5678 sayılı kanunla cumhurbaşkanı seçimi usulünü de değiştirmiş ve Anayasa'nın 101. maddesinde "cumhurbaşkanının halk tarafından seçileceği" ifadesi yer almıştır[101].

Türk anayasal düzeninde cumhurbaşkanı seçimi konusunu bu şekilde karşılaştırmalı olarak inceledikten sonra şimdi de 1982 Anayasası'nda 31/05/2007 tarih ve 5678 sayılı kanunla yapılan değişiklikleri ve bu değişiklerden sonra cumhurbaşkanı seçim usulünü görelim.

II.31/05/2007 TARİH VE 5678 SAYILI KANUN'LA YAPILAN DEĞİŞİKLİKLER SONRASI TÜRK HUKUKUNDA CUMHURBAŞKANI SEÇİMİ USULÜ

31/05/2007 tarih ve 5678 sayılı Kanun'la cumhurbaşkanı seçim usulü tamamen değiştirilmiştir. Anayasamızın 101. maddesinde 2007 yılında yapılan değişiklik ile cumhurbaşkanının halk tarafından seçilmesi yöntemi getirilmiştir. Yukarıda belirtildiği üzere Türk anayasacılık tarihinde cumhurbaşkanının halk tarafından seçilmesi usulü önceki anayasalarımızda benimsenmiş bir yöntem değildi, bu anlamda 2007 yılında bir ilk gerçekleştirilmiştir. Bu başlık altında mevcut anayasamıza göre cumhurbaşkanının seçim usulü; adaylık, seçici organ, seçim yöntemi, toplantı ve karar yetersayıları, cumhurbaşkanının görev süresi, konu ile ilgili

---

[101] Cumhurbaşkanlığı seçimlerine ilişkin 2007 tarihli anayasa değişikliklerinin eleştirisi hakkında bkz. İbrahim Kaboğlu, **Değişiklikler Işığında 1982 Anayasası Halk Neyi Oylayacak**, İmge Kitabevi, Ankara, 2010, ss. 137-145.

tartışmalar ve cumhurbaşkanlığı seçimine yönelik yapılabilecek itirazlar ve çözüm yolları değerlendirilecektir.

A. ADAYLIK

Cumhurbaşkanlığı adaylığı için aranan seçilme yeterliliklerinden ve meclis içinden veya meclis dışından aday göstermenin mümkün olup olmadığından yukarıda bahsetmiştik. Cumhurbaşkanlığına aday gösterebilecek olanlar, 2007 yılında yapılan anayasa değişiklikleri ile tamamen değiştirilmiştir. Sözü edilen değişiklikten önce, cumhurbaşkanlığına aday gösterebilecek olanlar, adayın meclis içinden olup olmamasına göre değişmekte idi. Buna göre cumhurbaşkanlığına meclis içinden aday gösterebilmek için herhangi bir sınırlama bulunmamakta idi Bu anlamda cumhurbaşkanlığına eğer bir milletvekili aday olacaksa, resen aday olması mümkündü. Cumhurbaşkanlığına meclis dışından aday gösterilebilmesi ise bazı sınırlamalara tabi tutulmuştu. Buna göre, cumhurbaşkanlığına Türkiye Büyük Millet Meclisi dışından aday gösterilebilmesi, Meclis üye tamsayısının en az beşte birinin yazılı önerisi ile mümkündü. Belirtildiği üzere bu usul 2007 yılı değişiklikleri ile tamamıyla değiştirilmiştir. Burada değişikliklerden sonraki durum incelenecektir.

Anayasa'nın 101. maddesinin 3. fıkrası uyarınca cumhurbaşkanlığına aday gösterebilecek organlar şunlardır: madde metninde sayılan şartları taşımak koşuluyla milletvekilleri ve bazı siyasi partiler. Cumhurbaşkanlığına meclis içinden veya meclis dışından aday gösterilebilmesi yirmi milletvekilinin yazılı teklifi ile mümkündür. Cumhurbaşkanı Seçimi Kanunu'nun 7. maddesinin 1. fıkrası uyarınca her bir milletvekili ancak bir aday için teklifte bulunabilir. Ayrıca, en son yapılan milletvekili genel seçimlerinde geçerli oylar toplamı birlikte hesaplandığında yüzde onu geçen siyasi partiler ortak aday gösterebilir. Cumhurbaşkanı Seçimi Kanunu'nun 7. maddesinin 2. fıkrası uyarınca her bir siyasi parti ancak bir aday için teklifte bulunabilir. Anlaşılacağı üzere, cumhurbaşkanlığına aday gösterebilme yetkisi kural olarak milletvekillerindedir. Ancak anayasamız bu konuda sayı sınırlaması getirmiş ve böylece belirli bir mutabakat aramıştır. Cumhurbaşkanlığına aday gösterebilmek için en az yirmi milletvekilinin ortak iradesi gerekmektedir. İrlanda Anayasası'nda başkanlığa aday gösterebilecek olanlar detaylı bir şekilde sayılmıştır. İrlanda Anayasası'nın 12. maddesinin 4. fıkrasının 2. bendinde başkanlığa aday gösterebilecek olanlar: Her biri söz konusu zamanda Parlamentodaki (Oireachtas) Temsilciler Meclisi veya Senato'nun üyesi olan en az yirmi kişi, ilçe merkezleri dahil olmak üzere, kanunla belirlenen idari ilçelerin (County) en az dördünün konseyleridir ve 4. fıkranın 4. bendi gereğince de eski veya emekliye ayrılan başkanlar kendileri aday olabilir. Polonya Anayasası'nın 127. maddesinin üçüncü fıkrasında "Sejm seçimlerinde oy verme hakkı olan en az 100,000 vatandaşın imzasıyla gösterilen adaylık da desteklenebilir" ifadesi kullanılmıştır. Portekiz Anayasası'nın 124. maddesinin 1. fıkrasına göre, cumhurbaşkanlığı için, en az yedibinbeşyüz en fazla onbeşbin kayıtlı seçmen tarafından aday gösterilir. Görüldüğü gibi bazı ülkelerde cumhurbaşkanlığına aday gösterme konusunda vatandaşlar veya seçmenler de yetkilidir. Bizim Anayasamız cumhurbaşkanlığına aday önerebilme hakkını vatandaşlara tanımamıştır. Seçim kanunlarında, bağımsız aday olmak isteyen kişinin adaylık önerisinin geçerlik kazanması için kendi isteği yeterli görülmüş, yani adaylık önerisinin adaylığı destekleyen bir grup seçmen tarafından imzalanması şart koşulmamıştır[102]. Türkiye'de seçmenlere adayları belirleme konusunda hak ilk olarak 1942 tarihli 4320 sayılı Mebus Seçimi Kanunu'nda tanınmıştı. Kanun'un 43. maddesine göre, bir seçim çevresinden 300 seçmen yazılı olarak başvurarak aday belirleyebiliyorlardı[103]. 1946 tarih ve 4918 sayılı Milletvekilleri Seçimi Kanunu da 33. maddesinde, bir seçim çevresinden 300 seçmenin yazılı olarak başvurması suretiyle aday önerebileceğini düzenlemişti. Bu sayı, 1950 tarih ve 5545 sayılı Milletvekili Seçimi Kanunu'nda 50 kişiye indirilmiştir. 5545 sayılı Kanun'un, 1961 tarih ve 298 sayılı Kanun'la yürürlükten kaldırılmasıyla, seçim kanunlarımızda seçmenlere adayları belirleme konusunda hak tanıyan bir düzenleme kalmamıştır[104].

Anayasamız cumhurbaşkanlığına aday gösterme konusunda bir de şekil şartı düzenlemiştir ki, bu da yazılı şekil şartıdır. Yazılı şekil şartından kasıt en az yirmi

---

[102] Merih Öden, **Seçmenlerin 'Kişi Tercihi' Açısından Seçim Sistemleri**, Yetkin Yayınları, Ankara, 2003, s. 67.
[103] Öden, a.g.e., s. 67 (dipnot 4).
[104] Öden, a.g.e., s. 67-68.

milletvekilinin ortak mutabakatını gösteren belgenin altında ilgili milletvekillerinin imzasının olması yönündedir. Yoksa belgenin ne şekilde yazılacağı, elle veya bazı vasıtalarla yazılıp yazılmayacağı yönünde bir sınırlama bulunmamaktadır. Ayrıca Cumhurbaşkanı Seçimi Kanunu'nun yedinci maddesinin üçüncü fıkrasına göre, aday gösterilmek kişinin yazılı muvafakatine bağlıdır. Yüksek Seçim Kurulu tarafından ilan edilen süre içinde adayların isimleri, muvafakat belgeleri ve gerekli diğer belgelerle birlikte Türkiye Büyük Millet Meclisi Başkanlığı'na veya Yüksek Seçim Kurulu'na başvurularak aday gösterilmiş olur. Başvurunun Türkiye Büyük Millet Meclisi Başkanlığı'na yapılması halinde, tüm bilgi ve belgeler, başvuru süresinin bitiminden itibaren yirmi dört saat içinde Yüksek Seçim Kurulu'na iletilir (md.7/4). Aday gösterme süresinin sona erdiği tarihten itibaren hiçbir şekilde yeni aday gösterilemez (md. 7/5). Cumhurbaşkanı Seçimi Kanunu 12. maddesinde "adaylıkta eksilme" konusunu düzenlemiştir. Bu maddeye göre, birinci oylamada, kesin aday listesinin Resmi Gazete'de yayımından itibaren, oy verme günü saat 17.00'ye kadar listede meydana gelen eksilmeler, değişikliği gerektirmez.

Adaylarla ilgili bilgi ve belgelerde eksiklik tespit edilmesi halinde, Yüksek Seçim Kurulu'nca, eksikliklerin giderilmesi için beş günlük süre verilir. Eksikliklerin, verilen süre içinde aday tarafından giderilmemesi halinde, aday kendiliğinden adaylıktan çekilmiş sayılır (Cumhurbaşkanı Seçimi Kanunu md. 8).

Anayasa'nın "seçimlerin genel yönetim ve denetimi" kenar başlıklı 79. maddesinin ikinci fıkrasında "cumhurbaşkanlığı seçimi tutanaklarını" kabul etme görevi Yüksek Seçim Kurulu'na verilmiştir. Aynı maddenin son fıkrası gereğince de cumhurbaşkanının halk tarafından seçilmesi işlemlerinin genel yönetimi ve denetimi milletvekili seçimlerinde uygulanan hükümlere göre olur. Anayasamız, cumhurbaşkanı seçiminin genel yönetim ve denetimi ile ilgili Milletvekili Seçimi Kanunu'na atıf yapmakla birlikte, bu konuda uygulanabilecek bir Cumhurbaşkanı Seçimi Kanunu mevcuttur ve cumhurbaşkanı seçimi konusunda Cumhurbaşkanı Seçimi Kanunu, Milletvekili Seçimi Kanunu'na göre özel kanun konumundadır. Bu sebeple cumhurbaşkanlığı seçimi konusunda uygulanacak temel kanun

Cumhurbaşkanlığı Seçimi Kanunu, bu kanunda hüküm bulunmayan hallerde ise, Anayasa'nın yaptığı atıf sebebiyle Milletvekili Seçimi Kanunu'dur. Bu iki kanun arasında ihtilaf çıkması halinde "özel kanun, genel kanunları ilga eder (*lex specialis derogat legi generali*)" ilkesi gereğince özel kanun durumunda olan Cumhurbaşkanı Seçimi Kanunu'ndaki hüküm esas alınacaktır.

Biz burada genel olarak cumhurbaşkanı seçiminin yönetim ve denetimi konusunu incelemeyeceğiz, çünkü o konu cumhurbaşkanının seçim usulü incelendikten sonra aşağıda ayrıca incelenecektir. Biz burada yeri gelmişken sadece adaylığın incelenmesi ve adaylığa yapılacak itirazlardan ve usulünden kısaca bahsedeceğiz. Cumhurbaşkanı Seçimi Kanunu, adaylığın incelenmesi ve itiraz konularını 9. ve 10. maddelerinde düzenlemiştir. 9. maddeye göre, Yüksek Seçim Kurulu, adaylar hakkında yaptığı inceleme sonucunda seçilme yeterliliğini ve aday gösterilme şartlarını taşıyanları gösteren geçici aday listesini belirler. Geçici aday listesi ve itiraz süresi Resmi Gazete'de yayımlanır. 10. maddede ise, Resmi Gazete'de yapılan ilandan itibaren iki gün içinde, geçici aday listesine veya bu listeye alınmamaya ilişkin karara karşı Yüksek Seçim Kurulu'na itiraz edilebileceği belirtilmektedir. Yüksek Seçim Kurulu, yapılan itirazları üç gün içinde kesin karara bağlayacak ve kesin aday listesini Resmi Gazete'de yayımlatacaktır. Görüldüğü üzere yukarıda sayılan yeterlilik şartlarını taşıyan veya taşıdığına inanılan adayların bu şartları gerçekten taşıyıp taşımadıkları Yüksek Seçim Kurulu'nca incelenecek ve şartları taşıyanlar Yüksek Seçim Kurulu'nca geçici aday listesi içerisinde sayılarak Resmi Gazete'de ilan edilecektir. Şartları taşımasına rağmen geçici aday listesinde adı bulunmayanlar veya şartları taşımamasına rağmen geçici aday listesine girmiş olanlar hakkında, geçici aday listesinin Resmi Gazete'de ilanından itibaren iki gün içerisinde Yüksek Seçim Kurulu'na itiraz edilebilir. İtiraz hakkı olanlar ayrıca belirtilmediğine göre, bu itiraz hakkına herkes sahiptir.

B. PROPAGANDA

Burada yeri gelmişken cumhurbaşkanı seçimi propagandası konusunu incelemek faydalı olacaktır. Propaganda konusu adaylık konusu ile yakından ilişkilidir. Çünkü adaylığın söz konusu olmadığı seçimlerde propaganda yapılamayacağına ilişkin Yüksek Seçim Kurulu'nun kararı mevcuttur. Yüksek Seçim Kurulu muhtarlık seçimleriyle ilgili vermiş olduğu bir kararında, adaylık söz konusu olmadığından, bu seçimlere katılmak isteyenlerin 298 sayılı Kanun'un ve diğer seçim kanunlarında siyasi partilere ve bağımsız adaylara tanınan propaganda hakkından yararlanamayacaklarına, ancak seçime girecek kişilerin oy verme gününden önce, gerek resimli gerekse kendisini yazı ile tanıtıcı nitelik taşıyan el ilanı dağıtabileceklerine karar vermiştir[105]. Yüksek Seçim Kurulu, konu ile ilgili benzer bir kararında şu hususları dile getirmiştir: Siyasi partiler köy ve mahalle seçimlerinde aday gösteremezler. Bu seçimlerde adaylığa ilişkin hükümler uygulanmaz. Bu hüküm köy muhtar ve köy ihtiyar meclisi ile mahalle muhtarı ve ihtiyar heyeti üyesi seçimine girecek kişilerin, seçime gireceklerini belirtmelerine ve bu amaçla kendilerini tanıtmalarına engel oluşturmaz. Aksi halde seçmen kimi muhtar ve üye seçeceğini bilemez ve seçmenin iradesi sağlıklı oluşamaz. Köy muhtarlığı ve köy ihtiyar meclisi üyeliği, mahalle muhtarlığı ve mahalle ihtiyar heyeti üyeliği seçimlerinde adaylık usulü bulunmadığından seçime girecek kişilerin seçime gireceklerini belirtmekle ve kendilerini tanıtmakla sınırlı olarak etkinlik gösterebileceklerine karar vermiştir[106]. Cumhurbaşkanı seçiminde adaylık söz konusu olduğu için, propaganda yapılabilmesi mümkündür.

Yukarıda, Yüksek Seçim Kurulu'nun adaylar hakkında yaptığı inceleme sonucunda seçilme yeterliliğini ve aday gösterilme şartlarını taşıyanları gösteren geçici aday listesini belirleyip bu liste ile itiraz süresini Resmi Gazete'de yayımlatacağını; geçici aday listesinin Resmi Gazete'de yayımından itibaren iki gün içinde geçici aday listesine ve listeye alınmamaya karşı Yüksek Seçim Kurulu'na itiraz edilebileceğini; Yüksek Seçim Kurulu'nun bu itirazları üç gün içinde kesin karara bağlayarak kesin aday listesini Resmi Gazete'de yayımlatacağını ifade etmiştik. İşte aday listesinin kesinleştiği gün propaganda dönemi başlar ve

---

105 Yüksek Seçim Kurulunun 05.05.2012 tarih ve 252 sayılı kararı. http://www.ysk.gov.tr/ysk/docs/Kararlar/2012Pdf/2012-252.pdf (E.T. 18.03.2013).

106 Yüksek Seçim Kurulunun 15.02.2004 tarih ve 304 sayılı kararı. http://www.ysk.gov.tr/ysk/docs/Kararlar/2004Pdf/2004-304.pdf (E.T. 18.03.2013)

oylamaların yapılacağı günden önceki gün saat 18.00'de sona erer. Bu hüküm Cumhurbaşkanı Seçimi Kanunu'nun 13. maddesinin birinci fıkrası hükmüdür. 298 sayılı Kanun'un 49. maddesinin 10.09.1987 tarih ve 3403 sayılı Kanun'la değişik ikinci fıkrası uyarınca propaganda, oy verme gününden önceki onuncu günün sabahında başlar ve oy verme gününden önceki günün saat 18.00'inde sona erer. Cumhurbaşkanı seçimlerinde yapılacak propaganda ile ilgili uygulanacak kanun, özel kanun niteliğinde olan Cumhurbaşkanı Seçimi Kanunu'dur. 298 sayılı Kanun, Cumhurbaşkanı Seçimi Kanunu'na göre genel kanun durumundadır. Genel kanunda yapılacak bir değişiklikle özel kanunun herhangi bir maddesinden farklı bir düzenleme getirilmişse, yani çatışan normlardan genel norm, özel norma oranla daha yeni tarihli ise o durumda genel kanunun sonraki tarihli maddesini uygulamak mümkündür. Cumhurbaşkanı seçimlerinde propaganda süresi ile ilgili uygulanacak kanun, özel kanun olması sebebiyle Cumhurbaşkanı Seçimi Kanunu'dur demiştik. 298 sayılı Kanun'un propaganda süresini belirleyen 49. maddesi 1987 yılında yapılan değişiklikler ile oluşturulmuş, oysa ki, Cumhurbaşkanı Seçimi Kanunu 2012 yılında yürürlüğe girmiştir. O halde, Cumhurbaşkanı Seçimi Kanunu hem özel kanun durumundadır ve hem de söz konusu maddesi, 298 sayılı Kanun'un ilgili maddesine oranla çok daha yeni tarihlidir. O halde propaganda süresi ile ilgili olarak uygulanacak norm, Cumhurbaşkanı Seçimi Kanunu'nun 13. maddesidir. Propaganda döneminde, Türkiye Radyo ve Televizyonları'nda yapılacak propaganda yayınlarının tam bir tarafsızlık ve eşitlik içinde yapılması, Yüksek Seçim Kurulu ile Türkiye Radyo ve Televizyon Kurumu tarafından sağlanır. Adayların, özel radyo ve televizyonlardaki propaganda konuşmalarında, süre ile ilgili sınırlamalar dışında, 298 sayılı Kanun'un ilgili hükümleri uygulanır. Propaganda döneminde başbakan, bakanlar ve milletvekilleriyle ilgili yasaklara ilişkin hükümler dahil olmak üzere propagandaya dair diğer hususlarda 298 sayılı kanun hükümleri kıyasen uygulanır (Cumhurbaşkanı Seçimi Kanunu md. 13). 298 sayılı kanun seçim propagandası konusunu oldukça ayrıntılı düzenlemiştir. Seçimlerde propaganda, bu kanun hükümleri dairesinde serbesttir (md. 49). Kanun, seçim propagandasını, açık yerlerde propaganda, kapalı yerlerde propaganda, radyo ve televizyonla propaganda, duvar ilanı ve afişle propaganda, başka yerlere asma, kamuoyu yoklamaları ve hediye dağıtma yasağı, matbua dağıtma gibi farklı haller açısından değerlendirmiştir. Kanun'un, "açık yerlerde propaganda" başlıklı 50. maddesinde, seçim zamanında, genel yollar üzerinde, mabetlerde, kamu hizmeti görülen bina ve tesislerde ve ilçe seçim kurullarınca gösterileceklerden başka meydanlarda toplu olarak sözlü propaganda yapılması yasaklanmıştır. İlçe seçim kurulları, gidiş-gelişi bozmayacak ve pazarların kurulmasına engel olmayacak surette toplantıların genel olarak yapıldığı ve varsa elektrik tesisatı olan yerleri seçmek suretiyle hangi meydanlarda toplu olarak sözlü propaganda yapılabileceğini tespit ederler. Siyasi partilerin toplu olarak sözlü propaganda yapmak için müracaatları üzerine, toplantı, meydan, gün, sıra ve saatlerini ilçe seçim kurulu ad çekme ile belirtir ve ilgililere tebliğ eder. Bağımsız adaylar için de aynı suretle haftada bir gün ayrılır. 6261 sayılı kanunun atfına binaen bu hükmün cumhurbaşkanı adayları hakkında da uygulanması mümkündür. 298 sayılı Kanun'un 50. maddesinin 08.04.2010 tarih ve 5980 sayılı Kanun'la değişik son fıkrası uyarınca, açık yerlerde, güneşin batmasını müteakip ikinci saatin sonundan güneşin doğmasına kadar toplu olarak sözlü propaganda yapılamaz.

298 sayılı Kanun "kapalı yerlerde propaganda" konusunu 51. maddesinde düzenlemiştir. Buna göre, seçimlere katılan siyasi partiler veya bağımsız adaylar adına kapalı yer toplantısı yapılabilir. 6271 sayılı Kanun'un yaptığı atıf uyarınca cumhurbaşkanı adaylarının da kapalı yer toplantısı yapabileceği açıktır. Kapalı yer toplantısı yapmak isteyenler, üç kişilik bir heyet kurar ve en yakın zabıta amir veya memuruna haber verirler. Köylerde muhtara veya vekiline haber vermek kafidir. Heyetin görevleri, toplantının düzenini sağlamak, kanunlara karşı hareketleri, edep törelerine aykırı veya suç işlemeye kışkırtıcı mahiyet taşıyan söz veya fiilleri önlemektir. Heyet, yukarıdaki fıkraya aykırı bir durum baş gösterdiğinde, bunu önlemeye çalışır, gerekirse zabıtayı çağırır. Heyet, toplantıda hazır bulunanlardan söz alacak olanları tayin ve tahdit edebilir. Bu toplantılarda yapılacak konuşmalar, 56. madde hükmü saklı kalmak üzere, hoparlörle yayınlanabilir. Kapalı yer toplantılarına, toplantıyı idare eden heyetin isteği veya yetkili seçim kurullarının kararı dışında,

zabıta amir ve memurları, muhtar veya ihtiyar meclisleri, hiçbir suretle müdahale edemezler. Mabedlerde, okullarda, kışla, karargah, ordugah gibi askeri bina ve tesislerle askeri mahfillerde ve kamu hizmeti görülen diğer yerlerde, kapalı yer toplantısı yapılamaz.

298 sayılı Kanun'a 08.04.2010 tarih ve 5980 sayılı Kanun'la 51/A maddesi eklenmiştir. Bu madde seçime katılacak siyasi partilere ve bağımsız adaylara, seçimin başlangıç tarihinden itibaren, katıldıkları seçim çevrelerinde seçim çalışmalarını yürütmek üzere seçim büroları açma hakkını tanımıştır. Cumhurbaşkanı Seçimi Kanunu'nun 13. maddesinde yapılan atıf sebebiyle, ilgili 51/A maddesi cumhurbaşkanı adayları hakkında da uygulanabilir. O halde cumhurbaşkanlığına aday olan kişilerin de, seçimin başlangıç tarihinden itibaren, katıldıkları seçim çevrelerinde seçim çalışmalarını yürütmek üzere seçim büroları açma hakkı vardır. Ancak devlet ve diğer kamu tüzel kişileri ve bunlara bağlı kuruluşlara, devletin veya diğer kamu tüzel kişilerinin doğrudan doğruya ya da dolaylı olarak katıldığı teşebbüs ve ortaklıklara, özel gelir kaynakları ve özel imkanları kanunla sağlanmış kamu yararına çalışan derneklere ve devletten yardım sağlayan ve vergi muafiyeti olan vakıflara, kamu kurumu niteliğindeki meslek kuruluşları ile üretici birlikleri, kooperatif birlikleri, bankalar ve sendikalara ait bina ve tesisler bu amaçla kullanılamaz. Seçim bürosu, siyasi partilerin il veya ilçe başkanlıkları ile bağımsız adayların (cumhurbaşkanı seçimi için cumhurbaşkanı adaylarının), büronun adresini ve en az bir sorumlusunun kimlik ve iletişim bilgilerini içeren bildirimi seçimin başlangıcından yazılı propagandanın başlangıç tarihine kadar mahallin en büyük mülki amirine, propaganda süresinin başlamasından sonra ilçe seçim kuruluna vermeleriyle açılmış sayılır. Bildirim suretiyle açılan seçim bürolarının listesi, mahallin en büyük mülki amiri tarafından ilçe seçim kurullarına gönderilir. Açılma şartlarını taşımayan seçim bürolarının ilgilisine bu eksikliklerin üç gün içinde tamamlanması için süre verilir. Bu süreye uyulmaması halinde bürolar, şartları tamamlanıncaya kadar mülki amirlerce kapatılır. Diğer seçim faaliyetleri saklı kalmak üzere seçim bürolarında görüntülü ve sesli propaganda yapılabilir. Ancak,

seçim bürolarında yapılacak sesli yayınlar, çevresel gürültü ile ilgili mevzuata uygun olmak zorundadır. Seçim büroları saat 09.00'dan 23.00'e kadar halka açık faaliyette bulunabilir.

Burada özellikle medyanın seçimlere olan etkisi üzerinde durmak faydalı olacaktır. Yusuf Devran ve Gülcan Seçkin'in belirttiği gibi, 2000'in hemen öncesi ve sonrası yıllar içinde medya ve sosyo-politik yapıdaki değişiklikler neticesinde siyasetçinin seçmene mesajını iletebilmesi için medyada yer alması zorunluluk haline gelirken, medya siyasetçinin mesajının formatı üzerinde belirleyici bir etki yapmakta, siyasi mesaja ve siyasetçiye eğlencelik bir boyutu varsa önem vermekte ve bunları kamuoyuna iletmektedir[107]. 2000'li yıllarla birlikte medyada daha çok magazinel içerikli ve daha çok izleyici çekebilen metinler yer almaya başlamıştır. Bu sebeple siyasetçiler de halka mesajlarını iletirken mesajlarının formatını bu şekle dönüştürerek iletme yoluna gitmişlerdir. Bu sebeple siyasetçilerin gündeme ilişkin tartışmaları da ciddi sorunlardan uzaklaşarak magazinel bir düzeye kaymış ve siyaset de seyirlik bir fenomen haline dönüşmüştür[108].

Aşağıda, Yusuf Devran ve Gülcan Seçkin'in medyanın seçimlere olan etkisi konusundaki örneklemeleri aynen aktarılmaktadır:

> "Medya siyaset biçimini ve siyasetçileri belli ölçüde istediği formata dönüştürdüğü için klasik kamusal alan olan meydanlarda seçimler süresince gerçekleştirilen açık hava toplantıları da yer yer gösteriye dönük ve eğlencelik bir nitelik kazanmıştır. Seçim meydanları artık belli bir iletişimsel eylemin gerçekleştirildiği ortamlar olmaktan çıkıp çoğunlukla bir şeylerin izlendiği ve izleyicilerin eğlendiği yerler haline geldi. Bu yüzden liderlerin kendi konuşmalarından önce sahneye fantezi müzik sanatçıları çıkarılarak seçmenlere konser verilmiştir. Seçim propagandaları için şarkılar satın alınmakta veya şarkı sözleri yazılmaktadır. Dahası popüler sanatçılara ve şov dünyasının figürlerine milletvekilliği teklif edilerek, seçmenin ilgisi daha çok çekilmeye çalışılmaktadır. Meydanlarda ise seçmenlere pilav üstü dönerler, şık eşarplar ve bazı promosyon malzemeleri dağıtılmıştır. Seçim meydanları televizyonlara haber olmanın bir enstrümanı

---

[107] Yusuf Devran ve Gülcan Seçkin, "Kamusal İnsan, Medya ve Siyaset", **Seçim Kampanyalarında Geleneksel Medya, İnternet ve Sosyal Medyanın Kullanımı**, Yusuf Devran(ed.), Başlık Yayın Grubu, İstanbul, 2011, s. 23.
[108] Devran ve Seçkin, a.g.e., s. 23.

olmuştur. Onun için meydanlar, olabildiğince görselleşmiş, magazinleşmiş ve şova dönüşmüştür. Bir seçim mitinginde idam ipinin atılması, seçim sürecinde medyada en çok yer alan konulardan biri olmuştur. Mitingler iletişimin gerçekleştiği ve argümanların ifade edildiği aktiviteler olmaktan çıkıp atışma ve çatışma ortamlarına dönüşmüştür. Dolayısıyla mitinglerde söz alan liderler; seçmenlerine, amaçlarına ve programlarına ilişkin bir şeyler anlatmak yerine, onlara bir şeyler göstermek zorunda kalmıştır. Söz gelimi "seçmene kürsüden idam ipini fırlatmak, kucağına aldığı çocuğu öpmek, hatta daha da ileri giderek kulağını ısırmak", kucaklaşmak, el öpmek, karanfil saçmak, şiirler okumak, deyişler, atasözleri kullanmak, şarkılar söylemek, büyük kırmızı klasörler göstermek, düşmek pahasına ata binmek, müzik aleti çalmak, spor kulüplerinin kıyafetlerini giymek, maç izlemek, futbol oynamak vs."[109]

Burada alışılagelmişin dışında bir propaganda örneğinden bahsetmeden geçmeyelim. Obama'nın başkanlık propagandası. Obama, seçim propagandasını daha ziyade internet ve sosyal medya üzerinden yürütmüş ve bu sayede özellikle gençlerle çok rahat iletişime geçmiştir. Obama, internet üzerinden daha önce örneği görülmemiş miktarda para topladı, Facebook'ta 2 milyon, My Space'te 866. 887 arkadaş edindi. Kampanya veri tabanında 10 milyondan fazla e-posta adresi topladı, gençleri ve sosyal ağ kullanıcılarını harekete geçirmede SMS ve e-posta kullandı[110]. Obama kampanya yöneticileri, online destekleyicilerle, *http://www.mybarackobama.com, You Tube, Facebook* veya *Myspace* aracılığıyla bulundukları yerden devamlı temas halindeydi. Tekrarlanan finansal bağış çağrılarından toplam 750 milyon dolar toplandı. Bu miktarın yarısını online yapılan küçük bağışlar oluşturuyordu[111].

İngiltere'deki 2010 genel seçimleri öncesinde bu seçimin "internet seçimi" olacağı, seçimde sosyal medyanın etkisinin büyük olacağı ileri sürülmüştü. Seçim propagandası olarak internetin ve sosyal medyanın kullanımı söz konusu seçimde

---

[109] Devran ve Seçkin, a.g.e., s. 34-35.

[110] Douglas Kellner, "Barack Obama ve Ünlü Gösterisi", Çev. Leyla Keskiner, **Seçim Kampanyalarında Geleneksel Medya, İnternet ve Sosyal Medyanın Kullanımı**, Ed. Yusuf Devran, Başlık Yayın Grubu, İstanbul, 2011, s. 50.

[111] Sanford Borins, "Online Adaydan Online Başkana", Çev. Nazlı Çetin, **Seçim Kampanyalarında Geleneksel Medya, İnternet ve Sosyal Medyanın Kullanımı**, Ed. Yusuf Devran, Başlık Yayın Grubu, İstanbul, 2011, s. 86.

artış göstermekle birlikte, beklenen olmamış, televizyonun etkisi daha ağır basmış ve seçim sonrasında, söz konusu seçim "televizyon seçimi" olarak adlandırılmıştır[112].

Polonya'daki 2010 başkanlık seçimlerinde de internetin çok etkili olacağı düşünülmekle birlikte sonuç beklenilenden biraz farklı oldu. Monika Miscicka'nın belirttiğine göre, internette en aktif olan adaylar, seçimde en düşük oy alan adaylar oldu. En yüksek oy alan iki aday ise internet imkanlarından yeterince yararlanmayıp, televizyon, radyo ve gazete gibi geleneksel medyayı kullanan adaylardı[113].

Cumhurbaşkanlığı adaylarının radyo ve televizyon yoluyla da seçim propagandası yapması mümkündür. Cumhurbaşkanı Seçimi Kanunu, adayların süre ile ilgili sınırlamalar dışında, özel radyo ve televizyonlardaki propaganda konuşmalarında, 298 sayılı Kanun hükümlerinin uygulanacağını açıkça belirtmiştir. Radyo ve televizyonda yapılacak propaganda yayınlarının, tam bir tarafsızlık ve eşitlik içinde yapılması, Yüksek Seçim Kurulu ile Türkiye Radyo ve Televizyon Kurumu tarafından sağlanır (298 s. K. md. 52/7). Cumhurbaşkanı adayları bu propagandalarını görüntülü olarak da verebilirler. Görüntülü propagandalar TRT dışında hazırlatılır. Görüntülü propagandalarda adaylar yaptıkları ve yapacakları icraatı anlatırlar. Bu propagandalarda suç teşkil edecek görüntülere yer verilemez. Adaylar, propaganda haklarını TRT'nin birden fazla kanalına dağıtabilirler. Yüksek Seçim Kurulu, TRT imkanlarına göre bu görüntülerin hangi süre içinde TRT'ye teslim edileceğini ve TRT'deki gösterilme zamanlarını tanzim eder. Bu görüntülerde suç teşkil eden bir husus bulunduğu takdirde Yüksek Seçim Kurulu bunların yayımına izin vermez. Adaylar, radyo ve televizyonla ilk konuşmalarında seçim beyannamelerini izah ederler. Radyo ve televizyon konuşmaları Türkiye'deki bütün radyo ve televizyon postaları ile aynı zamanda yayınlanır. Radyo ve televizyonda, yayınlanacak propaganda konuşmalarının her gün hangi saatte, hangi parti adına

---

[112] Dominic Wring ve Stephen Ward, "İngiltere'de Medya ve 2010 Kampanyası: Televizyon Seçimi", Çev. Ali Serim, **Seçim Kampanyalarında Geleneksel Medya, İnternet ve Sosyal Medyanın Kullanımı**, Ed. Yusuf Devran, Başlık Yayın Grubu, İstanbul, 2011, s. 109.

[113] Monika Miscicka, "2010 Polonya Seçim Kampanyasında Sosyal Medyanın Kullanımı", Çev. Hande Gürel, **Seçim Kampanyalarında Geleneksel Medya, İnternet ve Sosyal Medyanın Kullanımı**, Ed. Yusuf Devran, Başlık Yayın Grubu, İstanbul, 2011, ss.125-127.

yapılacağı, Türkiye Radyo ve Televizyonları tarafından haber yayınları sırasında, önceden duyurulur.

Televizyonda, seçime katılan adaylar adına yayınlanacak propaganda konuşmalarında Türk bayrağı ile konuşmayı yapan kişi dışında hiçbir görüntüye yer verilmez. Konuşmacılar, ceket giyme ve kravat takmak zorundadırlar; bayanlar tayyör giyerler. Özel radyo ve televizyonlarda adayların propaganda konuşmaları, TRT'de uygulanan usul ve esaslara göre yapılır. Bu yayınlar ulusal nitelikte olanlarda Yüksek Seçim Kurulu'nca, yerel nitelikte olanlarda il seçim kurullarınca tanzim ve denetlenir. Bu hüküm dışında propagandaya ilişkin yayın yapılamaz. Bu hükme aykırı davrananlar hakkında 298 sayılı Seçimlerin Temel Hükümleri ve Seçmen Kütükleri Hakkında Kanun'un 151. maddesinin 2. fıkrası hükmü uygulanır. 151. maddenin 2010 yılında 5980 sayılı Kanun'la değişik ikinci fıkrası uyarınca, bu Kanun'un 58. maddesinin birinci fıkrası ile 60 ve 61. maddelerinde yazılı yasaklara aykırı hareket edenler, altı aydan bir yıla kadar hapis cezası ile cezalandırılır. Her ne kadar 151. maddenin değişik 2. fıkrasında 52. maddeye bir atıf olmasa da, 52. maddenin yapmış olduğu atıf sebebiyle, altı aydan bir yıla kadar hapis cezası 52. maddenin son fıkrasına aykırılık sebebiyle uygulanabilir.

298 sayılı Kanun'un 55/A maddesine göre, seçimlerin başlangıç tarihinden oy verme gününün bitimine kadar özel radyo ve televizyon kuruluşları, yapacakları yayınlarda 2954 sayılı Türkiye Radyo ve Televizyon Kanunu'nun 5, 20, 22 ve 23. maddeleri ile 31. maddesinin ikinci fıkrası hükümlerine tâbidir. Seçimin başlangıç tarihinden itibaren oy verme gününden önceki yirmi dört saate kadar olan sürede, adaylar radyo ve televizyonlarda birlikte veya ayrı ayrı açık oturum, röportaj, panel gibi programlara katılarak görüşlerini açıklayabilirler. Adayların açık veya kapalı yer toplantıları, radyo ve televizyonlarda canlı olarak yayınlanabilir. Yukarıdaki fıkra hükümlerine göre özel radyo ve televizyonların yayın ilkelerinin belirlenmesinde, Yüksek Seçim Kurulu görevli ve yetkilidir. Yapılacak yayınların yukarıdaki esaslara uygunluğunun gözetim, denetim ve değerlendirilmesinde, ülke çapında yayın yapan özel radyo ve televizyonlar için Yüksek Seçim Kurulu; bunun dışında yayın yapan

özel radyo ve televizyonlar için yayının yapıldığı yer ilçe seçim kurulları görevli ve yetkilidir. İlçe seçim kurullarının verdiği kararlara karşı, yirmidört saat içinde il seçim kurullarına itiraz edilebilir. İl seçim kurulu kararları kesindir. Ülke çapında yayın yapan özel radyo ve televizyonların hangileri olduğunu belirlemeye Yüksek Seçim Kurulu yetkilidir. Yüksek Seçim Kurulu'nun buna ilişkin kararı Resmî Gazete'de yayımlanır.

Amerikan tarzı seçim kampanyalarının temel özelliği, seçim kampanyalarında televizyonun aşırı ölçüde kullanımı, sorunlardan daha çok imajların ön plana çıkması ve seçim kampanyalarında belirleyici rolü kampanya profesyonellerinin üstlenmesidir[114]. Batı Avrupa tarzı siyasi sistemlerde ise her geçen gün ağılıkları azalsa da siyasi partiler, ideolojiler, sosyo-demografik ve sosyo-kültürel farklılıklar seçim sonuçları bakımından belirleyici olmaktadır[115].

Yüksek Seçim Kurulu 02.06.2007 tarih ve 323 sayılı kararında, "*3984 sayılı Kanun'un değişik 4/n maddesi ve Yüksek Seçim Kurulu'nun 2007/224 sayılı ilke kararının sonuç bölümünün 2. maddesinin a bendine aykırı bulunan 'Ulusal Sesleniş' konuşmasının da seçim dönemi içerisinde yayınlanmamasına*" karar vermiştir[116].

İletişim teknolojisinde yaşanan gelişmelere paralel olarak 298 sayılı Kanun'a 2010 yılında 5980 sayılı Kanun ile ek 55/B maddesi eklenmiştir. Bu madde "basın, iletişim araçları ve internette propaganda" başlığını taşımaktadır. Madde hükmüne göre, seçime katılan adaylar, seçim propaganda süresinin sona ermesine kadar, yazılı basında ilan ve reklam yoluyla veya internet sitesi açarak sözlü, yazılı veya görüntülü propaganda yapabilirler. Vatandaşların, elektronik posta adreslerine gönderilecek mesajlarla, taşınabilir veya sabit telefonlarına sesli, görüntülü veya yazılı mesaj göndermek suretiyle propaganda yapılamaz. Oy verme gününden önceki on günlük sürede, yazılı, sözlü ve görsel basın ve yayın araçları ile kamuoyu araştırmaları, anketler, tahminler, bilgi ve iletişim telefonları yoluyla mini referandum gibi adlarla

---

114 Yusuf Devran, "Medya Bağlamında 22 Temmuz Seçimleri", **Seçim Kampanyalarında Geleneksel Medya, İnternet ve Sosyal Medyanın Kullanımı**, Ed. Yusuf Devran, Başlık Yayın Grubu, İstanbul, 2011, ss.130-131.

115 Devran, a.g.e., s. 131.

116 http://www.ysk.gov.tr/ysk/IlkeKararlari/2007/Kararlar/2007-323-karar.htm (E.T. 18.03.2013).

bir adayın lehinde veya aleyhinde veya vatandaşın oyunu etkileyecek biçimde yayın yapılması ve herhangi bir surette dağıtımı yasaktır. Bu sürenin dışında yapılacak yayınların; tarafsızlık, gerçeklik ve doğruluk ilkelerine uygun olması şarttır. Kamuoyu araştırmaları ve anketlerin yayınlanması sırasında, araştırmanın hangi kuruluş tarafından yapıldığının, denek sayısının, araştırmanın kim tarafından finanse edildiğinin açıklanması zorunludur. Bu madde hükümlerine göre yapılacak propagandaların ve yayınların ilkeleri Yüksek Seçim Kurulu'nca belirlenir.

Hoparlörle propaganda, halkın huzur ve rahatını bozmamak ve 298 sayılı Kanun'un açık yerlerde propaganda yapılmasını düzenleyen 50. maddesinin son fıkrası hükümlerine uymak şartıyla serbesttir. 50. maddenin son fıkrası "açık yerlerde, güneşin batmasını müteakip ikinci saatin sonundan güneşin doğmasına kadar toplu olarak sözlü propaganda yapılamaz " demektedir, fakat başka bir aday adına açık veya kapalı yer toplantısı yapılan saatlerde, bu toplantıların yapıldığı yer veya binalardan işitilecek ve bu toplantıları rahatsız edecek biçimde hoparlörle propaganda yapılamaz. İlçe seçim kurulları, kendiliğinden veya adayların istekleri üzerine mahallin özelliklerini göz önünde tutarak hoparlörle yayının yerini, zamanını, süresini ve diğer şartlarını tespite yetkilidir. Adaylar isterlerse ilçe seçim kurulunun düzenleyeceği programa göre varsa belediye hoparlörlerinden bedeli karşılığında eşit surette faydalanabilirler (298 s. K. md. 56). Yüksek Seçim Kurulu 04.06.2011 tarih ve 847 sayılı Karar'ında hoparlörle propaganda konusunda şöyle karar vermiştir: "Kurulumuz Başkanlığı'na Düziçi İlçe Seçim Kurulu Başkanlığı tarafından gönderilen 3/6/2011 tarihli, 91 sayılı yazıda; Düziçi İlçe Emniyet Müdürlüğü'nün 1/6/2011 tarihli, 116316 sayılı yazıları göz önünde bulundurularak 4/6/2011-5/6/2011 tarihleri arasında yapılacak olan seviye tespit sınavında alınacak tedbirlerle ilgili sınava mahsus tedbirler başlıklı 4 no'lu sütunda seçim dönemi olması dolayısıyla hoparlörle propaganda yapılmasının öğrencilerin sınav motivasyonunu ve dikkatini dağıtacağı hususu değerlendirildiğinden, Yüksek Seçim Kurulu'nun 186 no'lu kararının "E) hoparlörle propaganda" başlıklı kararının b bendi kapsamında ilçe seçim kurulları ile görüşülerek sınavın yapıldığı saatler arasında sınırlandırılması hususunda talepte bulundukları, anılan tarihler arasında seviye tespit sınavına girecek olan öğrencilerin sınav motivasyonu ve dikkatlerinin dağılmaması hususunda Başkanlıklarınca sınırlandırma getirilip getirilemeyeceği hususunda görüş istenilmiş olmakla, konu incelenerek, yukarıda açıklanan; 298 sayılı Kanun'un 56. maddesinin 2. fıkrası ile Kurulumuzun 12/3/2011 tarihli, 186 sayılı kararının[117] "SONUÇ" bölümünün "Hoparlörle propaganda" başlıklı E maddesinin b fıkrasından da açıkça anlaşılacağı üzere hoparlörle propagandaya ilişkin düzenleme yapma yetkisi ilçe seçim kurullarına ait olup, 4-5 Haziran 2011 tarihlerinde yapılacak seviye tespit sınavının önemi de göz önünde bulundurularak konunun ilçe seçim kurulu başkanlıklarınca değerlendirilmesi gerektiğine, karar verilmiştir"[118].

Seçime katılan adaylar, seçimin başlangıç tarihinden seçim propaganda süresinin sona ermesine kadar, kendilerini tanıtıcı nitelikte broşür, el ilanları, parti bayrağı, poster, afiş veya ses ve görüntü içeren CD, DVD gibi her türlü yayını dağıtmakta serbesttir. Adayların, bu fıkrada belirtilenler dışında herhangi bir hediye ve eşantiyon dağıtmaları, dağıttırmaları veya bunların üçüncü şahıslar ya da kurum ve kuruluşlar aracılığı ile dağıtılması yasaktır. Bu maddede belirtilen yayın veya malzemeleri dağıtacak kimselerin on sekiz yaşını doldurmuş olması şarttır (298 s. K. md. 57). Ayrıca 298 sayılı Kanun 59. maddesinde, propaganda için kullanılan el ilanı mahiyetindeki matbuaların, seçimin başlangıcından propaganda süresinin sonuna kadar her türlü harç ve resimden muaf olacağını hükme bağlamıştır.

298 sayılı Kanun, seçim yasaklarını da düzenlemiştir. Cumhurbaşkanı Seçimi Kanunu 13. maddesinin 4. fıkrasında seçim yasakları ile ilgili 298 sayılı kanuna atıf yapmıştır. 298 sayılı kanun, 58. maddesinde propaganda yayınlarına ilişkin yasakları düzenlemiştir. Buna göre, propaganda için kullanılan el ilanları ve diğer her türlü matbuat üzerinde, Türk Bayrağı ve dini ibareler bulundurulması yasaktır. Adayların yapacakları propagandalarda Türkçe kullanılması esastır.

---

117 http://www.ysk.gov.tr/ysk/docs/Kararlar/2011Pdf/2011-186.pdf (E.T. 18.03.2013).
118 http://www.ysk.gov.tr/ysk/docs/Kararlar/2011Pdf/2011-847.pdf (E.T. 18.03.2013).

298 sayılı Kanun, değişiklikten önceki 60. maddesinde duvar ilanı ve afişle propaganda yapmak yasağı düzenlenmişti. Maddenin 2010 tarih ve 5980 sayılı Kanun ile değiştirilmesiyle madde başlığı "ilan ve reklam yerleri" olarak düzenlenmiştir. Madde hükmüne göre, adaylar, seçim bürolarına, seçimin başlangıç tarihinden itibaren, seçim propaganda süresinin sona erdiği tarihe kadar, parti bayrağı, afiş, poster, pankart ve benzeri malzemeleri asabilir veya yapıştırabilirler. Adaylar seçimin başlangıç tarihinden seçim propaganda süresinin sona ermesine kadar, açık veya kapalı yer toplantıları ile taşıtlarında; parti bayrağı, afiş, poster, pankart ve benzeri ilan ve reklam malzemesi kullanmakta serbesttirler. Miting günü, miting alanı çevresindeki güzergâhlarda, toplantı bitimine kadar bu malzemelerin kullanılması serbesttir. Yukarıda sayılan yerler dışında, propaganda ilan ve reklam malzemeleri, ancak, seçim kurullarınca gösterilecek yerlere aşağıdaki fıkralarda belirtilen usul ve esaslara göre asılır ve yapıştırılır. Seçime katılan adaylar, oy verme gününden önceki otuzuncu günden itibaren, kendilerini tanıtıcı poster, ilan, pankart veya afiş gibi malzemeleri asmak veya yapıştırmak amacıyla, o seçim çevresi içinde, belediyelerce doğrudan kullanılan ve ilçe seçim kurullarınca belirlenen sabit ilan ve reklam yerlerinden süresi, sayısı ve ücreti eşit olmak şartıyla yararlanabilirler. Şu kadar ki seçim zamanı dışında ücretsiz olarak isteklisine tahsis edilen ilan ve reklam yerleri için ücret talep edilemez. Bu yerler adaylar arasında eşit olarak paylaştırılır. Belediyelerin izni ile özel kişi ve kuruluşlarca kurulan veya belediyelere ait olup da özel kişi ve kuruluşlara kiraya verilen sabit ilan ve reklam yerlerinin, bu kişi ve kuruluşlar tarafından siyasi propaganda amacıyla kullandırılabilmesi için, bu hususta ilçe seçim kurulu başkanlığına yapılacak başvuru üzerine, ilçe seçim kurulunca, söz konusu yerlerin bu madde hükümlerine göre tahsisi gerekir. İlçe seçim kurulu, o seçim çevresi içindeki ticari amaçlı sabit ilan ve reklam yerlerini oy verme gününden önceki kırkıncı güne kadar belirleyerek, seçime katılan tüm adaylara yazılı olarak bildirir. Adaylar bu bildirimden itibaren üç gün içinde yararlanmak istedikleri ilan ve reklam yerlerini ve süresini yazılı olarak ilçe seçim kuruluna bildirirler. İlçe seçim kurulu, başvuruda bulunan adaylar arasında bu maddeye göre tahsis yapar. Aynı ilan ve reklam yerleri için birden fazla adayın talepte bulunması halinde, ilçe seçim

kurulu, ilgilileri aynı anda davet ederek son tercihlerini yazılı olarak bildirmelerini ister. İlgili adaylar arasında anlaşma olmaması durumunda ilan ve reklam yerleri ad çekme işlemi yapılarak eşit süre, sayı ve ücret karşılığında tahsis edilir. Ad çekme işlemi, birden fazla istekte bulunulan her bir ilan ve reklam yeri için, propaganda süresinin tamamı, istekli sayısına bölünmek suretiyle, eşit sürelerle yapılır. Şehir dışında karayolları kenarında bulunan sabit ilan ve reklam yerlerini de aynı usulle belirlemeye ve tahsis etmeye il seçim kurulu yetkilidir. Ancak il seçim kurulu bu yetkisini, yetkili ilçe seçim kuruluna devredebilir. Ad çekme işleminden sonra, ilan ve reklam yerinden yararlanmak istemediğini il veya ilçe seçim kuruluna yazılı olarak bildiren aday için ayrılan yerler, başvuruda bulunan adaya tahsis edilebilir. Bu Kanun'da yasaklanan yerler dışında, kamuya açık alanlara yerleştirilmiş görüntülü reklam ve ilan yapmaya uygun sabit dijital reklam panoları vasıtasıyla da görüntülü propaganda yapılabilir. Ancak bu araçlarla sesli propaganda yapılamaz. Bu panoların hangi gün ve saatlerde siyasi propagandalar için kullanılacağı seçim kurulları tarafından belirlendikten sonra, bu süre içinde yapılacak propagandaların sıra ve süresi yukarıdaki fıkralarda belirtilen usule göre belirlenerek, adaylara tahsisi yapılır.

Yüksek Seçim Kurulu'nun 10.07.2007 tarih ve 648 sayılı kararında uyuşmazlık konusu, köylerde parti bayrağı, afiş ve propaganda flamaları ile ilan asılması, yapıştırılması veya teşhirinin yasak olup olmadığı noktasındadır. Yüksek Seçim Kurulu bu konuda şöyle karar vermiştir:

"Rize Merkez İlçe Seçim Kurulu Başkanlığı'nca Kurulumuz Başkanlığı'na gönderilen 06/07/2007 tarihli, C.05.0.SKB.4.53.01.-140-01/122 sayılı yazıda; Rize İl Merkez Jandarma Komutanlığının 05/07/2007 gün ve 0621-3045-07/5626 sayılı yazısıyla, 298 sayılı Seçimlerin Temel Hükümleri ve Seçmen Kütükleri Hakkında Kanun'un 60. maddesinin uygulamasında, yasakların kapsamının belirlenmesinde bazı tereddütler ve bir kısım ilçe seçim kurullarınca farklı uygulamalar yapılması nedeniyle ilgililerce güvensizlik doğduğu, bu nedenle Yasanın 60/1. maddesinde şehir, kasaba ve beldelerden söz edilip, köylerden söz edilmemesi karşısında köylerde anılan propaganda malzemesinin asılıp asılamayacağı, yoksa köyler bakımından hiçbir sınırlamanın olmadığı mı, aynı Yasa'nın 60/4. maddesinde yer verilen "hiçbir siyasi parti ve bağımsız adayca" ibaresi nedeniyle vatandaşların ev ve işyerlerinin pencerelerinin iç ve dışına, balkonuna veya pencere ve balkonundan sarkıtarak ya da işyerinin camekanına duvar veya herhangi bir cephesine anılan propaganda malzemelerinin asılıp asılamayacağı ve herhangi bir parti adayı ile bağımsız adayların parti binaları dışında kiralamış oldukları irtibat bürolarının yasak kapsamında olup olmadığı hususlarının karara bağlanması istenilmiş olmakla, konu incelenerek; üzerinde reklam ve ilan bulunan parti ve adayların özel taşıtlarında, konvoylarda halkın huzur ve rahatını bozmamak ve 298 sayılı Kanun'un 50. maddesine uymak koşuluyla 02 Temmuz 2007 ile 21 Temmuz 2007 (son 20 gün) tarihleri arasında köylerde hoparlörle propaganda yapılmasında bir sakınca bulunmadığı gibi, ilçe seçim kurullarınca belirlenmek koşulu ile köylerde de belirlenen yerlere afiş, flama, bayrak ve benzerlerinin asılmasının 2007/246 sayılı kararımızda belirtilen ilkeler çerçevesinde mümkün olduğuna karar verilmiştir"[119].

Yüksek Seçim Kurulu'nun 15.05.2007 tarih ve 260 sayılı kararı gereğince, "*Belediyelerin gözetim ve denetiminde kullanılmakta olan raylı araçlar ve bu araçların bulunduğu yer altı ve üstü merkezleri veya raylı araçların içerisinde bulunan her türlü reklam araçları, seçim dönemi içerisinde propaganda yasakları kapsamındadır*"[120]. Yine Yüksek Seçim Kurulu'nun 01.06.2007 tarih ve 313 sayılı kararına göre, "*Dolmuş, minibüs ve taksi gibi ulaşım hatlarında çalışan araçlar kamu kapsamında olduğu cihetle yasak kapsamında değerlendirilmektedir*"[121].

298 sayılı Kanun'un 61. maddesinde, ilan ve reklam yerleri ile ilgili yasaklar düzenlenmiştir. Seçimin başladığı tarihten oy verme gününü takip eden güne kadar adaylar, herhangi bir kurum veya kuruluş ya da vatandaşlar tarafından, bu kanunda belirtilen yerler dışında, siyasi ilan ve reklam içeren afiş, poster, pankart veya parti bayrağı gibi malzemelerin asılması, yapıştırılması veya teşhiri yasaktır. Aksi halde, bu ilan ve reklamlar kaldırılır ve masrafları ilgilisinden tahsil edilir. Bu maddede belirtilen yasaklarla ilgili işlem yapma yetkisi, seçimin başlangıç tarihinden oy verme gününden önceki otuzuncu güne kadar mülki makamlara, son otuz gün içinde ilçe seçim kurullarına aittir. Belediyeler, bu maddede belirtilen yetkili mercilerin talebi üzerine, maddeye aykırı hususları gidermek için gerekli araç, gereç ve personeli sağlamakla yükümlüdür. Seçimin başladığı tarihten oy verme gününü

---

[119] http://www.ysk.gov.tr/ysk/IlkeKararlari/2007/Kararlar/2007-648-karar.htm (E.T. 18.03.2013).
[120] http://www.ysk.gov.tr/ysk/IlkeKararlari/2007/Kararlar/2007-260-karar.htm (E.T. 18.03.2013).
[121] http://www.ysk.gov.tr/ysk/IlkeKararlari/2007/Kararlar/2007-313-karar.htm (E.T. 18.03.2013).

takip eden güne kadar; şehir içi veya şehir dışında, toplu taşıma amacıyla kamu hizmetlerinde kullanılan hava, kara, deniz ve raylı sistem taşıtlarında yer alan reklam yerleri ve araçlarında siyasi propaganda içeren yayın yapılamaz. Yolcuların inip bindiği kapalı alanlarda da bu hüküm uygulanır. İlçe seçim kurulları, bu fıkradaki yasaklara aykırılıkların önlenmesi için mülki makamlar vasıtasıyla gerekli denetimi yaparlar.

298 sayılı Kanun'un 62. maddesine göre, el ilanı mahiyetindeki matbuaları dağıtacak kimselerin seçme yeterliliğini haiz olmaları şarttır. Devlet, katma bütçeli idareler, il özel idareleri, belediyelerle bunlara bağlı daire ve müesseseler, İktisadi Devlet Teşekkülleri ve bunların kurdukları müesseseler ve ortaklıkları ile diğer kamu tüzel kişiliklerinde memur ve hizmetli olarak çalışanlar, ilan dağıtamazlar. Bu maddede sayılan kişiler ile, umumi menfaatlere hadim cemiyetler ve bunlarda görev almış bulunan memur ve hizmetliler seçimlerde de tarafsızlıklarını muhafaza etmek zorundadırlar. Bu sayılanlar, adaylara her ne nam ile olursa olsun bağış ve yardımda bulunamazlar; memur ve hizmetlileriyle her türlü araç, gereç ve imkanlarını adayların emrinde veya herhangi bir siyasi faaliyette çalıştırmaları, kullanmaları veya kullandırmaları yasaktır. Sayılan kişilerle, Bankalar Kanunu'na tabi teşekküllerinin, siyasi bir partinin lehinde veya aleyhinde veya vatandaşın oyuna tesir etmek maksadıyla her türlü yayınlarda bulunmaları yasaktır. Daha önce adayın lehinde veya aleyhinde veya vatandaşın oyuna tesir etmek maksadıyla basılmış ve yayınlanmış her türlü kitap, broşür, afiş ve bunlara benzer yayınlar da aynı hükme tabidir (298. s. K. md. 63). Bu sayılan kişilerin, seçim propagandasının başladığı tarihten oy verme gününü takip eden güne kadar olan süre içinde törenler tertip etmek, nutuklar söylemek, demeçler vermek ve bunlar hakkında her türlü vasıtayla yayınlarda bulunmak yasaktır (md. 64).

Seçim propagandasının başlangıç tarihinden oy verme gününü takip eden güne kadar olan süre içinde Başbakan ve bakanlarla, milletvekilleri, yurt içinde yapacakları seçim propagandası ile ilgili gezileri makam otomobilleri ve resmi hizmete tahsis edilen vasıtalarla yapamazlar. Bu maksatla yapacakları gezilerde, protokol icabı olan karşılama ve uğurlamalarla törenler yapılamaz ve resmi ziyafet verilemez (md. 65). Ayrıca, seçim propagandasının başladığı tarihten oy verme gününü takip eden güne kadar geçen süre içinde Başbakan, bakanlar, milletvekilleri ve adayların seçim propagandası ile ilgili olarak yapacakları gezilere hiçbir memur katılamaz (md. 66).

Cumhurbaşkanı Seçimi Kanunu 14. maddesinde, "adaylara yardım" konusunu düzenlemiştir. Buna göre adaylar, yabancı devletlerden, uluslararası kuruluşlardan, tüzel kişilerden ve Türk uyrukluğunda olmayan gerçek kişilerden bağış ve yardım alamazlar. Adaylar, Yüksek Seçim Kurulu tarafından belirlenecek adaylık başvurusu süresi içinde mal bildiriminde bulunmak zorundadır. Seçilen adayın mal bildirimi, seçim sonuçlarının kesinleşmesini müteakip Resmi Gazete'de yayımlanır. Her bir kişinin adaylara yapabileceği nakdi yardım miktarı, her bir tur için en yüksek devlet memuruna mali haklar kapsamında fiilen yapılmakta olan her türlü ödemelerin bir aylık brüt tutarını geçemez. Alınan bağış ve yardımlar veraset ve intikal vergisinden müstesnadır. Adaylar, ödünç niteliğinde para kabul edemez. Seçimlerde şeffaflığın sağlanması amacıyla, Yüksek Seçim Kurulu'nca belirlenecek tutarın üzerindeki nakdi yardımlar adayların "Seçim Hesabı" olarak kendileri adına açtıracakları bir banka hesabına yatırılır. Yüksek Seçim Kurulu'nca belirlenecek tutarın altında kalan nakdi yardımlar ise makbuz karşılığında alınır ve seçim hesabına yatırılır. Alınan bağış ve yardımlar sadece seçim harcamalarında kullanılır ve başka bir amaç için tahsis edilemez. Adaylığın kesinleşmesinden seçim sonuçlarının kesinleşmesine kadar geçen dönemde bağış ve yardımlar ile yapılan harcamalar Yüksek Seçim Kurulu tarafından tasdik edilen listelere kaydedilir. Seçim hesapları ile, bağış, yardım ve harcamalara ilişkin bilgi ve belgeler, seçim sonuçlarının kesinleşmesini izleyen on gün içinde Yüksek Seçim Kurulu'na sunulur. Yüksek Seçim Kurulu bir ay içinde, seçim hesaplarını inceler ve varsa usulsüzlükleri ve öngörülen limitlerin aşılıp aşılmadığını tespit eder. Bu aşamada tespit edilen eksikliklerin giderilmesi amacıyla Yüksek Seçim Kurulu tarafından adaylara uygun bir süre verilir. Alınan bağış ve yardımlardan belirtilen limiti aşan miktar ile harcanmayan kısım Hazineye intikal ettirilir. Kurul, bu görevi yerine getirirken Sayıştay'dan ve gerekli görülen diğer ilgili kamu kurumlarından yardım alabilir. Yüksek Seçim Kurulu'nca yapılan inceleme sonuçları kesin olup, incelemenin tamamlanmasını müteakip bir ay içinde ilan edilir. Aday, Yüksek Seçim Kurulu'na önceden bildirilmek şartıyla, seçim hesapları ile gelir ve harcamalara ilişkin bilgi ve belgelerin kayda geçirilmesi ve ibrazına ilişkin hususlarda 01/06/1989 tarihli ve 3568 sayılı Serbest Muhasebeci Mali Müşavirlik Kanunu'na göre yetki almış meslek mensuplarından veya avukatlardan birini ya da birkaçını yetkili kılabilir. Bu durumda, yetkilendirilen meslek mensubu, yukarıda belirtilen hususların yerine getirilmemesi veya eksik yerine getirilmesinde ilgili mevzuat hükümlerine göre sorumlu tutulur. Aday tarafından verilecek mal bildiriminin usul ve esasları, adaylar tarafından kullanılacak listelerin şekil, içerik ve tasdiki, makbuzların şekil ve içeriği, bastırılması, bağış ve yardımların alınması, kayda geçirilmesi, harcanması, harcanmayan ya da bağış sınırını aşan kısmın Hazineye intikali ile bu maddenin uygulanmasına ilişkin diğer usul ve esaslar Yüksek Seçim Kurulu'nca belirlenir.

Cumhurbaşkanı adayının seçim propagandasının finansmanı konusu önemli bir konudur. Çünkü propaganda harcamaları için gerekli parasal desteği bulamayan adayın kendisini geniş çevrelere tanıtması ve seçimde başarı elde etme olasılığı çok düşüktür. Seçimlerde başarılı olabilmek için çok yüksek tanıtma gideri gerektiğinden düşük gelirli vatandaşların yapmaları gereken harcamaların kısmen ya da tamamen bazı finans çevrelerince, para, mal veya hizmet yoluyla karşılanması durumu ortaya çıkmaktadır[122]. Adaylar iktidara gelebilmek yada orada kalabilmek için sermayenin gücünden yararlanmakta, sermayeciler de karşılık olarak uzun vadede çıkar elde etme ve yaptıkları masrafları kat kat geri alma, ayrıca ülkeyi sahne arkasında istedikleri gibi yönlendirme olanağı bulmaktadırlar[123].

Cüneyt Yüksel siyasetin finansmanı ile ilgili yolsuz faaliyetleri şu şekilde saymaktadır[124]:

-Siyasetin finansmanı ile ilgili kanunları ihlal eden yardım ve bağışlar,

---

[122] Pulat Tacar, **Siyasetin Finansmanı**, Doruk Yayıncılık, Ankara, 1997, s. 2.
[123] a.e., s. 3.
[124] Cüneyt Yüksel, **Siyasette Etik**, Boğaziçi Üniversitesi Yayınevi, İstanbul, 2010, ss. 179-182.

-Siyasi bir makamı elinde tutan kişinin yolsuz bir işlemden elde ettiği parayı kampanya harcamaları için kullanması,

-Siyasi amaçlar için kamu kaynaklarının kullanılması,

-Seçim kampanyaları döneminde kendisine gelir sağlayan kişi veya gruplara, seçilme durumunda yasa dışı veya etik dışı menfaat sağlayacağına dair taahhütte bulunulması,

-Yasa dışı veya yer altı kaynaklardan destek alınması,

-Oy satın alma.

Cumhurbaşkanı Seçimi Kanunu'nun 14. maddesinde daha çok nakdi yardım konusu üzerinde durulmakla birlikte, ayni yardım konusunun değerlendirilmesi de önemlidir. Şöyle ki, adaylara yapılan ayni yardımın parasal değerleri belirlenmeli ve bunlar da kayıt altına alınmalıdır. Örneğin bir avukatın, aday için bedava hukuki danışmanlık yapması da bağış olarak değerlendirilip kayıt altına alınmalıdır[125]. Yapılan bağışların tespiti, faturalandırılması yanında bu bağışların kamuya duyurulması ve özellikle de zamanında duyurulması denetim açısından önemli bir konudur. Cüneyt Yüksel'in belirttiğine göre,

> "Fransa'da devlet başkanlığı adaylarının seçim kampanyası giderleri Resmi Gazete'de yayımlanmaktadır. Yunanistan'da devlet yardımı alan siyasi partilerin hesaplarını her yıl günlük iki gazetede yayımlamaları zorunludur. ABD, İsrail, İspanya ve Kanada'da her bağış yapanın kimliğinin açıklanması gerekmektedir. Almanya ve Japonya'da ise belli bir miktarın üzerinde bağış yapanların adlarının Resmi Gazete'de yayımlanması gerekmektedir. İngiltere ve İtalya gibi bazı ülkeler bağışların yayınlanmadan, ancak ilgili denetim Kurumundan yazılı istekle, bireysel olarak kamuoyunun bilgisine sunulması yöntemini uygulamaktadırlar"[126].

Uluslararası Saydamlık Örgütü'nün Seçimler ve Kampanya Finansmanı ile İlgili En İyi Uygulamalar Tavsiyeleri'ne göre seçim giderlerinin önce yeminli mali

[125] a.e., s. 239.
[126] a.e., s. 246.

müşavirlerce incelenip, onay sertifikaları ile birlikte seçim kurulları ve Yüksek Seçim Komisyonu'na gönderilmesi gerekir[127].

Siyasetin finansmanı konusunda yaşanan yolsuzlukların önüne geçebilmek için Sadık Kırbaş'ın ifade ettiği gibi, 1998 yılından beri Fransa'da uygulanan ve Mitterand Kanunu olarak adlandırılan Siyasetin Finansmanında Şeffaflık Kanunu'nun bir benzeri Türkiye'de uygulanabilirliği sağlanmak koşuluyla ele alınmalıdır[128].

C.SEÇİCİ ORGAN

1982 Anayasası'nın 31.05.2007 tarih ve 5678 sayılı Kanun'un 4. maddesi ile değişik 101. maddesinde cumhurbaşkanının halk tarafından seçilmesi usulü benimsenmiştir. Bu husus Cumhurbaşkanı Seçimi Kanunu'nun 2. maddesinin 1. fıkrasında da aynen yer almaktadır.

Avusturya Anayasası'nın 60. maddesinin 1. fıkrası uyarınca, cumhurbaşkanı halk tarafından seçilir. Fransa Anayasası'nın 6. maddesinin 1. fıkrasına göre, cumhurbaşkanı tek dereceli genel seçimle seçilir. Alman Anayasası'nın 54/1. maddesine göre federal cumhurbaşkanı, Federasyon Kongresi tarafından görüşmesiz olarak seçilir. İrlanda Anayasası'nın 12. maddesinin 2. fıkrasına göre başkan, halkın doğrudan oyu ile seçilir. İtalyan Anayasası'nın 83. maddesinin 1. fıkrası uyarınca cumhurbaşkanı, Meclislerin müşterek oturumuyla Parlamento tarafından seçilir. Polonya Anayasası'nın 127. maddesinin 1. fıkrasına göre cumhurbaşkanı...genel ve doğrudan seçimlerde ulus tarafından seçilir. Portekiz Anayasası'nın 121. maddesinin 1. fıkrası gereğince cumhurbaşkanı, Portekiz topraklarında oy vermek için kayıtlı olan tüm Portekiz vatandaşlarının ve aynı maddenin 2. fıkrası uyarınca yurtdışında ikamet eden tüm Portekiz vatandaşlarının...oyu ile seçilir.

Türk doktrininde cumhurbaşkanının halk tarafından seçilmesi usulü oldukça yoğun tartışmalara sebep olmuştur. Bu tartışmalar, sistemin parlamenter sistemden çıkıp yarı başkanlık sistemine dönüp dönmediği noktasında yoğunlaşmaktadır. Bu

---

[127] a.y.

[128] Sadık Kırbaş, **Türkiye'de Kayıtdışı Ekonomi, Yolsuzluk, Siyasetin Finansmanı**, Phoenix Yayınevi, Ankara, 2012, s. 218.

tartışmalara kapsamlı şekilde yer vermek çalışmamızın konusunu oldukça genişleteceğinden biz bu konu üzerinde kısaca açıklama yapacağız.

Abdurrahman Keleşoğlu'na göre, Türk milleti, Türk vatanının ve Türkiye Cumhuriyeti devletinin sahibi ve Türkiye Cumhuriyeti de demokratik bir hukuk devleti ise; cumhurun başı olan makamda görev alacak kişinin Türk milletinin hür iradesiyle seçilmesinden daha doğal bir şey olamaz[129].

Bülent Tanör ve Necmi Yüzbaşıoğlu'nun ifadesine göre parlamenter sistemlerde devlet başkanı, devletin başı sıfatıyla tarafsız hakem konumundadır. Sorumsuzluğu ve sorumluluk gerektiren yetkileri başbakan veya ilgili bakanla birlikte kullanması da bu nedenledir. Bunun içindir ki, parlamenter sistemin ideal devlet başkanı, anayurdu İngiltere'de olduğu gibi monarktır[130]. Monark ırsi olarak göreve geldiği yani seçimle işbaşına gelmediği için tüm partilere karşı eşit mesafede durabilmektedir. Buna karşın, cumhuriyetle yönetilen parlamenter rejimlerde, yürütme alanına ilişkin yetkiler cumhurbaşkanı ile Bakanlar Kurulu arasında paylaşılmaktadır. Ancak bu paylaşım, cumhurbaşkanının genel oyla seçildiği parlamenter rejim uygulamaları ile, parlamento tarafından seçildiği parlamenter rejim uygulamalarında birbirinden farklıdır[131]. Tanör ve Yüzbaşıoğlu'na göre bir parlamenter sistemin klasik parlamenter sistem veya yarı başkanlık sistemi olmasında etkili olan faktörler, cumhurbaşkanının halk tarafından veya parlamento tarafından seçilmesi, cumhurbaşkanına tanınan yetkilerin fazlalığı ve böylece cumhurbaşkanının siyasal sistemin odak noktası olması, cumhurbaşkanına tek başına kullanabileceği yetkilerin tanınıp tanınmaması ile ilgilidir. Bu ayrımlamada cumhurbaşkanını kimin seçtiğinden ziyade cumhurbaşkanının sahip olduğu yetkiler ve bu yetkileri kullanma usulü yani tek başına yetki kullanıp kullanamaması veya kullandığı yetkiler sebebiyle sorumlu tutulup tutulamayacağı hususları yani bu makamın sembolik bir makam mı yoksa etkili bir makam mı olduğu ile ilgilidir. Bu ise yazılı kurallar kadar, ülkelerin

---

[129] Abdurrahman Keleşoğlu, "Cumhurbaşkanını Kim Seçmelidir?", http://www.caginpolisi.com.tr/50/10-11.htm (E.T. 09.01.2013).

[130] Bülent Tanör ve Necmi Yüzbaşıoğlu, **1982 Anayasasına Göre Türk Anayasa Hukuku**, Son değişikliklere göre 9. bası, Beta Yayınevi, İstanbul, 2009, s. 307.

[131] Tanör ve Yüzbaşıoğlu, a.g.e., s. 306.

tarihi, siyasi, sosyal koşulları ve anayasal gelenekleri ile ilgili bir durumdur. Bu sebeple bir ülkede cumhurbaşkanının halk tarafından seçilmesi başlı başına sistemi yarı başkanlık sistemi haline getirmez, ayrıca o ülkede cumhurbaşkanının sahip olduğu yetkiler sebebiyle gerçekten etkin olup olmadığı gibi başka bazı hususların da incelenmesi gerekir[132]. Bülent Yavuz'un aktardığına göre, yarı başkanlık hükümet sistemini Beşinci Cumhuriyet Fransa'sını nazara alarak açıklayıp 1970'lerde bilim hayatıyla tanıştıran yazar Maurice Duverger'dir[133]. Ona göre yarı başkanlık hükümet sisteminin üç karakteristik özelliği vardır; öncelikle genel oyla seçilmiş bir başkan olacak, bu başkan hatırı sayılır yetkilerle donatılmış olacak ve bu başkanın yanı sıra yürütme organı içinde yasama organına karşı sorumlu, Başbakan ve bakanlardan oluşan bir kurul olacak[134]. Bülent Yavuz, 1982 Anayasası'nda 2007 yılında yapılan değişiklikler sonucunda sistemin yarı başkanlık sistemi olup olmadığını da değerlendirmiştir. Ona göre sırf cumhurbaşkanının halk tarafından seçilmesi, sistemi yarı başkanlık sistemi haline getirmemekle birlikte cumhurbaşkanının Türk siyasal sistemindeki etkileri ve geniş yetkileri birlikte değerlendirildiğinde ve bu konumuna bir de genel oyla seçilmesi eklendiğinde artık Türk siyasal sistemi, klasik parlamenter sistemden yarı başkanlık sistemine geçmiştir[135].

Cankat Taşkın'a göre de, Anayasa'nın 101. ve 102. maddelerinde 5678 sayılı Kanun'la yapılan değişiklikten sonra Türkiye'deki hükümet sistemi yarı başkanlık sistemine doğru evrilmeye başlamıştır; sistem, kendine özgü nitelikler taşıyan bir yarı başkanlık sistemidir[136].

298 sayılı Kanun'un 6. maddesine göre, 18 yaşını dolduran her Türk vatandaşı, seçme ve halkoylamasına katılma hakkına sahiptir. 7. madde uyarınca da, silah altında bulunan erler, onbaşılar ve kıta çavuşları (her ne sebeple olursa olsun, izinli

---

[132] Tanör ve Yüzbaşıoğlu, a.g.e., s. 306.
[133] Bülent Yavuz, "2007 Anayasa Değişikliğinin Doğurduğu Tereddütler ve Çözüm Yolları", **Gazi Üniversitesi Hukuk Fakültesi Dergisi**, C. XII, S. 1-2, 2008, s. 1190.
[134] Yavuz, a.g.m., s. 1190.
[135] Yavuz, a.g.m., s. 1193.
[136] Ş. Cankat Taşkın, "2007 Anayasa Değişikliklerinden Sonra Türkiye'nin Hükümet Sistemi ve Cumhurbaşkanının Konumu", http://cankattaskin.av.tr/wp-content/uploads/2011/03/Anayasa-makale-pdf.pdf (E.T. 10.01.2013).

olsalar bile), askeri öğrenciler, ceza infaz kurumlarında hükümlü olarak bulunanlar oy kullanamazlar. 8. madde seçmen olamayacakları düzenlemiştir. Buna göre, kısıtlı olanlar ve kamu hizmetinden yasaklı olanlar seçmen olamazlar. Yukarıdaki maddelerden anlaşıldığı üzere seçmen olmak ile oy kullanmak birbirlerinden farklı kavramlardır. Seçmenlik sıfatının tayininde esas seçmen kütüğüdür (md. 34). Seçmen kütüğünde seçmenin adı, soyadı, baba adı, ana adı, doğum yılı, doğduğu ilçe adı ve oturduğu yer adresinin bulunması esastır. Bu kanunun uygulanmasında herkes, nüfus kütüğünde yazılı bulunan doğduğu ay ve güne göre işleme tabi tutulur. Ancak, o yıl seçim yapılması durumunda seçmen listeleri hazırlanırken on sekiz yaşın doldurulmuş olmasının hesabında seçim günü (o gün dahil) esas alınır. Seçmene ait bilgi eksik ise; bilgi tamamlanıncaya kadar seçmen, sandık seçmen listesine yazılmaz. Tamamlama kuralları; Yüksek Seçim Kurulu'nca belirlenir ve yayınlanır. Sandık bölgesinde oturan seçmenlere ait bilgileri kapsayan sandık seçmen listeleri seçmen kütüğünden çıkarılır. Sandık seçmen listesinde yazılı olmayan seçmen oy veremez. Seçmen kütüğüne seçmen bir kez yazılır ve birden fazla oy kullanamaz. Yazım, görevlilerin ikametgahları birer birer gezip seçmenleri görmeleri suretiyle yapılır. Yazım memuru yazım sırasında, yazım yerinde bulunan seçmeni yazar. Seçmenin bildireceği oturduğu yerin adresi yazılır. Seri numaralı yazım formu her seçmene imzalatılır.

Yurt dışında yaşayan Türk vatandaşlarının Türkiye'deki seçimlerde oy kullanabilmesi için yurt dışı seçmen kütüğü ve seçmen listeleri hazırlanır. Yurt dışı seçmen kütüğü, adres kayıt sistemindeki bilgiler esas alınarak Yüksek Seçim Kurulu'nca belirlenecek usul ve esaslar çerçevesinde oluşturulur. Yurt dışı seçmen listeleri, yurt dışında sandık kurulmasına karar verilen temsilciliklerin görev çevreleri gözetilerek ve yurt dışı seçmen kütüğü esas alınarak Yüksek Seçim Kurulu'nca oluşturulur ve elektronik ortamda ilan edilir (md.35).

Yüksek Seçim Kurulu, 10.05.2011 tarih ve 660 sayılı kararında,

"Yurt dışı seçmen kütüğünde kayıtlı seçmenlerin gümrük kapılarında yalnızca geçerli bir Türkiye Cumhuriyeti pasaportu ile oy kullanabilmelerinin mümkün olduğu, süresi geçmiş pasaportların geçerli olduğu kabul edilemeyeceğinden, süresi geçmiş Türkiye Cumhuriyeti pasaportu ile gümrük kapılarında oy kullanılamayacağına" karar vermiştir[137].

D.SEÇİM YÖNTEMİ

Yukarıda belirttiğimiz gibi 1982 Anayasası'nda 5678 sayılı Kanun'la yapılan değişiklik ile cumhurbaşkanlığı seçim usulü tamamıyla değiştirilmiştir. Burada değişiklik sonrasında cumhurbaşkanlığı seçimi usulü konusu incelenecektir. Anayasa'nın 102/1 ve Cumhurbaşkanı Seçimi Kanunu'nun 3/2. maddesi gereğince, cumhurbaşkanlığı seçimi cumhurbaşkanının görev süresinin dolmasından önceki altmış gün içinde; makamın herhangi bir sebeple boşalması halinde ise boşalmayı takip eden altmış gün içinde tamamlanır. Cumhurbaşkanı seçim dönemi, cumhurbaşkanının görev süresinin dolmasından önceki altmışıncı gün, makamın herhangi bir şekilde boşalması halinde ise boşalmayı takip eden gün başlar. Bu süreler içinde seçimin tamamlanması amacıyla, Yüksek Seçim Kurulu tarafından, seçim takvimi resen belirlenir ve ilan edilir.

1982 Anayasası'nda 5678 sayılı Kanun'la yapılan değişiklik ile cumhurbaşkanının halk tarafından yani genel oyla seçilmesi usulünün benimsendiğini yukarıda belirtmiştik. Genel oyla yapılacak seçimde, geçerli oyların salt çoğunluğunu alan aday cumhurbaşkanı seçilmiş olur. İlk oylamada bu çoğunluk sağlanamazsa, bu oylamayı izleyen ikinci Pazar günü ikinci oylama yapılır. Bu oylamaya, ilk oylamada en çok oy almış bulunan iki aday katılır ve geçerli oyların çoğunluğunu alan aday cumhurbaşkanı seçilmiş olur. İkinci oylamaya katılmaya hak kazanan adaylardan birinin ölümü veya seçilme yeterliliğini kaybetmesi halinde, ikinci oylama, boşalan adaylığın birinci oylamadaki sıraya göre ikame edilmesi suretiyle yapılır. Bunların dışındaki sebeplerle boşalma olması halinde ikame yoluna gidilemez. Oylamalara tek adayla gidilmesi halinde, oylama referandum şeklinde yapılır. Aday, geçerli oyların çoğunluğunu alması halinde cumhurbaşkanı seçilmiş olur. Oylamada adayın, geçerli oyların çoğunluğunu alamaması halinde seçim yenilenir.

---

[137] http://www.ysk.gov.tr/ysk/docs/Kararlar/2011Pdf/2011-660.pdf (E.T. 22.04.2013).

Burada yeri gelmişken Anayasa'nın 102. maddesinin 3. fıkrasında yer alan "referandum" kelimesinin isabeti tartışılabilir. Referandum, bir yasama işlemi hakkında vatandaşların oyuna başvurulmasıdır[138]. Referandum, meclis tarafından yapılmış bir yasa ya da anayasa ve/veya anayasa değişikliğinin, halkoylamasını müteakip yürürlüğe girmesidir[139]. Kemal Gözler'in ifade ettiği üzere referandumun doğru bir değerlendirmesini yapabilmek için plebisitten özenle ayrılması gerekir. Ancak bu ayrımı yapmak çok kolay değildir. Genellikle kabul edildiği üzere referandumda bir değişiklik, plebisitte ise bir adam söz konusudur. Birincisinde bir metin oylanır, ikincisinde ise bir isim[140]. Plebisit, bir kuvvetli adam heveslisinin, kendisine karşı çıkabilecek hiçbir muhalifi olmadan, rakiplerine propaganda özgürlüğü tanımadan, kendi iktidarını halka onaylatmasıdır. Plebisit, muhalefetsiz seçim; rakipsiz yarıştır. Bu yola, çoğunlukla, kendi sınırsız iktidarlarına meşruluk kazandırmak isteyen diktatörlerin başvurduğu görülmektedir[141]. Plebisit, hükümet ya da devlet başkanından gelen, çoğu kez yönetimi ve/veya yöneticiyi onaylama ya da bir karara meşruluk kazandırma amacını taşır[142]. Referandumla plebisit arasındaki diğer fark ise demokratiklik bakımından ortaya çıkmaktadır. Referandum demokratik bir usuldür: Halk etkendir, öznedir; karar alma sürecinin başına, ortasına ve sonuna katılır[143]. Plebisit ise, anti-demokratik bir usuldür: Halk edilgendir, nesnedir; karar alma sürecinin sadece sonuna katılır: Referandumun yapılmasını isteyen halkın kendisi (halk teşebbüsü) ya da halkın seçtiği temsilcilerdir. Oylanan şey ise, halkın temsilcilerinin hazırladığı bir metindir. Oysa, plebisite başvuranlar, kişisel iktidar sahipleri ya da, fiili yönetimlerdir[144]. Oylanan şey ise, halkın katılımı olmadan hazırlanan metinler, fiili yönetimlerin oldu-bittileri, karar ve eylemleridir. Kısaca,

---

138 Kemal Gözler, "Halkoylamasının Değeri", **Ankara Üniversitesi Hukuk Fakültesi Dergisi**, Cilt:40, Sayı: 1-4, 1988, s. 98.

139 Aykut Çelebi, "Doğrudan Demokrasi ya da Temsili Hükümet Modelinin Demokratikleştirilmesi Üzerine", **Demokratik Anayasa**, Haz: Ece Göztepe ve Aykut Çelebi, Metis Yayınları, İstanbul, 2012, s. 477.

140 Gözler, "Halkoylamasının Değeri", s. 98-99.

141 a.e., s. 102.

142 Çelebi, a.g.e., s. 479.

143 Gözler, "Halkoylamasının Değeri", s. 99.

144 a.y.

plebisit, diktatörlerin, anti-demokratik yöneticilerin, darbecilerin, kendilerine meşruiyet kazandırmak için başvurdukları bir halkoylamasıdır[145]. Aykut Çelebi'ye göre plebisit, doğrudan demokratik bir araç olmaktan çok, yöneticilerin risklerini üstlenmekten kaçındıkları siyasi kararları halka onaylatmasıdır. Söz konusu özelliği plebisiti doğası gereği anti demokratik bir araç kılar[146]. Erdoğan Teziç'e göre, referandum ile plebisiti ayırabilmek için ortaya konan kriterler hukuki olmaktan ziyade politik bir esasa dayanmaktadır. Klasik anlayışa göre, referandum kurumlara ilişkin bir halkoylaması olmasına karşılık, plebisit belli bir kişisel politikanın oylanmasıdır. Klasik görüş karşıtları, klasik görüşün plebisiti yalnızca sübjektif anlamı ile referandumdan ayırt ettiği, bu bakımdan da doğru bir kriter ortaya koyamadığını belirtirler[147]. Referandum ile plebisiti ayırmaya yarayan bir başka kriter, halkoylaması sırasında hükümetin tutumuna bakılarak belirlenir. Hükümetin halkoylaması sırasında tarafsız kalması durumunda referandumdan söz edilir. Hükümetin karşı propagandayı yasakladığı; ya da hükümetin karşı propagandaya izin vermekle birlikte kendi otoritesinin ağırlığını da ortaya koyduğu durumlarda plebisitten söz edilir. Buna göre, halkoylamasını isteyenlerin sonuç ne olursa olsun görevde kalmaları plebisit iken, halkoylamasını isteyenlerin oylamanın sonuçlarına katlanmaları referandumdur[148].

Referandumun yasama işlemleri üzerinde yapılan halkoylamaları olduğu, yani referandumda bir metnin plebisitte ise bir isimin oylandığı düşünülürse, yine plebisitin muhalefetsiz seçim, rakipsiz yarış olduğu düşünülürse, hem bir yasama işlemi olmaması hem de adayın karşısında herhangi bir rakip olmaması gibi noktalardan, cumhurbaşkanlığı seçiminde tek aday için yapılacak oylamanın referandum olmayacağı açıktır. Diğer kriterden yola çıkılırsa, yani seçim sırasında hükümetin tutumu göz önüne alınırsa ve seçim sonuçlarına göre bir değerlendirme yapılırsa, cumhurbaşkanı seçiminde oylamalara tek adayla gidilmesi durumunda bu oylamanın plebisit olup olmayacağı ileriki dönemlerde yapılacak seçimler ve

---

145 a.y.
146 Çelebi, a.g.e., s. 479.
147 Erdoğan Teziç, **Anayasa Hukuku**, 7. b., Beta Yayınevi, İstanbul, 2001, s. 231.
148 a.y.

sonuçları incelenerek daha doğru bir şekilde değerlendirilebilir. Fakat her halükarda yasama işlemlerinin değil de kişilerin oylanması ve hatta bu oylamanın muhalefetsiz ve rakipsiz bir aday için söz konusu olması plebisittir. Bu sebeple tek adayla yapılan bir seçimin oylanması konusunda referandum terimi yerine, daha genel ve kapsayıcı bir ifade olması sebebiyle halkoylaması teriminin kullanılmasının daha yerinde bir seçenek olacağı kanaatindeyim.

Yeni seçilen cumhurbaşkanı göreve başlayıncaya kadar görev süresi dolan cumhurbaşkanının görevi devam eder. Cumhurbaşkanlığı makamının ölüm, çekilme veya başka bir sebeple boşalması halinde, yenisi seçilinceye kadar, Türkiye Büyük Millet Meclisi başkanı, cumhurbaşkanlığına vekillik eder ve cumhurbaşkanına ait yetkileri kullanır (Cumhurbaşkanı Seçimi Kanunu md. 4/4).

Cumhurbaşkanı seçilenin varsa partisi ile ilişiği kesilir ve Türkiye Büyük Millet Meclisi üyeliği sona erer (Anayasa md. 101/son ve Cumhurbaşkanı Seçimi Kanunu md. 4/son). Bu hüküm cumhurbaşkanlığı makamının tarafsız bir yapıda olması gerekliliğinden kaynaklanır. Anayasa'nın 104. maddesi cumhurbaşkanına, devletin başı sıfatıyla Türkiye Cumhuriyeti'nin ve milletinin birliğini temsil etme...devlet organlarının düzenli ve uyumlu çalışmasını gözetme görevlerini vermiştir. İşte bu madde uyarınca milleti temsil yetkisine sahip olan ve devlet organları arasındaki düzen ve uyumdan sorumlu olan cumhurbaşkanı tarafsız olmak durumundadır. Milletin birliğinin temsilcisi olarak cumhurbaşkanı tüm siyasi görüşlere eşit mesafede olmalıdır.

Anayasamız cumhurbaşkanlığı seçiminin genel oyla yapılacağını belirtmiş fakat oylamanın şekli, özellikleri üzerinde durmamış ve cumhurbaşkanlığı seçimine ilişkin usul ve esasların kanunla düzenleneceğini (md. 102/son) ifade etmiştir. Bununla birlikte anayasamız "seçme, seçilme ve siyasi faaliyette bulunma hakları" başlıklı 67. maddesinin 23/07/1995 tarih ve 4121 sayılı Kanun'un 5. maddesi ile değişik 2. fıkrasında, genel olarak seçimlerin ve halkoylamasının niteliklerinden bahsetmiştir. Bu fıkra uyarınca, seçimler ve halkoylaması serbest, eşit, gizli, tek dereceli, genel oy, açık sayım ve döküm esaslarına göre, yargı yönetim ve denetimi altında yapılır. Yurt dışında bulunan Türk vatandaşlarının oy hakkını kullanabilmeleri amacıyla kanun uygulanabilir tedbirleri belirler. Cumhurbaşkanı Seçimi Kanunu da 2. maddesinin 2. fıkrasında, cumhurbaşkanı seçiminin, genel, eşit ve gizli oyla, bütün yurtta aynı günde, yargı yönetim ve denetimi altında yapılacağı belirtilmiştir. Yine bu fıkra uyarınca, yurt dışında yaşayan Türk vatandaşlarının oy kullanmaları, 26/04/1961 tarihli ve 298 sayılı Seçimlerin Temel Hükümleri ve Seçmen Kütükleri Hakkında Kanun hükümleri çerçevesinde sağlanır. Seçimlerin Temel Hükümleri ve Seçmen Kütükleri Hakkında Kanun'un 34/1. maddesine göre, seçmenlik sıfatının tayininde esas, seçmen kütüğüdür. 34. maddenin 7. fıkrası uyarınca, sandık seçmen listesinde yazılı olmayan seçmen oy veremez. O halde seçimlerde oy kullanabilmek için öncelikle seçmen kütüğüne kayıtlı olmak ve bu kütüğe dayanılarak hazırlanan sandık seçmen listelerinde yazılı olmak gerekmektedir. Anılan kanun 35. maddesinde "Yurt dışında oturan vatandaşların yazımı" konusunu düzenlemiştir. Bu maddeye göre, yazım sırasında Türkiye dışında oturmakta olanların seçmen kütüğüne yazımı aşağıdaki kurallara uygun olarak Yüksek Seçim Kurulu Seçmen Kütüğü Genel Müdürlüğü'nce yapılır. Yurt dışında altı aydan fazla oturanlar, Seçmen Kütüğü Genel Müdürlüğü'nün belirteceği yerlerden sağlayacakları formu doldururlar. Bu formu bağlı oldukları yer konsolosunun veya belirleyeceği memurun yanında imzalarlar; form, konsoloslukça mühürlenir. Formun birinci nüshası, Yüksek Seçim Kurulu Seçmen Kütüğü Genel Müdürlüğü'ne konsolosluk tarafından gönderilir. Formun ikinci nüshası, konsoloslukça sıra numarasına göre saklanır. Formun üçüncü nüshası vatandaşa iade edilir. Yurt dışında oturan vatandaşların Türkiye'deki son ikametgahları da forma yazılır. Sandık seçmen listesinde bu bildirim göz önüne alınır. Seçmen Kütüğü Genel Müdürlüğü kendine gelen formlarda yazılı kişiyi seçmen kütüğüne kaydeder. Belirtilen bu şartları taşımak kaydıyla yurt dışında oturan vatandaşlarımızın da cumhurbaşkanlığı seçiminde oy kullanabilmeleri mümkündür. Hatta yurtdışı seçmenlerin, cumhurbaşkanı seçimlerinde ve halkoylamasında oy verebileceği 298 sayılı kanunun 94/A maddesinde açıkça ifade edilmiştir. Yurtdışı seçmenlerin mektupla oy vermesi (md.94/B), sandıkta oy vermesi(md. 94/C), elektronik ortamda oy vermesi (md. 94/D), gümrük kapılarında oy vermesi (md.

94/E) gibi usuller 298 sayılı Kanun'a 2008 yılında eklenmiştir. 294 sayılı Kanun'un 94/A maddesinin 09.05.2012 tarih ve 6304 sayılı Kanun'la değişik birinci fıkrası uyarınca yurt dışı seçmenlerin oy kullanmasında; sandık, gümrük kapılarında oy kullanma veya elektronik oylama yöntemlerinin birlikte veya ayrı ayrı uygulanmasına, seçim türüne ve yabancı ülkenin durumuna göre, Dışişleri Bakanlığı'nın görüşü alınarak Yüksek Seçim Kurulu'nca karar verilir. Yurt dışı seçmen kütüğüne kayıtlı seçmenlerin oy kullanmalarına yönelik iş ve işlemlerde, Dışişleri Bakanlığı'nın bilişim altyapısından faydalanılabilir. Dışişleri Bakanlığı, Yüksek Seçim Kurulu'nun belirleyeceği usul ve esaslar doğrultusunda, kullanılacak olan bilişim altyapısının oluşturulması ve güvenliği için gerekli tedbirleri alır[149].

Seçmen sıfatını kazanabilmek için aranan şartlar bizzat anayasa ile sayılmıştır. Anayasa'nın 67. maddesinin 23/07/1995 tarih ve 4121 sayılı Kanun'un 5. maddesi ile değişik 3. fıkrası uyarınca, on sekiz yaşını dolduran her Türk vatandaşı seçme ve halkoylamasına katılma haklarına sahiptir. Fakat bu şartların yanında yukarıda belirttiğimiz üzere, 298 sayılı Seçimlerin Temel Hükümleri ve Seçmen Kütükleri Hakkında Kanun başka bazı şartlar aramıştır. Bu kanunun 34. maddesine göre seçmenlik sıfatının tayininde esas, seçmen kütüğüdür. O halde on sekiz yaşını doldurmuş olan bir Türk vatandaşı seçmen kütüğüne yazılmadıkça seçmen sıfatını kazanamaz. Şu durumda seçmen sıfatının kazanılabilmesi için aranan şartlar on sekiz yaşını doldurmuş olmak, Türk vatandaşı olmak ve seçmen kütüğüne yazılı olmak şartlarıdır. Seçimlerin Temel Hükümleri ve Seçmen Kütükleri Hakkında Kanun 8. maddesinde seçmen olamayacakları düzenlemiştir. Sekizinci madde uyarınca, kısıtlı olanlar ve kamu hizmetinden yasaklı olanlar seçmen olamazlar. O halde maddenin aksi yorumundan seçmenlik için aranan diğer şartların kısıtlı olmamak ve kamu hizmetinden yasaklı olmamak şartları olduğunu söyleyebiliriz. Bu şartlarla birlikte değerlendirdiğimizde seçmen, on sekiz yaşını doldurmuş ve seçmen kütüğüne yazılmış olan; kısıtlı olmayan ve kamu hizmetinden yasaklı olmayan Türk

---

[149] Yüksek Seçim Kurulunun 26.02.2011 tarih ve 120 sayılı kararı için bakınız: http://www.ysk.gov.tr/ysk/docs/Kararlar/2011Pdf/2011-120.pdf (E.T. 22.04.2013).

vatandaşıdır diyebiliriz. Bu noktada seçmenlik sıfatı ile oy kullanmanın eş anlamlı kavramlar olmadığına dikkat çekmemiz gerekir. Seçmenlik, oy kullanabilmenin bir gereğidir, seçmen olmayan bir kişinin oy kullanabilmesi mümkün değildir, fakat seçmenlik sıfatına sahip olduğu halde oy kullanılamayan bazı durumlarda mevcut olabilir. Seçimlerin Temel Hükümleri ve Seçmen Kütükleri Hakkında Kanunun 34. maddesinin yedinci fıkrası uyarınca, sandık seçmen listesinde yazılı olmayan seçmen oy kullanamaz. Bu ifadeden de anlaşılacağı üzere, seçmen sıfatına sahip olmakla birlikte burada söz konusu olan oy kullanamamaktır. O halde seçmen olmak ile oy kullanmak birbirinden farklı kavramlardır.

Anayasa'nın 67. maddesinin 03/10/2001 tarih ve 4709 sayılı Kanun'un 24. maddesi ile değişik 5. fıkrasında, oy kullanamayacak olanlar tahdidi sayım yöntemiyle sayılmıştır. Fıkra hükmü uyarınca "silah altında bulunan er ve erbaşlar ile askeri öğrenciler, taksirli suçlardan hüküm giyenler hariç ceza infaz kurumlarında bulunan hükümlüler" oy kullanamazlar. Ceza infaz kurumları ve tutukevlerinde oy kullanılması ve oyların sayım ve dökümünde seçim emniyeti açısından alınması gerekli tedbirler Yüksek Seçim Kurulu tarafından tespit edilir ve görevli hakimin yerinde yönetim ve denetimi altında yapılır. Yüksek Seçim Kurulu'nun 22.03.2011 tarih ve 234 sayılı kararında *"yedek subayların oy kullanamayacağına"* karar verilmiştir[150]. Yüksek Seçim Kurulu 27.09.2010 tarih ve 870 sayılı kararında yukarıdaki kararı ile çelişen ve 298 sayılı Kanun'a aykırılık teşkil eden bir karara oyçokluğu ile imza atmıştır. Söz konusu kararda Yüksek Seçim Kurulu,

> "Askerlik hizmetini yapmakta olan hakim ve savcıların, askerlik hizmetini yaptıkları yerde il seçim kurulu başkanlıklarına görev belgeleri ile askı süresi içinde başvurarak seçim listelerine isimlerini yazdırmak suretiyle Hakimler ve Savcılar Yüksek Kurulu üyeliği seçiminde oylarını kullanabileceklerine" karar vermiştir.

Karara karşı oy yazısında Yüksek Seçim Kurulu üyesi M. Zeki Çelebioğlu'nun haklı olarak ifade ettiği gibi,

---

[150] http://www.ysk.gov.tr/ysk/docs/Kararlar/2011Pdf/2011-234.pdf (E.T. 28.04.2013).

"Anayasa'nın 12/09/2010 tarihinde yapılan referandum ile kabul edilerek yürürlüğe giren geçici 19. maddesine göre, il seçim kurulunun yönetim denetimi altında yapılacak seçimlerde, o ilde ve ilçelerinde görev yapan hakim ve savcılar oy kullanır, yapılacak seçimlerde 26/04/1961 tarihli ve 298 sayılı Kanun'un bu bende aykırı olmayan hükümleri uygulanır. 2802 sayılı Hakimler ve Savcılar Kanunu'nun 41. maddesine göre de, hakim ve savcı iken muvazzaf askerlik hizmetlerini yapmak üzere silah altına alınanlar, bu süre zarfında görev yerleri saklı kalmak suretiyle aylıksız izinli sayılırlar. 298 sayılı Kanunun 7. maddesinde de silah altında bulunan erler, onbaşılar ve kıta çavuşlarının her ne sebeple olursa olsun, izinli olsalar bile oy kullanamayacakları düzenlenmiştir. İlgili düzenlemeler karşısında er, erbaş ve kıta çavuşu olarak vatan görevini ifa eden adli ve idari yargı hakim ve savcılarının seçimlerde oy kullanamayacakları açıktır"[151].

Seçimlerin Temel Hükümleri ve Seçmen Kütükleri Hakkında Kanun da oy kullanamayacak olanları 7. maddesinde sayma yoluyla düzenlemiştir. Fakat 7. maddenin 27/10/1995 tarih ve 4125 sayılı kanunun 2. maddesiyle değişik 3. fıkrası , "ceza infaz kurumlarında hükümlü olarak bulunanlar" ifadesine yer vermiştir. Oysa ki, anayasa oy kullanamayacak olanları sayarken, "taksirli suçlardan hüküm giyenler hariç ceza infaz kurumlarında bulunan hükümlüler" ifadesini kullanmıştır. Şu halde anayasamız, taksirli suçlardan hüküm giymiş olanlara oy kullanma hakkını vermişken, anayasa altı bir norm olan kanun anayasa hükmünü sınırlayıcı bir ifade kullanarak tüm hükümlülerin oy kullanamayacağını belirtmiştir. Kanunun ilgili düzenlemesi anayasaya aykırıdır, bizzat anayasa ile yasaklanmayan bir durum, meşruiyetini ve geçerliliğini anayasadan alan daha alt düzeyde bir norm tarafından yasaklanamaz.

Yüksek Seçim Kurulu'nun 26.08.2010 tarih ve 650 sayılı kararında,

"Ceza ve tutukevlerinde sayılarının az olması durumunda tutuklu ve taksirli suçlardan hükümlülere nasıl oy kullandırılacağı hususu incelenerek, tutuklu seçmen listesinin kesinleştirilmesi sonucunda, tutuklu ve taksirli suçlardan hükümlülerin sayısının az olması durumunda, ceza ve tutukevlerinde sandık kurulu oluşturulmayarak, tutuklu ve taksirli suçlardan hükümlülerin gerekli güvenlik önlemleri alınarak cezaevine en yakın sandığın

[151] http://www.ysk.gov.tr/ysk/docs/Kararlar/2010Pdf/2010-870.pdf (E.T. 28.04.2013).

seçmen listesine ilave edilmek suretiyle oy kullanmalarının sağlanmasına" karar verilmiştir[152].

Cumhurbaşkanı Seçimi Kanunu'nun 2. maddesinin üçüncü fıkrası uyarınca seçmen, oyunu tam bir serbestlikle kendisi kullanır. Anılan maddenin 4. fıkrası uyarınca da oyların sayımı, dökümü ve tutanaklara bağlanması açık olarak yapılır. O halde cumhurbaşkanlığı seçimi, Cumhurbaşkanı Seçimi Kanununun 2. maddesi uyarınca genel, eşit, şahsi ve gizli oy, açık sayım ve döküm esaslarına göre, bütün yurtta aynı günde, yargı yönetim ve denetimi altında yapılır.

Cumhurbaşkanı Seçimi Kanunu'nun 2. maddesinin 5. fıkrasına göre, bu kanunda özel hüküm bulunmayan hallerde 298 sayılı kanun, 22/04/1983 tarihli ve 2820 sayılı Siyasi Partiler Kanunu, 10/06/1983 tarihli ve 2839 sayılı Milletvekili Seçimi Kanunu, 18/01/1984 tarihli ve 2972 sayılı Mahalli İdareler ile Mahalle Muhtarlıkları ve İhtiyar Heyetleri Seçimi Hakkında Kanun, 23/05/1987 tarihli ve 3376 sayılı Anayasa Değişikliklerinin Halkoyuna Sunulması Hakkında Kanun ile bunların ek ve değişikliklerinin bu kanuna aykırı olmayan hükümleri uygulanır.

Cumhurbaşkanı Seçimi Kanunu'nun 2. maddesinin son fıkrasına göre Yüksek Seçim Kurulu, cumhurbaşkanı seçimlerinin başlamasından bitimine kadar, seçimin düzen içinde yönetimi ve dürüstlüğü ile ilgili bütün işlemleri yapmak ve yaptırmak amacıyla, gerekli ilke kararları almaya, beşinci fıkrada sayılan kanunlar ile bu kanunda seçimle ilgili olarak yer alan bütün süreleri gerektiğinde kısaltarak tespit ve ilana yetkilidir.

---

[152] http://www.ysk.gov.tr/ysk/docs/Kararlar/2010Pdf/2010-650.pdf (E.T. 28.04.2013).

ÜÇÜNCÜ BÖLÜM

SEÇİMİN YÖNETİMİ

1982 Anayasası'nın, "Cumhuriyetin Temel Organları" başlıklı üçüncü kısmının, "Yasama" başlıklı birinci bölümünde, "Seçimlerin Genel Yönetimi ve Denetimi" başlıklı 79. maddesinin ilk fıkrasına göre seçimler, yargı organlarının genel yönetim ve denetimi altında yapılır. 79. maddenin ikinci fıkrasına göre de, seçimlerin başlamasından bitimine kadar, seçimin düzen içinde yönetimi ve dürüstlüğü ile ilgili bütün işlemleri yapma ve yaptırma, seçim süresince ve seçimden sonra seçim konularıyla ilgili bütün yolsuzlukları, şikayet ve itirazları inceleme ve kesin karara bağlama ve Türkiye Büyük Millet Meclisi üyelerinin seçim tutanaklarını ve cumhurbaşkanlığı seçimi tutanaklarını kabul etme görevi Yüksek Seçim Kurulu'nundur.

I. SEÇİM KURULLARI

298 sayılı Kanun'un 9. maddesine göre, seçim işleri, seçim kurullarınca yürütülür. Anılan Kanun'un 10. maddesinde seçim kurullarının neler olduğu açıklanmıştır. Buna göre, Ankara'da bir Yüksek Seçim Kurulu, her seçim çevresinde bir il seçim kurulu, her ilçede bir ilçe seçim kurulu ve seçim bölgelerine konulacak her sandık için bir sandık kurulu bulunur. Yurt dışında bulunan vatandaşların oy kullanmalarıyla ilgili seçim işlerini yönetmek üzere Ankara İl Seçim Kurulu'na bağlı Yurt Dışı İlçe Seçim Kurulu oluşturulur. İhtiyaç duyulması halinde birden fazla yurt dışı ilçe seçim kurulu teşkil edilebilir. İl merkezlerinde, ayrıca bir merkez ilçe seçim kurulu teşkil olunur. Son nüfus sayımına göre nüfusu 200.000'i aşan ilçelerde, köy ve mahalle sınırları (seçim bölgeleri) esas alınarak ve mümkün olduğu nispette nüfus sayısında eşitlik gözetilerek; birden fazla ilçe seçim kurulu teşkil edilir. İl belediyeleri ile ilçe belediyeleri dışında; ilçe dahilindeki (merkez ilçe dahil) diğer belediyeler; bölünme yapılmaksızın, mahalleleri ile birlikte bir bütün olarak ilçe seçim kurullarından birine bağlanır.

Türkiye'de gerek Yüksek Seçim Kurulu'nun ve gerekse diğer seçim kurullarının, seçimlerin yönetimi ve denetimi olmak üzere başlıca iki türlü fonksiyonu vardır. Levent Gönenç, Yüksek Seçim Kurulu'nun seçimin yönetimi ile ilgili görev ve yetkilerini, "idari seçim fonksiyonuna dahil görev ve yetkiler", seçimin denetimi ile ilgili görev ve yetkilerini de, "kazai seçim fonksiyonuna ilişkin görev ve yetkiler" şeklinde isimlendirmiştir[153]. Biz de bu bölümde seçimin yönetimi konusunu yani seçim kurullarının idari seçim fonksiyonuna dahil görev ve yetkilerini inceleyeceğiz. Seçimin denetimi ve seçim uyuşmazlıklarının çözümü ise bir sonraki bölümde incelenecektir.

A. YÜKSEK SEÇİM KURULU

Anayasa'nın 79. maddesinin ilk iki fıkrasını birlikte değerlendirdiğimizde Yüksek Seçim Kurulu'nun bir yargı organı olduğu sonucuna varabiliriz. Fakat Kurul'un anayasada düzenlendiği yer itibariyle değerlendirirsek Yüksek Seçim Kurulu bir yargı organı değildir. Şöyle ki; Yüksek Seçim Kurulu anayasada, üçüncü kısmın yasama başlığı altında düzenlenen birinci bölümünde yer almaktadır. Yargı ise, anayasanın üçüncü kısmının üçüncü bölümünde düzenlenmiştir. Üçüncü kısmın üçüncü bölümünde yargı organları sayılırken bunlar arasında Yüksek Seçim Kurulu yer almamıştır. O halde sırf anayasanın sistematiğini göz önünde tutarak, Yüksek Seçim Kurulu'nun bir yargı organı olmadığı sonucuna ulaşabiliriz. Anayasa'nın 79. maddesinin ikinci fıkrasında Yüksek Seçim Kurulu'nun görevleri arasında seçimlerin genel yönetimi ve denetiminden söz edilmiş ayrıca "...seçim süresince ve seçimden sonra seçim konularıyla ilgili bütün yolsuzlukları, şikayet ve itirazları inceleme ve kesin karara bağlama..." ifadesi kullanılmıştır. Bilindiği üzere hukuki uyuşmazlıkları kesin karara bağlama yetkisi ve görevi yargı organlarındadır. Anayasa'nın 9. maddesi, yargı yetkisinin Türk milleti adına bağımsız mahkemelerce kullanılacağını açıkça düzenlemiştir. Fonksiyonel olarak Yüksek Seçim Kurulu'nun denetim ve uyuşmazlıkları kesin karara bağlama işlemlerinin yargısal işlemler olduğu

---

153 Levent Gönenç, **Türkiye'de Seçim Uyuşmazlıkları ve Çözüm Yolları**, Adalet Yayınevi, Ankara, 2008, s. 53.

söylenebilirse de Yüksek Seçim Kurulu'nun anayasada bir yargı organı olarak düzenlenmemiş olması sebebiyle Yüksek Seçim Kurulu'nun bir yargı organı olduğunu söyleyebilmek mümkün değildir. 79. maddenin 4. fıkrasına göre, Yüksek Seçim Kurulu yedi asıl ve dört yedek üyeden oluşur. Üyelerin altısı Yargıtay, beşi Danıştay Genel Kurullarınca kendi üyeleri arasından seçilir. O halde Yüksek Seçim Kurulu üyelerinin tamamı yüksek yargıçlardan oluşmaktadır. Hatta il ve ilçe seçim kurullarının başkanları da hakimdir. Yüksek Seçim Kurulu her ne kadar üyeleri yüksek yargıçlardan da oluşsa, yargı fonksiyonu benzeri bir fonksiyon da yerine getirse yargı organı değildir. Anayasa koyucu eğer Yüksek Seçim Kurulu'nun bir yargı organı yani bir mahkeme olduğu kanaatinde olsaydı, Kurul'u açıkça yargı bölümünde yer alan yüksek mahkemeler arasında sayardı. Anayasa koyucunun sayma yoluyla belirlediği yüksek mahkemelerin sayısını yorum yoluyla artırabilmek mümkün değildir. Çünkü bir şeyi zikretmek diğerlerini dışlamak anlamına gelir. Yüksek Seçim Kurulu ise bu konuda şöyle bir düşünceye sahiptir:

> "Anayasa'da "Yasama Bölümü" içinde yer alan Yüksek Seçim Kurulu, yalnız seçimlerin genel yönetim ve denetimini yürüten bir kurul değildir. Yargıtay ve Danıştay'ın kendi içlerinden çıkardıkları üyelerden oluşan seçimlerin yargısal denetimini de sağlayan karma egemen üst yargı merciidir"[154].

Yüksek Seçim Kurulu yedi asıl ve dört yedek üyeden oluşur. Üyelerin altısı Yargıtay, beşi Danıştay Genel Kurullarınca kendi üyeleri arasından üye tamsayılarının salt çoğunluğunun gizli oyu ile seçilir. Bu üyeler, salt çoğunluk ve gizli oyla aralarından bir başkan ve bir başkanvekili seçerler (md. 79/4). Yüksek Seçim Kurulu'na Yargıtay ve Danıştay'dan seçilmiş üyeler arasından ad çekme ile ikişer yedek üye ayrılır. Yüksek Seçim Kurulu başkanı ve başkanvekili ad çekmeye girmezler (md. 79/5).

298 sayılı Kanun'un 11. maddesinin 2. fıkrası uyarınca Yüksek Seçim Kurulu'nun görev süresi altı yıldır ve süresi biten üyeler yeniden seçilebilirler.

---

[154] http://www.ysk.gov.tr/ysk/docs/YSKGorev.pdf (E.T. 18.03.2013).

Üçüncü fıkra gereğince de, yeni üyelerin tamamının seçilmelerine kadar eski üyeler görevlerine devam eder.

Yüksek Seçim Kurulu kararlarını salt çoğunlukla verir, oyların eşitliği halinde başkanın katıldığı taraf üstün tutulur. Yüksek Seçim Kurulu'nun nihai kararları ile prensip kararları Resmi Gazete'de en kısa zamanda yayımlanır (298 s. K. Md. 13). Anayasa'nın 79. maddesinin 2. fıkrasının son cümlesi gereğince, Yüksek Seçim Kurulu kararları aleyhine başka bir mercie başvurulamaz.

Anayasa 79. maddesinin 3. fıkrasında, Yüksek Seçim Kurulu'nun ve diğer seçim kurullarının görev ve yetkilerinin kanunla düzenleneceğini belirtmiştir. Söz konusu fıkradan alınan yetkiyle Yüksek Seçim Kurulu'nun ve diğer seçim kurullarının görev ve yetkileri Seçimlerin Temel Hükümleri ve Seçmen Kütükleri Hakkında Kanun'da düzenlenmiştir. Söz konusu kanunun ilgili maddeleri gereğince Yüksek Seçim Kurulu'nun görev ve yetkileri şunlardır:

1. Seçimlerde, içine oy pusulası konulacak olan zarfların, icabında her seçim için başka başka renk ve ölçüde olmak ve gerek piyasada, gerek Devlet Malzeme Ofisi'nce imal edilen veya ettirilen veya depolarında bulunan zarfların renklerinden ve ölçülerinden farklı ve kağıdında "Türkiye Cumhuriyeti Yüksek Seçim Kurulu" filigranı bulunmak üzere, yeteri kadar özel zarf imal ettirmek ve bu imalatı, kağıt hamurundan başlayarak zarfın, imaline ve teslim alınmasına kadar olan safhalarını; yapılacak işin hacmi, süresi ve niteliği dikkate alınarak belirleyeceği kendi üye veya üyelerinin veya imal ve teslim yerinde yetki vereceği ilçe seçim kurulu başkanının, il seçim kurulu başkanı ya da üyesi hakim veya hakimlerinin devamlı gözetim ve denetimi altında yaptırmak ve bu zarfları il seçim kurullarına, her ilin ihtiyacına yetecek sayıda, alındı belgeleri karşılığında göndermek,

Yüksek Seçim Kurulu 02.10.2002 tarih ve 718 sayılı kararında,

"İstanbul iline ait 19 x 72,5 cm.'lik ve 15,5 x 72,5 cm.'lik ebadındaki oy pusulaları ile yapılan test uygulaması neticesinde oy sandığının aldığı zarf miktarını belirlemiş, bu uygulama neticesinde iki ayrı ebatta olan oy pusulalarından 15,5 x 72,5 cm. ebadındaki oy pusulasından bir sandığa 340 adet oy zarfının kolaylıkla atıldığı ve oy sandığının bu 340 adet oy zarfını aldığı sonucuna varmış ve İstanbul ili için oy pusulalarının küçültülmek suretiyle 15,5 x 72,5 cm. ebadında bastırılmasının uygun olduğuna" karar vermiştir[155].

Yüksek Seçim Kurulu'nun, oy pusulalarının hazırlanması ve şekli ile ilgili 28.04.2011 tarih ve 586 sayılı kararı da oldukça açıklayıcıdır[156].

2. Özel zarfların imali için gerekli "Türkiye Cumhuriyeti Yüksek Seçim Kurulu" filigran kalıpları ile zarf ölçü kalıplarını yaptırıp gerekli miktarda kağıt ve zarf imalinden sonra saklamak, katlanıp bir kenarı yapıştırıldıktan sonra zarf haline gelebilen "Türkiye Cumhuriyeti Yüksek Seçim Kurulu" filigranını taşıyan birleşik oy pusulalarını, her (400)'ü ve her (400)'lük paketi, aynı numarayı taşımak üzere bastırmak ve her sandık için bir paket, ilçe seçim kurullarına zamanında ulaştırmak,

3. Bu Kanun'da söz konusu edilen bütün işlemlerin gerektirdiği form, evrak, liste gibi her türlü basılı kağıdın tasarım ve baskısını yaptırmak, il ve ilçe seçim kurullarına zamanında ve ihtiyacı kadar ulaşımını sağlamak,

4. Tüzüklerine göre ilk genel kongresini yapmış olup, illerin en az yarısında ve en az altı ay evvel il ve ilçe teşkilatını kurmuş bulunan siyasi partilerin adlarını, ilçe seçim kurullarının yeniden kurulması için öngörülen ayların ikinci haftasında tespit ve ilan etmek,

5. İl ve İlçe seçim kurullarının teşekkülünü sağlamak, İl seçim kurullarının teşekkülüne, işlemlerine ve kararlarına karşı yapılacak itirazları, oy verme gününden önce ve itiraz konusunun gerektirdiği süratle, kesin karara bağlamak,

Yüksek Seçim Kurulu 17.01.2012 tarih ve 24 sayılı kararında,

"İl, ilçe ve yurt dışı ilçe seçim kurullarının; 298 sayılı Seçimlerin Temel Hükümleri ve Seçmen Kütükleri Hakkında Kanun'un 15, 18 ve 19. maddelerinde yazılı usullere göre, 2012 yılı Ocak ayının son haftasında, diğer bir ifadeyle 25 – 31 Ocak 2012 tarihleri arasında ve iki yıl süre için yeniden kurulmalarına; il, ilçe ve yurt dışı ilçe seçim kurullarının kuruluşlarından itibaren iki yıllık görev süreleri içinde yasalarda belirlenen görevlerle

---

155 http://www.ysk.gov.tr/ysk/IlkeKararlari/2002/Kararlar/2002-718-karar.htm (E.T. 18.03.2013).
156 http://www.ysk.gov.tr/ysk/docs/Kararlar/2011Pdf/2011-586.pdf (E.T. 18.03.2013).

birlikte yapılacak tüm seçimleri, halkoylaması, seçmen kütükleri yazımı, denetimi ve güncelleştirilmesi işlemlerini yöneteceklerine" karar vermiştir[157].

6. Adaylığa ait itirazlar hakkında bu Kanun ve özel kanunları gereğince kesin karar vermek,

7. İl seçim kurullarınca, oy verme günü işlemleri hakkında verilmiş olan kararlara karşı yapılan itirazları derhal inceleyip kesin karara bağlamak,

8. İl seçim kurullarınca düzenlenen tutanaklara karşı yapılan itirazları inceleyip kesin karara bağlamak,

9. Seçimlerden sonra, kendisine süresi içinde yapılan, seçimin sonucuna müessir olacak ve o çevre seçiminin veya seçilenlerden bir veya birkaçının tutanağının iptalini gerektirecek mahiyette itirazları, altkurullara yapılan itirazların silsilesine ve sürelerine uygunluğunu araştırmaksızın inceleyip kesin karara bağlamak,

10. İl seçim kurulları başkanlıklarınca seçim işlerinin yürütülmesi hakkında sorulacak hususları derhal cevaplandırmak ve seçimin bütün yurtta düzenle yapılmasını sağlayacak tedbirleri almak ve bu hususta gereken genelgeleri zamanında yapmak,

Yüksek Seçim Kurulu 14.10.2010 tarih ve 972 sayılı kararında,

"Bilecik İl Seçim Kurulu Başkanlığı'nca gönderilen 14/10/2010 tarihli, 34 sayılı yazıda 17 Ekim 2010 Pazar günü yapılacak olan Hakimler ve Savcılar Yüksek Kurulu üyelikleri seçiminde, seçmenlerin oy pusulası üzerinde yapacakları işaretlemenin Yüksek Seçim Kurulu Başkanlığı'nın belirleyeceği kalemle mi yapılacağı, yoksa seçmenler oy pusulası işaretlemesinde bu kalem dışında kırmızı, yeşil, mavi veya fosforlu herhangi bir kalemle işaretleme yaptıklarında geçerli olup olmayacağı konusunda istediği bilgi kapsamında konuyu değerlendirerek, bu seçimler için düzenlenen oy pusulasında adayların karsısında bulunan boş kutucuğun işaretlenmesinde kalem sınırlaması olmayıp, İl Seçim Kurulu

[157] http://www.ysk.gov.tr/ysk/docs/Kararlar/2012Pdf/2012-24.pdf (E.T. 28.04.2013).

Başkanlıkları'nca belirlenecek kalemlerle oy kullandırılması gerektiği" yönünde karar vermiştir[158].

11. Siyasi partilerin milletvekili genel ve ara seçimlerine ve belediye başkanlığı ile belediye meclisi, il genel meclisi üyelikleri genel ve ara seçimlerine katılabilmeleri için illerin en az yarısında, oy verme gününden en az altı ay evvel teşkilat kurmuş ve büyük kongrelerini yapmış olmaları veya Türkiye Büyük Millet Meclisi'nde gruplarının bulunması şarttır. Bir ilde teşkilatlanma, merkez ilçesi dahil o ilin ilçelerinin en az üçte birinde teşkilat kurmayı gerektirir. Bu esaslar dairesinde seçime katılabilecek siyasi partiler tespit ve seçimin başlangıç tarihinden on gün, seçimin yenilenmesi halinde yenileme kararının ilanından sonraki beş gün içinde ilan etmek.

12. Seçmen Kütüğü Genel Müdürlüğü kuruluş ve işleyişi ve diğer çalışma konuları ile ilgili ilkeleri belirlemek, yönetmelikleri yayınlamak, programlarını yapmak ve denetlemek.

13. Yurt Dışı İlçe Seçim Kurulu'nun oluşturulmasını ve yurt dışında bulunan vatandaşların oy kullanmalarını sağlamak üzere gerekli düzenlemeleri yapmak.

Yüksek Seçim Kurulu 17.01.2012 tarih ve 24 sayılı kararında, görev süresi dolan il, ilçe ve yurtdışı ilçe seçim kurullarının yeniden kurulmasına karar vermiştir. Yüksek Seçim Kurulu,

> "2010 yılı Ocak ayında kurulan il ve ilçe seçim kurullarının iki yıllık görev süreleri 2012 yılı Ocak ayında dolacağından, 298 sayılı Seçimlerin Temel Hükümleri ve Seçmen Kütükleri Hakkında Kanun'un 15, 18 ve 19. maddeleri hükümleri uyarınca, bu kurulların 2012 yılı Ocak ayının son haftası içinde iki yıl süre ile görev yapmak üzere yeniden oluşturulması gerekmektedir. Bu nedenle; il ve ilçe seçim kurullarının yeniden oluşturulması, kuruluş esas ve ilkelerinin belirlenmesi için bir komisyon kurulmasını ve bu hususun karara bağlanmasını takdirlerinize arz ederim" denilmiş olmakla, 8/12/2011 tarihinde oluşturulan Komisyon çalışmalarını tamamlamış bulunduğundan, konu incelenerek; İl, ilçe ve Yurt Dışı ilçe seçim kurullarının; 298 sayılı Seçimlerin Temel Hükümleri ve Seçmen Kütükleri Hakkında Kanun'un 15, 18 ve 19. maddelerinde yazılı usullere göre 2012 yılı Ocak ayının son

[158] http://www.ysk.gov.tr/ysk/docs/Kararlar/2010Pdf/2010-972-973.pdf (E.T. 18.03.2013).

haftasında, diğer bir ifadeyle 25 – 31 Ocak 2012 tarihleri arasında ve iki yıl süre için yeniden kurulmalarına" şeklinde karar vermiştir[159].

14. Yurt dışı seçim iş ve işlemlerinde seçim takvimi süresince Yurt Dışı İlçe Seçim Kurulu'nun verdiği görevleri yapmak üzere, ihtiyaç görülmesi halinde, Dışişleri Bakanlığı'nın görüşü alınarak bu Bakanlık mensupları arasından en az daire başkanı seviyesinde görevlendirme yapmak.

15. Kanunla kendisine verilen başkaca görevleri yapmak.

Yüksek Seçim Kurulu 10.07.2010 tarih ve 452 sayılı kararında, 12 Eylül 2010 Pazar günü yapılacak halkoylamasında, güneşin doğuş ve batış saatlerini de göz önünde bulundurarak oy verme saatlerini tespit etmiştir. Yüksek Seçim Kurulu bu kararında,

"Adıyaman, Ağrı, Artvin, Bingöl, Bitlis, Diyarbakır, Elazığ, Erzincan, Erzurum, Gaziantep, Giresun, Gümüşhane, Hakkari, Kars, Malatya, Kahramanmaraş, Mardin, Muş, Ordu, Rize, Siirt, Sivas, Trabzon, Tunceli, Şanlıurfa, Van, Bayburt, Batman, Şırnak, Ardahan, Iğdır ve Kilis illerinde oy vermenin başlangıç ve bitiş saatlerinin 07.00 - 16.00 olarak saptanmasına, yukarıda adları yazılı illerin dışında kalan diğer illerde oy vermenin başlangıç ve bitiş saatlerinin 08.00 - 17.00 olarak belirlenmesine" karar vermiştir[160].

B.İL SEÇİM KURULU

Yüksek Seçim Kurulu dışında seçim işleri ile yetkili ve görevli olan diğer bir kurul da il seçim kuruludur. 298 sayılı Kanun'un 15. maddesi gereğince il seçim kurulu, iki yılda bir Ocak ayının son haftasında, il merkezinde görev yapan en kıdemli hâkimin başkanlığında merkez ilçe seçim kurulu başkanlarından sonra gelen en kıdemli iki üyeden oluşur. Kurul'un, hâkimlerden iki de yedek üyesi vardır. Bu suretle kurulan il seçim kurulu iki yıl süre ile görev yapar. Hâkimlerin kıdemi, 24.2.1983 tarihli ve 2802 sayılı Hâkimler ve Savcılar Kanunu'nun 15. maddesine göre belirlenir. Ancak, bu kıdemin belirlenmesinde, kınama veya daha ağır disiplin cezası almış olanlar diğerlerinden kıdemsiz sayılırlar. İl seçim kurulu başkanlığı ile

[159] http://www.ysk.gov.tr/ysk/docs/Kararlar/2012Pdf/2012-24.pdf (E.T. 18.03.2013).
[160] http://www.ysk.gov.tr/ysk/docs/Kararlar/2010Pdf/2010-452.pdf (E.T. 28.04.2013).

asıl ve yedek üyeliklerini ve ilçe seçim kurulu başkanlığını yapacak olan hâkimlerden biri, herhangi bir sebeple bu görevi yapamaz ve o yerde bu görevi yapabilecek başka bir hâkim de bulunmazsa, o yerin bağlı olduğu ağır ceza mahkemesinin yargı çevresi içerisinde bulunan ve görevinden ayrılmasında sakınca görülmeyen bir hâkime, merciince bu yetki verilir. Eksiklerin, ağır ceza çevresi içerisindeki hâkimlerden tamamlanmasına imkân bulunmayan hâllerde, bu ağır ceza merkezine en yakın ağır ceza mahkemelerinin yargı çevresi içerisindeki hâkimlerden biri, yukarıdaki usûle göre yetki verilerek gönderilir. Bu suretle kendisine yetki verilen hâkimin gelip görevine başlamasına kadar seçim kurulu başkanlığını, kurulun kendi arasından gizli oyla seçeceği bir üye yapar. İl seçim kurullarının görev ve yetkileri 298 sayılı Kanun'un 16. maddesinde sayılmıştır. Buna göre il seçim kurulunun başlıca görev ve yetkileri şunlardır:

1. İl seçim çevresi içinde seçimin düzenle yürütülmesini sağlamak için gereken bütün tedbirleri almak ve seçim işlerini denetlemek,

2. İlçe seçim kurullarına oy sandıklarını ve bu kanunda yazılı diğer seçim araç ve gereçlerini göndermek,

3. İlçe seçim kurullarının teşekkülüne, işlemlerine ve kararlarına karşı yapılan itirazları inceleyerek derhal karara bağlamak,

4. İlçe seçim kurulları başkanlıklarınca seçim işlerinin yürütülmesi hakkında sorulacak hususları derhal cevaplandırmak,

5. Aday beyanname veya listelerini almak ve ilan etmek, bunlar hakkında yapılacak itirazları incelemek ve bu beyanname veya listelerden kanuna göre muteber olmayanlar hakkında karar vermek, geçici ve kesin aday listelerini yerlerine göndermek ve ilan etmek,

6. İle bağlı ilçe seçim kurullarından gelen tutanakları birleştirerek il seçim çevresi için bir tutanak düzenlemek,

7. Kanunla kendisine verilen başkaca görevleri yapmak.

298 sayılı Kanun'un 17. maddesi gereğince son milletvekili genel ve ara seçimlerinde kendi listesinden yasama meclisine seçilmiş en az bir üyeye sahip olan veya 14. maddenin dördüncü bendi gereğince Yüksek Seçim Kurulu'nca tespit ve ilan edilen siyasi partilerden o il ve ilçede teşkilatı bulunanlar, il ve ilçe seçim kurullarında birer temsilci bulundururlar.

C.İLÇE SEÇİM KURULU

İlçe seçim kurulları ise 298 sayılı Kanun'un 18. maddesinde düzenlenmiştir. Buna göre, ilçe seçim kurulu, iki yılda bir ocak ayının son haftasında, bir başkan ile altı asıl ve altı yedek üyeden kurulur ve iki yıl süre ile görev yapar. İlçedeki en kıdemli hâkim kurulun başkanıdır. Bu kurul asıl üyeleriyle toplanır. Bir asıl üyenin katılmadığı toplantıya, öncelikle o üyenin yedeği çağırılır. İl merkezlerinde kurulacak merkez ilçe seçim kurullarına, il seçim kurullarına başkanlık edecek hâkimden sonra gelen en kıdemli hâkim başkanlık eder. Seçmen sayısı 25000`i aşan ilçelerde seçim evrakının dağıtım ve toplanması sandık kurul başkanları ve en az bir üyenin eğitimi ile sandık kurullarından sonuçların alınması ve birleştirilerek bağlı olduğu ilçe seçim kuruluna teslim görevini niyabeten yerine getirmek amacıyla geçici ilçe seçim kurulları oluşturulabilir. Bu kurullar bir başkanla altı üyeden oluşur. İl ve ilçe seçim kurullarında görev almış hâkimlerden sonra gelen en kıdemli hâkimler bu kurullara başkanlık eder. Kurul'un iki üyesi kurul başkanınca kamu görevlileri arasından belirlenir. Dört üye ise dört yedeği ile birlikte 19. madde esaslarına göre siyasî partilerden alınır. Bu kurulların çalışma usûl ve esasları, kurulacağı ilçeler ile sayısı ve görev süresi Yüksek Seçim Kurulu tarafından kararlaştırılır. Hâkimlerin kıdemi 2802 sayılı Kanun'un 15. maddesine göre belirlenir. Ancak, bu kıdemin belirlenmesinde, kınama veya daha ağır disiplin cezası almış olanlar diğerlerinden kıdemsiz sayılırlar. 298 sayılı Kanun'un 20. maddesi gereğince ilçe seçim kurullarının, başlıca görev ve yetkileri şunlardır:

1. İlçe çevresinde seçimin düzenle yürütülmesini sağlamak için gereken bütün tedbirleri almak ve seçim işlerini denetlemek,

2. Sandık kurullarını kurmak,

3. İlçedeki sandık kurullarına, oy sandıklarını ve bu kanunda yazılı diğer seçim araç ve gereçlerini göndermek,

4. Sandık kurullarının teşekküllerine, işlemlerine ve kararlarına karşı yapılan itirazları inceleyerek karara bağlamak,

5. Sandık kurulları başkanlıklarınca seçim işlerinin yürütülmesi hakkında sorulacak hususları derhal cevaplandırmak,

6. İlçe çevresindeki sandık kurullarından gelen tutanakları birleştirerek, ilçe seçim tutanağını düzenlemek ve bu tutanağı seçim işlerine ait diğer evrak ile birlikte il seçim kuruluna derhal teslim etmek,

7. Kanunla kendisine verilen başkaca görevleri yapmak.

D.YURT DIŞI İLÇE SEÇİM KURULU

298 sayılı Kanun'un 18. maddesi gereğince ilçe seçim kurulu, iki yılda bir ocak ayının son haftasında, bir başkan ile altı asıl ve altı yedek üyeden kurulur ve iki yıl süre ile görev yapar. İlçedeki en kıdemli hâkim kurulun başkanıdır. Bu kurul asıl üyeleriyle toplanır. Bir asıl üyenin katılmadığı toplantıya, öncelikle o üyenin yedeği çağırılır. İl merkezlerinde kurulacak merkez ilçe seçim kurullarına, il seçim kurullarına başkanlık edecek hâkimden sonra gelen en kıdemli hâkim başkanlık eder. Bu kurallar yurtdışı ilçe seçim kurulları için de geçerlidir.

Yüksek Seçim Kurulu 17.01.2012 tarih ve 24 sayılı kararında,

> "2010 yılı Ocak ayında kurulan il, ilçe ve yurtdışı ilçe seçim kurullarının iki yıllık görev sürelerinin 2012 yılı Ocak ayında dolacağından, 298 sayılı Seçimlerin Temel Hükümleri ve Seçmen Kütükleri Hakkında Kanun'un 15, 18 ve 19. maddeleri hükümleri uyarınca, bu kurulların 2012 yılı Ocak ayının son haftası içinde iki yıl süre ile görev yapmak üzere yeniden oluşturulmasına" karar vermiştir[161].

Yurt Dışı İlçe Seçim Kurulu'nun görev ve yetkileri şunlardır:

---

[161] http://www.ysk.gov.tr/ysk/docs/Kararlar/2012Pdf/2012-24.pdf (E.T. 18.03.2013).

1. Yurt dışı seçmen kütüğüne kayıtlı vatandaşların oy kullanmalarıyla ilgili seçim iş ve işlemlerinin düzenle yürütülmesini sağlamak ve gereken bütün tedbirleri almak.

2. Yurt dışı sandık kurullarını kurmak.

3. Oy pusulaları ile arkası kendi mührüyle mühürlenmiş oy zarflarını ve diğer seçim araç ve gereçlerini oy verme işleminin başlayacağı günden en geç yedi gün önce Dışişleri Bakanlığı aracılığıyla ilgili yurt dışı temsilciliklerinde hazır bulunacak şekilde göndermek veya gerekli görülmesi halinde oy sandığı, oy verme kabinleri gibi araçların mahallinden teminini Dışişleri Bakanlığı'ndan istemek.

4. Yurt dışı sandık kurullarının işlemlerine ve kararlarına karşı yapılan itiraz ve şikâyetleri incelemek ve karara bağlamak.

5. Yurt dışı sandık kurulu başkanlıklarınca seçim iş ve işlemleri hakkında sorulacak hususları derhal cevaplandırmak.

6. Yurt dışı seçmen kütüğüne, askı süresinde doğrudan ya da konsolosluklar aracılığıyla yapılacak itirazları sonuçlandırmak, verilecek kararları Nüfus ve Vatandaşlık İşleri Genel Müdürlüğü'ne göndermek ve bu kararlara uygun gerekli kayıt ve düzeltme işlemlerini yaptırmak.

7. Yerleşim yeri adresi yurt dışında olup da, yurt dışı seçmen kütüğünün askı süresi içinde herhangi bir nedenle yurt içerisinde bulunan seçmenlerin, yurt dışı seçmen kütüğüne kayıtlarının yapılması için doğrudan ya da ilçe seçim kurulları aracılığıyla iletilen adres beyan formlarını onaylayarak Nüfus ve Vatandaşlık İşleri Genel Müdürlüğü'ne göndermek.

8. Askerlikten terhis olanlardan yurt dışı seçmen kütüğünde kaydı bulunmayanlar ile kısıtlılık hali sona erenlerin, doğrudan ya da ilçe seçim kurulları aracılığıyla iletilen başvurularını kabul etmek ve yurt dışı seçmen kütüğüne kaydını sağlamak.

9. Yurt dışı seçmen kütüğüne kayıtlı olmakla beraber, (izinli olsalar bile) silah altında bulunan erler, erbaşlar ve askeri öğrenciler ile kesinleşmiş mahkeme kararı ile

kısıtlanan seçmenlerin yurt dışı seçmen kütüğündeki kayıtlarının dondurulmasına karar vermek.

10. Yurt dışı seçmen kütüğüne yazılması için askı süresi içinde yapılan başvuruların kütüğe kaydedilmesine karar verildiği hâlde, kesinleşen yurt dışı seçmen kütüğünde ismi yer almayan seçmenlerin, yurt dışı seçmen kütüğünün kesinleşmesine bakılmaksızın kütüğe ilave edilmelerine karar vermek ve Seçmen Kütüğü Genel Müdürlüğü'ne göndermek.

11. Yurt dışından ağzı mühürlü olarak gelen oy torbalarını genel esaslara uygun bir şekilde yurt içerisinde oy verme süresi bittikten sonra; bir başkan, bir kamu görevlisi üye ve son milletvekili genel seçiminde Türkiye genelinde en çok oy alan üç siyasi partinin bildirdiği bir asil bir yedek üyeden oluşan yeteri kadar sandık kurulu kurmak suretiyle denetimi altında açtırarak sayım ve dökümünü yaptırmak, tutanak tutturmak ve birleştirme işlemlerini yapmak, ayrıca geçici gümrük kapısı seçim kurullarından gelen sonuçları birleştirmek ve Ankara İl Seçim Kurulu'na iletmek.

E.SANDIK KURULU

298 sayılı Kanun'un 21 vd. maddeleri sandık kurulunu düzenlemektedir. 21. maddeye göre sandık kurulu bir başkan ile altı asıl ve altı yedek üyeden kurulur. Bu kurul asıl üyeleriyle toplanır. Sandık kurulu üyeliklerinin belirlenmesi için ilçe seçim kurulu başkanı, o seçim çevresinde seçime katılan ve ilçede teşkilatı bulunan siyasi partilerden, son milletvekili genel seçiminde o ilçede en çok oy almış olan beş partiye, her sandık için birer asıl ve birer yedek üye adını beş gün içinde bildirmelerini tebliğ eder. Bu yoldan tespit edilen sandık kurulu üye sayısı beşten az olduğu takdirde, eksik kalan üyelikler, aynı şartları taşıyan diğer siyasi partilerden, aldıkları oyların büyüklük sırasına göre, aynı usulle tamamlanır. Oylarda eşitlik halinde ad çekilir.

Sandık kurullarının başlıca görev ve yetkileri şunlardır: Sandık alanı içinde seçimin düzenle geçmesi için gereken tedbirleri almak ve oy verme işlerini yürütmek ve denetlemek, sandık alanında, sandığın konulacağı yeri tayin etmek ve sokak başlarına bu yeri göze çarpacak surette gösterir işaretleri koymak veya alışılmış araçlar ile duyurmak, oy verme işleri hakkında ileri sürülecek itirazları incelemek ve bir karara, bağlamak ve kararlarını tutanak defterine geçirerek altını imzalamak, bu kararlardan itiraza uğrayanları derhal ilçe seçim kuruluna göndermek, bu kanundaki esaslara göre sandığa atılmış olan oy pusulalarını saymak, dökümlerini ve sonuçlarını tutanağa geçirmek ve bunları seçim işlerine ait diğer evrak ile birlikte, derhal ilçe seçim kuruluna teslim etmek, kendisine kanunla verilen başkaca görevleri yapmak (md. 71).

II.SEÇİM GÜNÜ İŞLERİ

Cumhurbaşkanı Seçimi Kanunu'nun üçüncü bölümünde seçim günü işleri belirlenmiştir. Kanun'un 15. maddesi kullanılacak oy pusulasının şeklini düzenlemektedir. Buna göre, oylamalarda kullanılacak filigranlı birleşik oy pusulasında "cumhurbaşkanı adayları" ibaresi ile Yüksek Seçim Kurulu tarafından çekilen kuraya göre sırası belirlenen adayların adı ve soyadı yer alır. Oylamanın referandum (Kanunda geçen referandum kelimesinin isabeti yukarıda tartışılmıştı. Oylamaya tek adayla gidilmesi halinde yapılacak oylamanın referandumdan ziyade plebisit olacağı belirtilmişti. Bu sebeple kanunda referandum kelimesinin kullanılması isabetli olmamıştır. Plebisit teriminin kullanımından kaçınılmak istenilmişse bile, en azından daha genel ve kapsayıcı bir ifade olması bakımından halkoylaması ifadesinin kullanılması daha yerinde olabilirdi) şeklinde yapılması halinde beyaz üzerine "Evet", kahverengi üzerine "Hayır" ibareleri yazılı, iki ayrı renkten oluşan birleşik oy pusulası kullanılır. Kullanılacak birleşik oy pusulalarıyla ilgili diğer hususlar Yüksek Seçim Kurulu tarafından belirlenir. Yüksek Seçim Kurulu, birleşik oy pusulalarını kendisi bastırabileceği gibi gerektiğinde uygun göreceği il seçim kurulları vasıtasıyla bastırmaya da yetkilidir. Gerekli ödenek Maliye Bakanlığı'nca karşılanır.

Cumhurbaşkanı Seçimi Kanunu'nun 16. maddesinde oy kullanmanın şekli üzerinde durulmuştur. Buna göre seçmen, sandık kurulunca kendisine verilen birleşik oy pusulası ve "Evet" veya "Tercih" yazılı mührü alarak oyunu kullanmak üzere kapalı oy verme yerine girer. Seçmen, mührü, birleşik oy pusulasında tercih ettiği adaya ait özel daire içine basmak, birleşik oy pusulasını zarfa koymak ve zarfı sandığa atmak suretiyle oyunu kullanır. Oyunu kullanan seçmen, mührü sandık kurulu başkanına geri verir.

Cumhurbaşkanı Seçimi Kanunu'nun 17. maddesinde, oylamanın referandum şeklinde yapılması halinde oy kullanmanın şekli belirtilmiştir. Daha önce de aktarıldığı gibi oylamalara tek adayla gidilmesi halinde oylamanın referandum şeklinde yapılacağı Kanun'un 4. maddesinde belirtilmişti. Bu tür oylamalarda seçmen, sandık kurulunca kendisine verilen, beyaz üzerine "Evet" kahverengi üzerine "Hayır" ibareleri bulunan iki ayrı renkten oluşan birleşik oy pusulası ve "Evet" veya "Tercih" yazılı mührü alarak oyunu kullanmak üzere kapalı oy verme yerine girer. Seçmen, mührü, birleşik oy pusulasında tercih ettiği kısmın üzerine basmak, birleşik oy pusulasını zarfa koymak ve zarfı sandığa atmak suretiyle oyunu kullanır. Oyunu kullanan seçmen, mührü sandık kurulu başkanına geri verir.

Yüksek Seçim Kurulu'nun 14.08.2010 tarih ve 574 sayılı kararında,

"12 Eylül 2010 Pazar günü yapılacak Anayasa değişikliğinin halkoyuna sunulmasında birleşik oy pusulalarının "evet" ve "hayır"dan oluşan her iki tercih bölümü için üzerinde sadece "evet" yazan mühürlerin kullanılacağı, sınırlarda ise, "tercih" ya da "evet" mühürlerinin kullanılacağı hususunun basına yansıdığı, oysa yerleşik uygulamanın, birleşik oy pusulalarının altında "evet" ve "hayır" yazan içi boş iki daireye üzerinde herhangi bir ibarenin bulunmadığı bir mührün vurulması şeklinde tecelli ettiği, öngörüldüğü şekliyle üzerinde sadece "evet" yazan bir mührün kullanılmasının örtülü yönlendirme anlamına gelebileceği ve böylece seçmenin iradesinin fesada uğratılmasına kadar varabilecek bir tartışmanın başlangıcı olacağından bu konunun mutlaka dikkate alınmak suretiyle yeniden değerlendirilmesi ve Yüksek Seçim Kurulu'nun anayasal sorumluğu ile de bağdaşmadığı düşünülen bu tek yanlı uygulamanın seçmen iradesinin özgürce yansıması önünde bir engel teşkil edeceğinden söz konusu haksızlığın giderilmesi için anayasa değişiklikleri ile ilgili halkoylamasında "evet" yazılı mühür yerine "tercih" yazılı mührün kullanılması için gerekli kararın alınarak uygulanması istenilmiş ve Yüksek Seçim Kurulu, il ve ilçe seçim kurullarının uygulamaya ilişkin tereddütlerinin giderilmesi, halkoylamasında oy kullananların oylarını tereddütsüz kullanmaları bakımından, il ve ilçe seçim kurullarının öncelikle "tercih" mührü sayım işlemlerini yaparak, varsa eksiklerin il seçim çevresinden giderilmesine, yeterli olanların öncelikle "tercih" mührü kullanmalarına, yeterli olmadığı ve herhangi bir nedenle eksik kalması durumunda "evet" mührünün kullanılmasına" karar verilmiştir[162].

Seçim günü işleri, 298 sayılı Kanun'da da ayrıntılı bir şekilde düzenlenmiştir. Cumhurbaşkanı Seçimi Kanunu'nun 2. maddesinin 5. fıkrasında yapılan atıf gereği Cumhurbaşkanı Seçimi Kanunu'nda özel hüküm bulunmayan hallerde 298 sayılı Kanun'a ve fıkra metninde sayılan diğer kanunlara başvurulabilir. 298 sayılı Kanun, seçim günü işlerini; sandık başı işleri, yasaklar ve sandık başı düzeni, oy verme, oyların sayımı ve dökümü şeklinde ayrıma tabi tutarak açıklamıştır. Sandık başı işleri ant içme ile başlar. Sandık kurulu başkan ve üyeleri, oy verme günü göreve başlamazdan önce, ilk iş olarak, sandık başında, sandık kurulu ve hazır bulunanlar önünde birer birer şöyle and içerler: Hiçbir tesir altında kalmaksızın, hiç kimseden korkmadan, seçim sonuçlarının tam ve doğru olarak belirmesi için, görevimi kanuna göre dosdoğru yapacağıma, namusum, vicdanım ve bütün mukaddesatım üzerine and içerim (md. 70).

Sandıkların konulacağı yerleri ve oy verme işinin vaktinde sona ermesi için gerekli tedbirleri ilçe seçim kurullarının denetiminde sandık kurulu tespit eder. Sandıkların konulacağı yerlerin belirlenmesinde seçmenin oyunu kolaylıkla, serbestçe ve gizli şekilde verebilmesi gözetilir. Özürlü seçmenlerin oylarını rahatlıkla kullanabilmeleri için gerekli tedbirler alınır. Sandıklar okul (özel okullar ve özel dersaneler dahil) avlusu ve salonların elverişli kısımları gibi genel yerlere, yetmediği takdirde kiralanacak kahvehane, lokanta gibi yerlere konur. Kışla, karargah, ordugah gibi askeri bina ve tesislerle karakollara ve parti binalarına, muhtarlık odalarına sandık konulamaz. Üçten fazla sandık konulan binalarda bina sorumlularının görev esasları Yüksek Seçim Kurulu'nca belirlenir (md.74).

Sandık kurulları, oy serbestliğini ve gizliliğini sağlayacak şekilde, yeteri kadar kapalı oy verme yeri hazırlar. Seçmen, oy pusulasını kapalı oy verme yerinde, kendi

---

[162] http://www.ysk.gov.tr/ysk/docs/Kararlar/2010Pdf/2010-574.pdf (E.T. 28.04.2013).

eliyle katlayıp, zamklı kenarını yapıştırmak, veya zarf kullanılan seçimlerde zarfa koyup kapatmak zorundadır (md.75). Kapalı oy verme yeri; içerisi dışarıdan gözetlenemeyecek ve oy pusulasını seçmenin inceleyip zarflayabileceği şekil ve nitelikte olur. Aday listeleri ve bu kanunun oy verme serbestliğine ve gizliliğine dair hükümlerinin levha halinde basılmış metni, kapalı oy verme yerinde asılı durur. Kapalı oy verme yerinde masa veya benzeri bir şey bulundurulur (md.76).

Sandık kurulu başkanı, oy verme işlerine başlamadan önce, sandığın boş olduğunu hazır bulunan sandık kurulu üyeleri ile müşahitler önünde tespit ederek sandığı kapatır, mühür bozulmadan açılamayacak şekilde sandık mührü ile mühürler. Birleşik oy pusulası kullanılan seçimlerde, katlanıp zamklı kenarı yapıştırılarak kapatılmak suretiyle zarf haline getirilen birleşik oy pusulaları bu Kanun'da zarf deyimi geçen hallerde zarf olarak kabul edilir. Şu kadar ki, zarflar için öngörülen çift mühür bulunmasına ilişkin hükümler birleşik oy pusulalarına uygulanmaz. Sandık kurulu, and içme, sandığı yerleştirme, kapalı oy verme yerini düzenleme işlerini bitirdikten sonra, hazır bulunanlar önünde, birleşik oy pusulalarını sayar, her birinin üzerine, sandık kurulu mührünü basar, böylece üzerinde sandık kurulunun mührü bulunan birleşik oy pusulalarının sayısını tespit eder. Birleşik oy pusulası kullanılmayan seçimlerde, ilçe seçim kurulu başkanından teslim alınan ve ilçe seçim kurulu başkanlığı mührünü taşıyan özel zarfları sayar, her birinin üzerine sandık kurulu mührünü basar, böylece üzerinde biri ilçe seçim kurulunun, diğeri sandık kurulunun mühürleri bulunan çift mühürlü özel zarfların sayısını tespit eder. Sandık kurulu, bu madde gereğince yaptığı işlemleri tutanak defterine geçirip imzalar (md.77).

298 sayılı Kanun seçim günü yasaklarını da ayrıca düzenlemiştir. Buna göre, Oy verme günü, her ne suretle olursa olsun, ispirtolu içki satılması, içkili yerlerle umumi mahallerde her çeşit ispirtolu içki satılması, verilmesi, içilmesi yasaktır. Oy verme günü, bütün umumi eğlence yerleri oy verme süresince kapalı kalır. Eğlence yeri niteliğini haiz lokantalarda yalnız yemek verilir. Oy verme günü, emniyet ve

asayişi korumakla görevli olanlardan başka hiçbir kimse, köy, kasaba ve şehirlerde silah taşıyamaz (md. 79).

Yüksek Seçim Kurulu 11.09.2010 tarih ve 744 sayılı kararında, "*kıraathanelerin eğlence yeri kapsamında olduğuna ve dolayısıyla oy verme gününde oy verme süresince kapalı olmalarına*" karar vermiştir[163]. Seçim günü saat 18'e kadar radyolar ve her türlü yayın organları tarafından seçim ve seçim sonuçları ile ilgili haber, tahmin ve yorum yapılması yasaktır. Saat 18 ile 21 arasında ancak radyolarda Yüksek Seçim Kurulu tarafından seçim ile ilgili olarak verilecek haber ve tebliğler yayınlanabilir. Saat 21'den sonra bütün yayınlar serbesttir (md.80).

Yüksek Seçim Kurulu'nun, oy verme günü uygulanacak seçim yasakları ile ilgili 21.08.2010 tarih ve 609 sayılı kararında,

> "Oy verme günü olan 12 Eylül 2010 Pazar günü sabah saat 06.00'dan gece saat 24.00'e kadar; her ne suretle olursa olsun alkollü içki satılmasının, içkili yerlerde umumi mahallerde her çeşit alkollü içki verilmesinin, içilmesinin yasak olduğuna, oy verme günü oy verme süresince bütün umumi eğlence yerlerinin kapalı kalacağına, eğlence yeri niteliğini taşıyan lokantalarda yalnız yemek verilebileceğine, oy verme günü olan 12 Eylül 2010 Pazar günü sabah saat 06.00'dan gece saat 24.00'e kadar; emniyet ve asayişi korumakla görevli olanlardan başka hiçbir kimsenin, 5237 sayılı Türk Ceza Kanunu'nun 6/f maddesinde sayılan silahları köy, kasaba ve şehirlerde taşıyamayacağına, oy verme günü saat 18.00'e kadar radyolar ve her türlü yayın organları tarafından halkoylaması ve halkoylaması sonuçları ile ilgili haber, tahmin ve yorum yapılmasının yasak olduğuna, saat 18.00 ila 21.00 arasında radyolarda ve her türlü yayın organlarında ancak Yüksek Seçim Kurulu tarafından halkoylaması ile ilgili olarak verilecek haber ve tebliğlerin yayınlanabileceğine, saat 21.00'den sonra bütün yayınların serbest olduğuna, ancak Yüksek Seçim Kurulu'nca gerek görülmesi halinde saat 21.00'den önce de yayınların serbest bırakılmasına karar verilebileceğine" karar verilmiştir[164].

Sandık çevresinde düzenin sağlanması sandık kurulu başkanına aittir. Sandık çevresinde alınacak tedbirler, o sandık çevresinde bulunma hakkına sahip kimselerin

---

[163] http://www.ysk.gov.tr/ysk/docs/Kararlar/2010Pdf/2010-744.pdf (E.T. 28.04.2013).
[164] http://www.ysk.gov.tr/ysk/docs/Kararlar/2010Pdf/2010-609.pdf (E.T. 28.04.2013).
Konu ile ilgili, Yüksek Seçim Kurulunun 21.03.2009 tarih ve 481 sayılı, aynı yönde kararı için bkz. http://www.ysk.gov.tr/ysk/docs/Kararlar/2009Pdf/2009-481.pdf (E.T. 28.04.2013).

seçim iş ve işlemlerini takip etmelerini engelleyecek mahiyette olamaz. Sandık çevresinde, sandık kurulu başkan ve üyeleri, adaylar, milletvekilleri, o sandık bölgesinde kayıtlı seçmenler ve o sandıkta görevli müşahitler ile bina sorumluları ve çağrı üzerine gelen görevli kolluk güçlerinden başka kimse bulunamaz. Şu kadar ki, siyasi partilerin seçim kurullarına bildirdikleri itiraza yetkili kişiler ile temsilciler, seçim kurullarınca önceden kendilerine verilen belge ile sandık çevresinde bulunabilirler. Medya mensuplarının sandık çevresinde, sandık başı işlemlerine engel olmamak şartıyla, haber amacıyla görüntü ve bilgi elde etmeleri serbesttir. Sandık çevresinde seçmenin oyunu tam bir serbestlikle ve gizli şekilde kullanmasına veya sandık kurulunun görevini yapmasına engel olmaya kalkışanlar ile oy verme, oyların sayım ve dökümü veya tutanaklara geçirilmesi gibi tüm sandık başı iş ve işlemlerinin düzenini bozmaya kalkışanları, başkan uyarır. Bu uyarının gereğini yerine getirmeyen kimse, kolluk gücü çağrılarak sandık çevresinden uzaklaştırılır. Sandık kurulu başkanının bu maddede belirtilen görevini yapmaması halinde, sandık kurulu karar alarak ilgili hakkında yukarıda belirtilen yetkiyi kullanır ve durumu derhal ilçe seçim kurulu başkanına bildirir. Sandık çevresinde, cebir, şiddet veya tehdit kullanarak sandık başı düzenini bozmaya kalkışanlar, sandık kurulu başkanı veya üyelerinden biri tarafından, derhal kolluk güçleri çağrılmak suretiyle sandık çevresinden uzaklaştırılır. Ceza infaz kurumları ve tutukevlerinde, yukarıda sayılan tedbirlere uymayanlar, cezaevi idaresinin görüşü alındıktan sonra, güvenliği zayıflatmayacak şekilde uygulama yapılarak, sandık çevresinden dışarı çıkarılır. Bu madde uyarınca çağrılacak kolluk güçleri, başkanın talebine veya kurulun kararına uymak zorundadır. Sandık kurulunun görev yaptığı yerde cep telefonu ile görüşme yapmak yasaktır. Ancak sandık kurulu başkan ve üyelerinin, görevleri gereği yapacağı görüşmeler bu hükmün dışındadır. Bu hükme aykırı davranan kimseler kurul başkanı tarafından uyarılır. Bu uyarıya rağmen görüşmesini sürdüren kimse, derhal oradan çıkarılır. Sandık çevresinde bir suç işlenmesi halinde, sandık kurulu, durumu tutanağa geçirir ve ilgili hakkında işlem yapılmak üzere kolluk güçlerini çağırır. İlçe seçim kurulu başkanı, sandık çevresinde, sandık başı iş ve işlemlerinin düzen içinde yürütülmesini sağlayacak tedbirleri alır. Bu kapsamda, ilçe seçim kurulu başkanınca verilen talimatlara sandık kurulları, mülki ve idari makamlar uymak zorundadır (md.82).

Sandık alanında, sandık çevresinde bulunma hakkına sahip kimseler ile seçimin güvenliğini sağlamakla görevli kolluk güçlerinden başka kimse bulunamaz. Seçimin güvenliğini sağlamakla görevli kolluk güçleri dışında, özel güvenlik görevlileri ve belediye zabıtaları gibi görevliler de dâhil olmak üzere resmî üniforma ve silah taşıyan kimseler sandık alanına giremezler. Sandık çevresi dışında ancak sandık alanı içinde, bu Kanun'da gösterilen yasaklara aykırı davranışlar olması veya suç işlenmesi halinde, bina sorumlusunun çağıracağı kolluk güçleri tarafından gerekli işlem yapılır. Bina sorumlusunun bulunmadığı yerlerde bu yetkiler, sandık kurulu başkanı veya sandık kurulu başkanının görevlendireceği sandık kurulu üyesi tarafından kullanılır. Sandık alanında hiç kimse, başkalarının görebileceği şekilde bir siyasi parti veya adaya ait rozet, amblem veya benzeri işaretler veya propaganda amaçlı yayınlar taşıyamaz; yazılı, sözlü veya görüntülü propaganda yapamaz. İlçe seçim kurulu başkanı, sandık alanlarında güvenliği ve bu Kanun'da öngörülen yasaklara uyulmasını sağlamak için gerekli tedbirleri alır; seçmenin ve sandık alanında bulunma hakkına sahip diğer kimselerin sandık alanına serbestçe girmesini engelleyen veya güçleştiren her türlü hareketi önler. Mülkî ve idarî makamlar bu hususlarda, ilçe seçim kurulu başkanınca verilen talimatlara uymak zorundadır (md. 83). Sandık alanı dışında, zabıtaya emir verme yetkisine sahip makamlarla, zabıta amir ve memurları tarafından alınacak tedbirler, seçmenin sandık alanına serbestçe girmesini engelleyici veya güçleştirici mahiyette olamaz (md.85).

Onaylı sandık seçmen listesinde yazılı her seçmen, oy verme yetkisine sahiptir. Bu Kanun'da sayılan istisnalar dışında, sandık seçmen listesinde kaydı olmayanların oy kullanmalarına izin verilmez. Ancak, kesinleşen muhtarlık bölgesi askı listelerinde adı yazılı olduğu veya bu listelere yazılması için askı süresi içinde başvurduğu ve listeye kaydedilmesine karar verildiği halde, çoğaltılarak sandık kurullarına verilen sandık seçmen listelerinde ismi yer almayan seçmenlerin, muhtarlık bölgesi askı listelerinin kesinleşmesine bakılmaksızın, ilçe seçim kurulundaki liste ile oy verecekleri sandık seçmen listesine ilave edilmelerine, ilçe seçim kurulu başkanı tarafından karar verilir ve seçmene bu yolda verilecek bir yazı ile sandık kuruluna başvurması ve listeye dâhil edilmek suretiyle seçmenin oy kullanması sağlanır. Her seçmen, bu Kanun'da sayılan istisnalar dışında, hangi sandık seçmen listesinde kayıtlı ise ancak o sandıkta oy kullanabilir. Bir seçmen aynı seçim türü için birden fazla oy kullanamaz. Bir seçmen, hangi seçim çevresinin seçmeni ise ancak o seçim çevresinde yapılan seçimler için oy kullanabilir. Oy verme gününe kadar, haklarında seçme yeterliğini kaybettiğine dair yetkili mercilerden resmî belge gelmiş bulunan seçmenler ile tutuklu sandık seçmen listesine kaydedilmiş olup da tahliye edilen veya taksirli suçlar dışında bir suçtan hüküm giyerek cezası kesinleşenlerin durumlarını gösteren resmî belge gelmiş bulunanlara, seçmen listesinde kayıtlı olsalar bile oy kullandırılmaz ve bu husus sandık kurulunca tutanağa geçirilir (md.86).

Sandık seçmen listesinde yazılı seçmenin kimliği, nüfus hüviyet cüzdanı veya kimlik tespiti amacıyla düzenlenmiş ve Türkiye Cumhuriyeti kimlik numarasını taşıyan resmi belgelerle belirlenir. Hangi resmi belgelerin kimlik belirlenmesinde kabul edileceği, Yüksek Seçim Kurulu'nca seçimlerin başlangıcında tespit ve ilan edilir. Şu kadar ki, belediyeler ile köy ve mahalle muhtarlıklarınca tanzim ve tasdik edilen kimlik belgeleri bu maddenin uygulanmasında geçerli değildir. Üzerinde Türkiye Cumhuriyeti kimlik numarası olmayan bir kimlik belgesi ibraz eden seçmenin oy kullanabilmesi için, bu belgelerin yanında ayrıca seçmen bilgi kâğıdını veya Türkiye Cumhuriyeti kimliğini ispata elverişli Yüksek Seçim Kurulu tarafından ilan edilen bir belgeyi de ibraz etmesi şarttır. Ceza infaz kurumları ve tutukevlerinde tutuklu ya da taksirli suçlardan hükümlü bulunan seçmenlerden yukarıda sayılan kimlik belgeleri bulunmayanlar için, cezaevi idaresince verilmiş belge, kimlik belgesi yerine geçer (md. 87).

Yüksek Seçim Kurulu'nun 09.06.2011 tarih ve 922 sayılı kararında,

"Üzerinde Türkiye Cumhuriyeti kimlik numarası bulunmayan kimlik belgeleriyle oy kullanmaya gelenlerin yanında Türkiye Cumhuriyeti kimlik numarasını taşıyan mühürlü ve imzalı nüfus kayıt örneğinin aslını getirmesi halinde oy kullanıp kullanamayacağı hakkında görüş istenilmiş olmakla, konu incelenerek; nüfus idarelerinden alınacak, seçmen vatandaşın Türkiye Cumhuriyeti kimlik numarasını da taşıyan mühürlü ve imzalı nüfus kayıt örneğinin aslını sandık kurulu başkanlarına, Türkiye Cumhuriyeti kimlik numarası olmayan nüfus cüzdanı, resmi daireler veya iktisadi devlet teşekküllerince verilen soğuk damgalı kimlik kartı, pasaport, evlenme cüzdanı, askerlik belgesi, sürücü belgesi, avukatlık kimlik belgesi gibi belgelerle birlikte ibraz etmesi halinde oylarını kullanabilmelerinin mümkün olduğuna, Yüksek Seçim Kurulu'nun 8/3/2011 tarih ve 169 sayılı kararı eki 12 Haziran 2011 tarihinde yapılacak olan XXIV. Dönem Milletvekili Genel Seçimlerinde Sandık Kurullarının Görev ve Yetkilerini Gösterir Örnek: 135/1 sayılı Genelge'nin "Seçmenin Kimliğinin Tespiti" başlıklı 24. maddesine; "Nüfus idarelerinden alınacak, seçmen vatandaşın Türkiye Cumhuriyeti kimlik numarasını da taşıyan mühürlü ve imzalı nüfus kayıt örneğinin aslını sandık kurulu başkanlarına, Türkiye Cumhuriyeti kimlik numarası olmayan nüfus cüzdanı, resmi daireler veya iktisadi devlet teşekküllerince verilen soğuk damgalı kimlik kartı, pasaport, evlenme cüzdanı, askerlik belgesi, sürücü belgesi, avukatlık kimlik belgesi gibi belgelerle birlikte ibraz etmesi halinde oylarını kullanabilmeleri mümkündür" ibaresinin eklenmesine" karar verilmiştir[165].

Hiçbir seçmene sandık başında müdahale, telkin veya tavsiyede bulunulamaz ve hiçbir seçmen oyunu kullandıktan sonra sandık başında kalamaz (md.88). Oy verme günü, saat sekizden on yediye kadar geçecek zaman, oy verme süresidir. Ancak, saat on yediye geldiği halde, sandık başında oylarını vermek üzere bekleyen seçmenler, başkan tarafından sayıldıktan sonra sıra ile oylarını kullanırlar. Oy verme süresinin başlayış ve bitiş saatleri, sürenin korunması kaydıyla, mevsim ve bölge özellikleriyle ulaşım durumlarına göre, bütün yurtta veya gerekli görülen seçim çevrelerinde, seçim gününden en az bir hafta önce ilan edilmek koşuluyla, Yüksek Seçim Kurulu'nca tespit edilebilir (md.89). Oy verme günü sandık başına gelecek seçmenler, sandık kurulu önüne başkan tarafından sıra ile birer birer alınırlar. Gebeler, hastalar ve sakatlar bekletilmezler. Yaşlılar önce alınabilirler (md.90).

Sandık kurulu önüne alınan kimse, kimlik belgesini başkana verir ve kimliğini ispat eder. Başkan, seçmenin adını seçmen listesinde bulur ve masa üzerinde duran birleşik oy pusulasından bir tane vererek, sandık yerinde birden fazla oy verme yeri

---

165 http://www.ysk.gov.tr/ysk/docs/Kararlar/2011Pdf/2011-922.pdf (E.T. 28.04.2013).

varsa hangi kapalı oy verme yerine gireceğini söyler ve birleşik oy pusulasını veya seçimin gereğine göre zarfları usulüne göre katlayıp yapıştırdıktan sonra kapalı oy verme yerinden çıkmasını söyler. Birleşik oy pusulasını veya zarfı alan seçmen doğruca kapalı oy verme yerine gider ve oyunu kullanmadan başka yere gidemez. Kapalı oy verme yerine girmeyen veya birleşik oy pusulasını alıp oy vermeyen seçmenden birleşik oy pusulası geri alınır (md.91). Seçmen, kapalı oy verme yerinden dışarı çıkmadıkça, hiç kimse oraya giremez. Ancak, oy pusulasını hazırlamak için, kapalı oy verme yerinde, normal süreden fazla kalan seçmenler, kurul başkanı tarafından makul bir süre verilerek uyarılır. Bu uyarıya rağmen kapalı oy verme yerinden çıkmayan seçmen, oradan çıkarılır. Seçmenin; cep telefonu, fotoğraf veya film makinesi gibi görüntü kaydedici veya haberleşme sağlayıcı cihazlarla kapalı oy verme yerine girmesi yasaktır. Bu tür cihazlar, kapalı oy verme yerine girmeden önce kapatılarak sandık kurulu başkanına teslim edilir ve oy kullanma işlemi bittikten sonra seçmene iade edilir (md.92). Yüksek Seçim Kurulu'nun 07.06.2011 tarih ve 905 sayılı kararında, "*cep telefonu, fotoğraf veya film makinesi gibi görüntü kaydedici veya haberleşme sağlayıcı cihazlarla oy verme yerine girilemeyeceğine, girmeye teşebbüs edenler hakkında sandık kurulu başkanı tarafından işlem yapılmasının gerektiğine*" karar verilmiştir[166]. Kapalı oy verme yerinde birleşik oy pusulasını katlayıp yapıştırdıktan sonra, seçmen burasını terk eder ve birleşik oy pusulasını sandığa bizzat atar. Körler, felçliler veya bu gibi bedeni sakatlıkları açıkça belli olanlar, bu seçim çevresi seçmeni olan akrabalarından birinin, akrabası yoksa diğer herhangi bir seçmenin yardımı ile oylarını kullanabilirler. Bir seçmen birden fazla malule refakat edemez. Kurul başkanı, oyunu kullanan seçmene kimlik kartını verirken seçmen listesindeki adı karşısına imzasını attırır. İmza atamayanların sol elinin başparmağının izinin alınmasıyla yetinilir. Bu parmağı olmayan seçmenin hangi parmağını bastığı yazılır (md.93).

İlçe seçim kurulu başkanı, seçimin yapıldığı çevrede oy verme hakkına sahip olduğu halde, görev yaptığı sandığa ait seçmen listesinde kayıtlı bulunmayan; sandık

---

[166] http://www.ysk.gov.tr/ysk/docs/Kararlar/2011Pdf/2011-905.pdf (E.T. 28.04.2013).

kurulu başkan ve üyeleri ile bina sorumlularının, seçimin güvenliğini sağlamakla görevli kolluk güçlerinin, ilçe seçim kurulu tarafından sandık kurulu üyelerini görev yerine ulaştırmak için görevlendirilmiş kişilerin, her birine seçmen olduğunu ve hangi seçimde oy kullanabileceğini gösteren ve sandık seçmen listesindeki bilgileri kapsayan bir belge verir. Ayrıca, bu seçmenlerin esas kayıtlı olduğu sandık seçmen listesine meşruhat verilmek üzere kayıtlı bulunduğu sandık kurulu başkanlığına durumu yazı ile bildirir. Bu madde uyarınca, ilçe seçim kurulu başkanı tarafından kendilerine oy kullanma hakkı bulunduğuna ilişkin olarak belge verilen görevliler, bu belge ile görevli oldukları sandık bölgesinde oy verirler. Sandık kurulu, bu madde kapsamında oy kullanan kimselerin ilgili belgelerini, oy verme işleminden önce alır. Bu belgeler, diğer seçim evrakı ile birlikte ilçe seçim kuruluna teslim edilir. Bu madde uyarınca oy kullanan seçmenlerin ad ve soyadları ile kimlik bilgileri, oy kullandıkları sandık seçmen listesinin sonuna yazılarak karşısına imzaları alınır (md.94).

Yurt dışı seçmenlerin oy kullanmasında; sandık, gümrük kapılarında oy kullanma veya elektronik oylama yöntemlerinin birlikte veya ayrı ayrı uygulanmasına, seçim türüne ve yabancı ülkenin durumuna göre, Dışişleri Bakanlığı'nın görüşü alınarak Yüksek Seçim Kurulu'nca karar verilir. Yurt dışı seçmen kütüğüne kayıtlı seçmenlerin oy kullanmalarına yönelik iş ve işlemlerde, Dışişleri Bakanlığı'nın bilişim altyapısından faydalanılabilir. Dışişleri Bakanlığı, Yüksek Seçim Kurulu'nun belirleyeceği usul ve esaslar doğrultusunda, kullanılacak olan bilişim altyapısının oluşturulması ve güvenliği için gerekli tedbirleri alır. Yurt dışı seçmenler, milletvekili genel seçimi, cumhurbaşkanı seçimi ve halkoylamasında oy verebilirler. Yurt dışında ve yurt dışı temsilciliklerde seçim propagandası yapılamaz. (md.94/A).

Sayım ve döküm açık olarak yapılır. Oy verme yerinde hazır bulunanlar sayım ve dökümü takip ederler. Kurul, faaliyetinin selamet ve düzeni bakımından, sayım ve döküm masası etrafında boş kalması gereken kısmı, bir karar ile belirtir ve bu kısım etrafında (İp germek gibi) hazır bulunanların bu işlemleri takip etmelerine engel olmayacak tedbirleri alabilir (md. 95). Sandık, 89. maddenin son fıkrası uyarınca Yüksek Seçim Kurulu tarafından başka bir süre konulmamış ise saat 17.00'den önce açılamaz. Oy verme işi bitince kurul başkanı bunu yüksek sesle ilan eder. Masa üzerinde, sandıktan başka ne varsa kaldırılır. Oy vermenin bittiği saat tutanak defterine geçirilir. Bundan sonra, sandık seçmen listesinde yazılı seçmenlerin toplamı ile adları hizasındaki imza veya parmak izleri sayılarak oy vermiş olanların toplamı tespit edilir ve tutanağa geçirilir. Netice yüksek sesle ilan edilir (md.96).

Oy zarflarından veya birleşik oy pusulalarından kullanılmayanlar sayılır, oylarını veren seçmen sayısına eklenir ve böylece kurula teslim edilen zarf veya birleşik oy pusulaları toplamına uygun olup olmadığı tespit edilir. Kullanılmayan zarflar veya birleşik oy pusulaları bir paket halinde mühürlenir ve üzerine sayısı yazılır. Bundan sonra, sandıktan çıkacak oy pusulalarının konmasına mahsus torbanın boş olduğu tespit edilir. Bütün bu işlemler tutanağa geçirilir (md. 97).

Sandık, yukarıdaki maddelerde belirtilen iş ve işlemler tamamlandıktan sonra, oy verme yerinde hazır bulunanların gözü önünde, sandık kurulu başkanı tarafından açılır. Sandıktan çıkan zarflar, sandık kurulu başkanı tarafından yüksek sesle iki defa sayılır. İki sayım arasında fark olursa, üçüncü sayım yapılarak sonucuna göre işlem yapılır ve o seçimde kullanılan toplam zarf sayısı tespit edilir. Tespit edilen zarf sayısı, o seçim türüne ait özel tutanağın ilgili yerine işlenir. Bütün zarflar sayıldıktan sonra, geçerli olup olmaması yönünden kontrol edilir. Sandık kurulunca verilen biçim ve renkte olmayan, üzerinde ilçe seçim kurulu ve sandık kurulu mührü bulunmayan, tamamı yırtılmış olan, üzerinde ilçe seçim kurulu ve sandık kurulu mührü dışında herhangi bir mühür, imza, yazı, parmak izi veya herhangi bir işaret bulunan zarflar geçersiz sayılır. Ancak, zarfın üzerinde, herhangi bir şekilde leke veya çizik olsa bile, bunun özel işaret koymak amacıyla yapıldığının kesin olarak anlaşılamaması halinde, bu zarflar geçerli sayılır. İtiraza uğrayan zarflar ile itiraza uğramadan geçersiz sayılan zarflar, başkan tarafından bir kenara ayrılır. Sandık kurulu, bütün zarflar kontrol edildikten sonra, itiraza uğrayan zarfları inceleyerek, geçerli veya geçersiz sayılması yönünde kararını verir. Bundan sonra, o sandıktan çıkan geçerli ve geçersiz oy zarflarının toplam sayısı ayrı ayrı o seçim türüne ait özel tutanağın ilgili yerine işlenir. Geçersiz zarflar paketlenir ve paketin üzeri mühürlenerek zarf sayısı yazılır. Bu zarflar saklanır ve kesinlikle açılmaz. Bu işlemler yapıldıktan sonra, o sandıktan çıkan geçerli ve geçersiz zarfların toplam sayısı ile o seçim türü için oy kullanan seçmen sayısı karşılaştırılır. Zarf sayısı, o seçim türü için oy kullanan seçmen sayısına eşit veya eksik ise başkaca bir işlem yapılmaz. Zarf sayısı oy kullanan seçmen sayısından fazla ise eşitliği sağlamak için önce geçersiz zarf sayısı düşülür. Geçersiz zarf sayısının düşülmesi halinde de eşitlik sağlanamıyorsa, sandık kurulu başkanı geçerli zarflar arasından, eşitliği sağlayacak sayıda zarfı gelişigüzel çeker ve bu zarflar açılmadan derhal yakılarak imha edilir. İmha edilen zarf sayısı tutanağa yazılır. Yukarıda belirtilen işlemler bittikten sonra, geçerli oy zarfları sandığın içine tekrar konularak sayıma geçilir. Bütün bu işlemler ayrıca tutanak defterine geçirilerek, sandık kurulu başkan ve üyeleri tarafından imzalanır ve mühürlenir. Sandıklar, bütün seçimlere ait sayım ve döküm işlemleri bitinceye kadar oy verme yerinden çıkarılamaz (md.98).

Oyların sayım ve dökümüne derhal başlanır, açık ve aralıksız yapılır. Yapılacak şikâyet ve itirazlar, işi durdurmaz. Sandık kurulu başkanı, sayım ve döküm işine başlamadan önce, sayım ve döküm cetvellerinin boş ve yazısız olduğunu hazır bulunanlara gösterir. Sandık kurulu başkanı, oy sayım ve dökümünün düzenini sağlamak bakımından; bir üyeyi sandıktaki zarfları kendisine vermek, iki üyeyi okunan oy pusulalarını sayım ve döküm cetvellerine işlemek, bir üyeyi okunan ve dökümü yapılan oy pusulalarını ve açılan zarfları masa üzerine düzenli biçimde yerleştirmek ve korumak üzere görevlendirir. Sayım ve döküm cetvellerinde, ilk önce birleşik oy pusulasındaki sıraya göre siyasi partilerin adları soldan sağa doğru sütunların yukarısındaki hanelere yazılır. Daha sonra, varsa her bağımsız adaya bir sütun ayrılarak, bağımsız adayların ad ve soyadları, birleşik oy pusulasındaki sıraya göre sütunların yukarısındaki hanelere yazılır. Sandık kurulu başkanı tarafından görevlendirilen üye, oy zarfını sandıktan teker teker alarak başkana verir. Başkan zarfı açarak içinden çıkan oy pusulasının ön yüzünü herkesin görebileceği ve işitebileceği şekilde okur. Birleşik oy pusulası üzerinde hangi adaya ait yere "EVET" mührü basılmış ise, o adayın ad ve soyadı okunur. Adayların aldığı ve herhangi bir itiraza uğramadan geçerli sayılan her oy, okunmasını müteakiben, görevli üyeler tarafından, aynı anda sayım ve döküm cetvelinde o adaya ayrılmış bulunan sütundaki rakamlar birden başlamak üzere, sırasına göre çizilmek suretiyle, ayrı ayrı işaretlenir. Bu işlemin usulüne uygun yapılıp yapılmadığı, sandık kurulu başkanı tarafından sürekli denetlenir. Okunan geçerli oy pusulaları ve zarfları, görevli üye tarafından, masa üzerinde düzenli biçimde yerleştirilir ve muhafaza edilir. Geçersiz sayılan veya geçerli olmasına rağmen hesaba katılmaması gereken oy pusulaları ile geçerli olup olmadığı veya hesaba katılıp katılmaması yönünden tereddüt edilen veya itiraza uğrayan oy pusulaları, sayım ve döküm cetveline işlenmeksizin ayrılır ve sandık kurulu başkanı tarafından muhafaza altına alınır. Bütün zarfların açılıp okunması bittikten sonra; itiraz edilmeksizin geçerli sayılan ve her iki sayım ve döküm cetveline işlenen oy sayıları, her adayın sütununda işaretlenmiş son rakamlar karşılaştırılarak, her adayın aldığı geçerli oy sayısının iki cetvelde de aynı olup olmadığı, başkan tarafından kontrol edilir. Oy sayıları aynı ise, her adayın aldığı geçerli oylar toplanarak, itiraz edilmeksizin geçerli sayılan bu oyların toplam sayısı, o seçim türüne ait sandık kurulunca düzenlenecek özel tutanağa yazı ve rakamla işlenir. Adayların aldıkları ve kendi hanelerine işlenmiş geçerli oy sayılarını gösterir rakamların her iki sayım ve döküm cetvelinde de aynı olmaması halinde ikinci sayım yapılır. İkinci sayımda, geçerli tüm oy pusulaları yeniden, tek tek okunarak, boş ve yazısız ayrı iki sayım ve döküm cetveline işlenir. Bu cetvellerdeki oy sayıları aynı ise, her adayın aldığı geçerli oylar toplanarak, itiraz edilmeksizin geçerli sayılan bu oyların toplam sayısı, o seçim türüne ait sandık kurulunca düzenlenecek özel tutanağa yazı ve rakamla işlenir. İkinci sayımda kullanılan sayım ve döküm cetvelinde yer alan oy sayıları da aynı çıkmazsa, yukarıda belirtilen usûle göre üçüncü sayım yapılır ve kurulun başkan tarafından belirlenecek üyesi tarafından tek sayım ve döküm cetveline işlenmek suretiyle, sonucuna göre işlem yapılır. Birden fazla sayım yapılan hallerde, bu sayımlarda kullanılan sayım ve döküm cetvellerinin üzerine, hangi sayıma ait olduğu büyük harflerle yazılır ve tüm cetveller muhafaza edilir. Açılan sandığa ait son geçerli zarf açılıp içindeki oy pusulası okunduktan sonra, sandık başkanı tarafından o sandığa ait açılmayan geçerli zarf olup olmadığı kontrol edilir ve açılan zarfların sayısı ile sandıktan çıkan ve tutanağa işlenmiş olan geçerli zarf sayısı karşılaştırılır ve sonuç, tutanak defterine işlenir. Geçerli oyların sayım ve döküm cetvellerine işlenmesinden sonra, hesaba katılıp katılmaması veya geçerli sayılıp sayılmaması yönünden tereddüt edilen veya itiraza uğrayan oy pusulaları, sandık kurulunca ayrı ayrı değerlendirilerek karara bağlanır ve bu karar, tutanak defterine yazıldıktan sonra mühürlenip imzalanır. Sandık kurulu kararı ile geçerli sayılan veya hesaba katılan oy pusulaları, sayım ve döküm cetvelinde ait olduğu adaya ayrılmış bulunan sütuna işlenir. Bu şekilde geçerli sayılan veya hesaba katılan oy pusulalarının toplam sayısı, o seçim türüne ait özel tutanakta ilgili yere işlenir. Geçerli sayılmayan veya hesaba katılmayan oy pusulaları, ayrı ayrı paket yapılarak bağlanır ve paketin üzeri mühürlenerek, sayısı yazılır ve saklanır. Bu oy pusulaları yakılmaz, yırtılmaz ve yok edilemez. Bunların sayısı, o seçim türüne ait özel tutanakta ilgili yere işlenir. Yukarıda belirtilen işlemler tamamlandıktan sonra, sayım ve döküm cetvelinde adayların aldığı oyların toplam sayısı, kendi sütununun altına rakamla ve yazı ile yazılır. Sayım ve döküm cetvelinde, adayların aldığı oylar, orada bulunanlara, başkan tarafından yüksek sesle ilan edilir. Bu ilandan sonra, sayım ve döküm cetvelindeki sonuçlar, sandık sonuç tutanağına işlenir. Bu bilgilerin doğruluğu, sandık başkanı tarafından sayım ve döküm cetveli sonuçları ile karşılaştırıldıktan sonra, sandık sonuç tutanağı, başkan ve üyeler tarafından imzalanır ve mühürlenir. Bütün bu işlemler, tutanak defterine geçirilerek, sandık kurulu başkan ve üyeleri tarafından imzalanır ve mühürlenir (md.100).

Sandık kurulunca verilen ve o seçim için düzenlenmiş biçim ve renkte olmayan, arkasında "Türkiye Cumhuriyeti Yüksek Seçim Kurulu" filigranı bulunmayan, arkasında sandık kurulu mührü bulunmayan, hiçbir yerine "EVET" mührü basılmamış olan, adaylara ayrılan alanlardan birden fazlasına "EVET" mührü basılmış olan, birden fazla adaya ayrılan alana taşmış "EVET" mührü bulunan, sandığın ait olduğu seçim çevresinden başka bir seçim çevresi için düzenlenmiş olan, bütünlüğü bozulacak şekilde yırtılmış veya koparılmış olan, üzerine "EVET" mührü dışında veya "EVET" mührü yerine herhangi bir özel işaret, herhangi bir isim, imza kaşesi, mühür veya parmak izi basılmış olan, üzerinde yer alan adaylara ait bölümleri belirgin bir şekilde ve özel olarak karalanmış, çizilmiş veya işaretlenmiş olan, üzerinde yer alan matbu yazıların ve şekillerin dışında yazılar veya harfler veya sayılar yazılmış veya şekiller çizilmiş olan, birleşik oy pusulaları geçerli değildir. Ancak şu haller oy pusulalarını geçersiz kılmaz: zarfların açılması veya oyların okunması sırasında yırtılması, bütünlüğü bozulmaksızın bir kısmının kazaen yırtılması, herhangi bir şekilde lekelenmiş olup da bunun özel olarak işaret koymak amacıyla yapıldığının anlaşılamaması, birleşik oy pusulasının katlanarak zarfa konulması sebebiyle "EVET" mührü ile oy pusulasının arkasına basılan sandık kurulu mühür izinin oy pusulasının diğer kısımlarına geçmesi, bir aday alanına basılan "EVET" mührünün sadece iki aday alanını ayıran çift çizgili bölgeye taşmış olması, başka bir adayın alanına taşmamak kaydıyla, bir adayın alanına birden çok "EVET" mührü basılması. Bir zarfta birden fazla oy pusulası kullanılan seçimlerde, zarftan çıkan oy pusulalarından bir seçim türüne ait olanının geçersiz olması, diğerlerinin geçersiz sayılmasını gerektirmez (md.101).

Birleşik oy pusulalarında baskıda silinme veya yanlışlık yapılmış olsa bile, hangi aday lehine kullanılmış olduğu "EVET" mührünün vurulduğu yerden kesin olarak anlaşılan oy pusulaları hesaba katılır. Zarfın içinden el ilanı, broşür ya da özel bir işaret, yazı veya şekil taşıyan kağıt veya işaret amacı taşıyan herhangi bir madde çıkmış olması halinde, bu zarftan çıkan oy pusulalarının hiçbiri hesaba katılmaz. Bir zarfta tek oy pusulası kullanılan seçimlerde, zarfın içerisinden o seçim türüne ait oy pusulasının dışında, aynı veya başka bir seçim türüne ait oy pusulası çıkmış olması halinde, bu zarftan çıkan oy pusulalarının hiçbiri hesaba katılmaz. Bir zarfta birden fazla oy pusulası kullanılan seçimlerde, zarfın içerisinden aynı seçim türüne ait birden fazla oy pusulası çıkmış olması halinde, sadece bu seçim türüne ait oy pusulaları hesaba katılmaz, diğerleri hesaba katılır. Bir zarfta birden fazla oy pusulası kullanılan seçimlerde, o zarfta kullanılması gereken oy pusulalarının dışında başka bir seçim türüne ait oy pusulası çıkmış olması halinde, bu zarftan çıkan oy pusulalarının hiçbiri hesaba katılmaz. Bir zarfta birden fazla oy pusulası kullanılan seçimlerde, o zarfta kullanılması gereken oy pusulalarından biri veya birkaçı eksik çıksa bile, zarftan çıkan diğer oy pusulaları hesaba katılır (md.102).

Sandık kurulu, her seçim türü için ayrı hazırlanmış sandık sonuç tutanağını, iki nüsha olarak, sayım ve döküm işlemleri sırasında elde edilen bilgilere ve sayım ve döküm cetveli sonucuna göre düzenler. Bu tutanakların ait olduğu bölüme, her seçim türüne ilişkin bilgiler eksiksiz olarak işlendikten sonra, başkan ve üyeler tarafından ad ve soyadları yazılarak imzalanır ve sandık kurulu mührü ile mühürlenir. Tutanağa işlenmesi gereken bilgiler şunlardır: sandığın bulunduğu ilin, ilçenin ve seçim bölgesinin adı ile sandığın numarası, oy vermenin yapıldığı tarih ve gün, oy sandığının sandık kurulu üyeleri ve seçim yerinde bulunanlar önünde açılış saat ve dakikası ile şayet sandık saat 17.00'den sonra açılmış ise bunun sebebi, oy verme saati bitiminde sırada bekleyen ve oy kullandırılan seçmen sayısı, ilçe seçim kurulundan teslim alınan toplam zarf sayısı ile kullanılmayarak artan zarf sayısı, ilçe seçim kurulundan teslim alınan toplam oy pusulası sayısı ile kullanılmayarak artan oy pusulası sayısı, sandık seçmen listesinde yazılı olan seçmenlerin sayısı, sandık seçmen listesinde kayıtlı olmayan ancak bu Kanun gereği o sandıkta oy kullanan seçmen sayısı, oy kullanan seçmenlerin toplam sayısı, sandıktan çıkan zarf sayısı, geçerli zarf sayısı, geçersiz zarf sayısı ve geçersizlik sebebi, zarf sayısı oy kullanan seçmen sayısından fazla ise, eşitliği sağlamak amacıyla yakılan zarf sayısı, belediye seçimlerinde, oy zarfı içinden eksik oy pusulası çıkmış ise eksik çıkan oyların hangi seçim türüne ait olduğu ve sayısı, içinden hiç oy pusulası çıkmayan boş zarf sayısı, itiraz edilmeksizin geçerli sayılan oy pusulalarının sayısı, itiraz üzerine geçerli sayılan veya hesaba katılan oy pusulası toplamı, geçerli oy pusulalarının toplamı, geçersiz sayılan oy pusulası sayısı ve geçersizlik sebebi, hesaba katılmayan oy pusulası sayısı ve hesaba katılmama sebebi, geçersiz sayılan veya hesaba katılmayan oy pusulası toplamı, adayların aldıkları toplam geçerli oyların yazı ve rakamla belirtilecek sayısı, oylama iş ve işlemlerine ve oyların sayım ve dökümüne dair yapılan şikâyetlerle bunlara ait kararların nelerden ibaret bulundukları, birden fazla sayım ve döküm yapılmış ise sayısı, sayım ve döküm sonucunun başkan tarafından orada hazır bulunanlara ilan edildiği. Sandık sonuç tutanağının onaylı bir sureti, sandık kurulu tarafından sandık çevresi içinde herkesin görebileceği bir yere asılır. Bu tutanaklar oy verme gününden itibaren bir hafta süreyle asılı kalır (md.105).

Hesaba katılan ve muteber sayılan oy pusulaları, sandık kurulunca düzenlenen tutanaklar, sayım ve dökümde kullanılıp alt tarafı, kurulca imza edilen sayım cetvelleri, hesaba katılmayan, muteber sayılmayan veya itiraza uğrayan oy pusulaları ve hesaba katılmayan zarflar, tutanak defteri, kurulca mühürlü ve imzalı ayrı ayrı paketler halinde kurulun mührü ile mühürlenmiş ve başkan ve üyeler tarafından imzalanmış bir torbaya konularak, kurulun bağlı olduğu ilçe seçim kuruluna sandık kurulu başkanı ve ad çekme ile seçilecek en az iki üye tarafından götürülüp teslim olunur. İlçe seçim kurulu, bu torbayı getiren üyeler önünde açarak içindekiler hakkında müfredatlı üç nüshadan ibaret bir tutanak düzenler. Bu tutanağın altı, torbayı teslim edenlerle ilçe seçim kurulu başkanı ve üyelerden biri tarafından imza edilir. Bu tutanağın bir nüshası, il seçim kuruluna gönderilecek evraka bağlanır. Bir nüshası da sandık kurulu başkanına verilir (md.107).

III.SEÇİM SONRASI İŞLERİ

298 sayılı Kanunda seçim günü işleri bu şekilde ayrıntılı bir biçimde düzenlendikten sonra seçim sonrası işleri açıklanmıştır. Bu işlerden ilki, seçim sonuçlarının ilçe seçim kurulları tarafından birleştirilmesi ve denetlenmesidir. Fakat seçimden sonra yapılacak işler konusunda incelenmesi gereken öncelikli düzenleme, özel kanun olması sebebiyle Cumhurbaşkanı Seçimi Kanunu'nun dördüncü bölümünde yer alan düzenlemelerdir. Bu düzenlemeye aykırı olmamak kaydıyla 298 sayılı Kanun hükümleri uygulanabilir hüküm niteliğini arzeder. Bu sebeple öncelikle Cumhurbaşkanı Seçimi Kanunu'nun seçim sonrası yapılacak işleri düzenleyen dördüncü bölümü incelenecek, buna müteakip 298 sayılı Kanun'un ilgili hükümlerine yer verilecektir. Cumhurbaşkanı Seçimi Kanunu'nun "Seçim tutanakları ve sonuçlarının birleştirilmesi" başlıklı 18. maddesine göre, sandık, ilçe ve il seçim

kurullarınca düzenlenmesi gereken tutanakların içeriği ile seçim sonuçlarının birleştirilmesine ilişkin usul ve esaslar Yüksek Seçim Kurulu tarafından belirlenir. Yüksek Seçim Kurulu, il seçim kurullarından gelen sonuçları birleştirerek ilân eder. 298 sayılı Kanun'un 108. maddesi gereğince, sandık kurullarından gelen sonuç tutanaklarının ilçe seçim kurullarınca birleştirilmesi ve seçim sonuçlarının belirlenmesi işlemleri açık ve aralıksız olarak yapılır. İlçe seçim kurulu, sandık kurullarından gelen sandık sonuç tutanaklarını, geldikçe almakla beraber, aralıksız olarak çalışır ve gelen tutanakları, her seçim türü ve çevresine ait özel tutanaklara sandık geliş sırasına göre işlemek suretiyle birleştirmeye devam eder. En son sandık sonuç tutanağı geldikten sonra, ilçe dâhilindeki bütün sandık sonuç tutanaklarının birleştirilmesi tamamlanarak, bunun sonucu bir tutanakla tespit edilir. Bu işlemler, Kanun'da belirtilen usul ve esaslara uygun olmak şartıyla, Yüksek Seçim Kurulu'nca belirlenecek usul ve esaslar çerçevesinde, bilgisayar ortamında da yapılabilir. İlçe seçim kurullarının düzenleyeceği seçim tutanaklarına; il adı, ilçe seçim kurulu adı ve varsa numarası, seçimin türü ve çevresi, tutanak sayfa numarası, teselsül sırasına göre sandık kurulu numarası, sandığın bulunduğu seçim bölgesinin adı, sandık seçmen listesinde yazılı seçmenlerin sayısı, oy kullanan seçmenlerin sayısı, itiraz edilmeksizin geçerli sayılan oy pusulalarının sayısı, itiraz üzerine geçerli sayılan veya hesaba katılan oy pusulalarının sayısı, geçerli oy pusulalarının toplamı, geçersiz sayılan veya hesaba katılmayan oy pusulalarının toplamı, adayların birleşik oy pusulasındaki sıraya göre ad ve soyadları ile her birinin aldığı oy sayısı yazılır. Birleştirme işlemi için birden fazla tutanak kullanılmış ise, her tutanağa sıra numarası verilir. Birleşik oy pusulası kullanılan seçimlerde, ilçe birleştirme tutanağı imzalanmadan önce, birleştirmesi yapılan sandık sonuç tutanaklarındaki bilgilerin tamamını gösterir bir döküm cetveli, ilçe seçim kurulunda, başkanın görevlendireceği memur üyelerden biri tarafından, birleştirme tutanağındaki sıraya göre, yüksek sesle okunmak suretiyle, ilçe birleştirme tutanağına işlenen oy sayılarında yanlışlık olup olmadığı denetlenir. İlçe seçim kurullarında yeterli imkan olması halinde denetim işlemi hazır bulunanların izleyebileceği şekilde görüntülü olarak cihazlarla yayınlanabilir. Başkan, denetim sırasında tespit edilen hataları denetim tutanağına geçirmek üzere, kurulun diğer memur üyesini görevlendirir. Denetim tutanağında, ilçe seçim kurulunun adı, denetlenen seçimin türü ve çevresi ile denetim işlemi sırasında hatalı bilgi girişi yapıldığı tespit edilen sandıkların numarasını yazmaya elverişli bir cetvel yer alır. Denetleme sırasında, ilçe birleştirme tutanağına hatalı olarak işlenmiş sandık kurulu sonuç tutanakları bir kenara ayrılır. Denetim işlemi sonucunda, düzenlenen tutanak başkan ve üyelerce imzalanır. Denetim işlemi tamamlandıktan sonra, hata tespit edilmişse, ayrılan sandık sonuç tutanaklarına göre gerekli düzeltmeler yapılarak hazırlanan ilçe birleştirme tutanağı, kurul başkanı ve üyelerince imzalanır ve sonuçlar hazır bulunanlara sözlü olarak ilan edilir. İlçe birleştirme tutanağındaki bilgilere göre hazırlanacak tutanak özetinin onaylı bir sureti, ilçe seçim kurulunda herkesin inceleyebileceği uygun bir yere, bir hafta süreyle asılmak suretiyle ilan edilir. İlçe seçim kurulunun düzenleyeceği ilçe birleştirme tutanak özetlerinde; il adı, ilçe seçim kurulu adı ve varsa numarası, seçimin türü ve çevresi, seçim çevresindeki sandık kurullarının toplam sayısı, sandık seçmen listesinde yazılı seçmenlerin toplam sayısı, oy kullanan seçmenlerin toplam sayısı, itiraz edilmeksizin geçerli sayılan oy pusulalarının toplam sayısı, itiraz üzerine geçerli sayılan veya hesaba katılan oy pusulalarının toplam sayısı, geçerli oy pusulalarının toplam sayısı, geçersiz sayılan veya hesaba katılmayan oy pusulalarının toplamı, adayların birleşik oy pusulasındaki sıraya göre ad ve soyadları ile her birinin aldığı toplam oy sayısı, Yüksek Seçim Kurulu'nca gerekli görülen diğer bilgiler rakam ve yazı ile yazılır. Birden çok ilçe seçim kurulu bulunan ilçelerde, her ilçe seçim kurulu, kendisine bağlı bulunan sandık kurullarından gelen sandık sonuç tutanaklarını, yukarıda belirtilen usule göre birleştirdikten sonra, düzenleyeceği denetim ve birleştirme tutanak özetinin onaylı birer suretini, bir numaralı ilçe seçim kuruluna teslim eder. Birinci ilçe seçim kurulu, aldığı bu tutanaklardaki sonuçları, kendi düzenlediği özel tutanağa, sütun başlıkları altına toplam sayıları yazmak suretiyle veya ayrı bir tutanak düzenleyerek birleştirme işlemini yapar. Birinci ilçe seçim kurulunun düzenleyeceği ilçe birleştirme tutanak özetinin ilanı ve siyasi parti ve adaylara verilmesi hususunda da yukarıdaki fıkraya göre işlem yapılır. Asıl ve geçici ilçe seçim kurulu başkanları, sayım, döküm ve birleştirme iş ve işlemlerinin yapıldığı yerlerde, sandık kurulu başkanlarının, sandık çevresinde sahip oldukları yetkileri kullanabilirler. Bu maddede belirtilen tutanaklar ile tutanak özetlerinin düzenlenmesi ve seçim sonuçlarının üst seçim kurullarına gönderilmesine dair usul ve esaslar Yüksek Seçim Kurulu'nca belirlenir.

298 sayılı Kanun'un 109. maddesi gereğince il seçim kurulları, seçimle ilgili kanunların tutanak düzenlemeyi kendilerine görev olarak verdiği hallerde, ilçe seçim kurullarından gönderilen seçim tutanaklarını birleştirerek il seçim tutanaklarını düzenler. Birleştirme sonucunu gösteren tutanağın içindekiler hazır bulunanlara ilan edilir, bir sureti il seçim kurulu başkanı tarafından il seçim kurulu kapısına asılır, asılan bu tutanak sureti bir hafta süre ile asılı kalır.

Cumhurbaşkanı Seçimi Kanunu'nun 19. maddesi, seçimin veya birleştirme tutanağının iptali konusuna ayrılmıştır. Buna göre, bir veya birkaç seçim çevresinde, yapılan seçimin veya düzenlenen birleştirme tutanağının, seçim işlemleri sebebiyle iptaline karar verilmesi hâlinde, iptal edilen kısmın ülke genelindeki seçim sonuçlarına etkisi olup olmadığı göz önüne alınarak Yüksek Seçim Kurulu tarafından söz konusu seçim çevrelerinde seçimlerin yenilenip yenilenmeyeceğine karar verilir. Cumhurbaşkanı seçiminin sonuçlandırılması, Cumhurbaşkanı Seçimi Kanunu'nun 20. maddesinde düzenlenmiştir. Buna göre, cumhurbaşkanı seçiminin kesin sonuçları, Yüksek Seçim Kurulu tarafından Türkiye Büyük Millet Meclisi Başkanlığı ile Cumhurbaşkanlığı makamına bildirilir, kamuoyuna ilân edilir ve Resmî Gazete'de yayımlanır. Seçilen cumhurbaşkanı adına, Yüksek Seçim Kurulu tarafından cumhurbaşkanı seçildiğine dair bir tutanak düzenlenir. Seçilen cumhurbaşkanı adına düzenlenen tutanak, Türkiye Büyük Millet Meclisi Genel Kurulu'nda, Türkiye Büyük Millet Meclisi Başkanı tarafından verilir ve aynı oturumda andiçme töreni yapılır. Bu oturum, eski cumhurbaşkanının görev süresinin dolduğu gün, makamın başka bir sebeple boşalması hâlinde ise seçim sonuçlarının kesinleşmesinden itibaren üç gün içinde gerçekleştirilir (md. 21).

DÖRDÜNCÜ BÖLÜM

SEÇİM UYUŞMAZLIKLARI VE ÇÖZÜM YOLLARI

Bu bölümde öncelikle seçim uyuşmazlığı kavramı açıklanacak ve bu uyuşmazlığın hukuki bir uyuşmazlık olup olmadığı irdelenecek; daha sonra seçim uyuşmazlıkları sınıflandırılarak, her bir seçim uyuşmazlığı türü üzerinde ayrı ayrı durulacaktır.

I. SEÇİM UYUŞMAZLIĞI KAVRAMI VE HUKUKİ NİTELİĞİ

Seçim uyuşmazlıklarının çözümü konusunda iki sistem vardır. Birincisi, seçim uyuşmazlıklarının siyasal çözümü sistemi, ikincisi de seçim uyuşmazlıklarının yargısal çözümü sistemidir[167]. Seçim uyuşmazlıklarının siyasal çözümü sistemi, "yasama organının yargı organları karşısında bağımsızlığı" ve parlamentonun egemenliği" ilkelerine dayanmaktadır[168]. İtalyan Anayasası'nın 66. maddesinde, her meclis üyelerinin kimliklerini ve daha sonra ortaya çıkabilecek üyelikten düşme sebeplerini onaylar ifadesi yer almaktadır. Bu ifadeden yola çıkarak İtalya'da seçim uyuşmazlıklarının parlamento tarafından çözümlendiğini söylemek mümkün olmakla birlikte, aday listelerinin kaydına ve siyasi parti logolarına ilişkin uyuşmazlıklar, Danıştay bünyesinde oluşturulan Ulusal Merkezi Seçim Bürosu tarafından karara

---

167 Faruk Bilir, "Yeni Anayasada Yüksek Seçim Kurulu", **Ankara Strateji Enstitüsü**, 29.05.2012. http://www.ankarastrateji.org/yazar/doc-dr-faruk-bilir/yeni-anayasada-yuksek-secim-kurulu/ (E.T. 27.02.2013).

168 Klasik model olarak adlandırılan bu modelde, idarenin bir hizmeti olarak görülen seçim organizasyonu , hükümete bağlı bir bakanlık (örneğin içişleri veya adalet bakanlığı) tarafından yapılır ve seçim sonuçları yasama organı tarafından tasdik ve ilan edilir. Bu çerçevede seçim uyuşmazlıklarının çözümü yasama organının yetkisindedir. Klasik modelin kökleri Amerikan ve İngiliz demokrasilerine dayanır. Örneğin İngiltere'de 1604 tarihli "Goodwin v. Fortescue" davasından sonra, yasama organının seçimlere ilişkin uyuşmazlıkları çözeceği kabul edilmiştir. Bu husus Amerikan Anayasası'nda da yer almaktadır. Amerika Birleşik Devletleri'nde Temsilciler Meclisi ve Senato kendi üyelerinin seçimine, yetkilerine ve niteliklerine ilişkin konularda yargıç görevi görür. Fakat bu ülkelerde dahi yasama organı artık, seçim uyuşmazlıklarının çözümünde tek yetkili organ değildir. Bu yetkisini yargı organları ile paylaşmaktadır. Günümüzde klasik modelin saf olarak uygulandığı bir örnek bulmak güçtür.
Bkz. Gönenç, a.g.e., s. 31.

bağlanmaktadır[169]. Siyasal denetim sistemi, seçim uyuşmazlıklarının çözümünün tarafsız ve bağımsız, objektif bir yargı incelemesini gerektirmesi ve yasama organın siyasi niteliği gerekçesiyle sakıncalı olduğu kabul edilmektedir[170]. Seçim uyuşmazlıklarının maddi mahiyeti itibariyle bir hukuka aykırılık sorunu olduğu kabul edildiğinde, bu sorunun çözümünün yargı organlarına bırakılması daha uygun olacaktır. Seçim uyuşmazlıklarının yargısal çözümü siteminin tarafsızlık bakımından, bu uyuşmazlıkların siyasi organlar tarafından çözümü sistemine nazaran daha üstündür[171].

Levent Gönenç'in tanımlamasına göre seçim uyuşmazlığı, seçimlerin yönetimi ve denetimine ilişkin mevzuat çerçevesinde, seçim sürecinde ortaya çıkabilecek, seçime katılan tarafların hak ve menfaatlerini ilgilendiren anlaşmazlıklardır[172]. Bu tanımda geçen "seçim süreci" kavramını dar yorumlamamak gerekir. Örneğin adayların belirlenmesi, propaganda gibi seçim günü öncesi işler veya seçim tutanaklarının düzenlenmesi, bu tutanakların birleştirilmesi gibi seçim sonrası işler de seçim sürecine ait işlerdir. Bu durumda seçim günü işlerinin yanında, seçim öncesi işler ve seçim sonrası işler diye adlandırabileceğimiz bazı işlemler de seçim sürecinin içerisinde yer almaktadır. Yani seçim süreci kavramı seçim ile ilgili bütün iş ve işlemleri kapsayan çerçeve niteliğinde bir kavramdır.

II. SEÇİM UYUŞMAZLIKLARININ SINIFLANDIRILMASI

Anayasa'nın "Seçimlerin genel yönetimi ve denetimi" başlıklı 79. maddesinin 2. fıkrası uyarınca, seçimlerin başlamasından bitimine kadar, seçimin düzen içinde yönetimi ve dürüstlüğü ile ilgili bütün işlemleri yapma ve yaptırma, seçim süresince ve seçimden sonra seçim konularıyla ilgili bütün yolsuzlukları, şikayet ve itirazları inceleme ve kesin karara bağlama ve Türkiye Büyük Millet Meclisi üyelerinin seçim tutanaklarını ve Cumhurbaşkanlığı seçim tutanaklarını kabul etme görevi Yüksek Seçim Kurulu'ndadır. Yüksek Seçim Kurulu'nun kararları aleyhine başka bir mercie

[169] a.e., s. 32.
[170] Bilir, a.g.m.
[171] a.e.
[172] Gönenç, a.g.e., s. 26.

başvurulamaz. Anayasa'nın 79. maddesinin 2. fıkrası hükmünden anlaşıldığına göre seçim konularıyla ilgili bütün şikayet ve itirazları inceleme konusunda en üst karar mercii Yüksek Seçim Kurulu'dur. Fakat seçim ile ilgili işler konusunda yapılacak şikayet ve itirazları inceleme konusunda diğer seçim kurulları da yetkilidir. Şöyle ki, yurt dışı ilçe seçim kurulu, yurt dışı sandık kurulunun işlemlerine ve kararlarına karşı yapılan itiraz ve şikayetleri inceler ve karara bağlar. İlçe seçim kurulları da, sandık kurullarının teşekküllerine, işlemlerine ve kararlarına karşı yapılan itirazları inceleyerek karara bağlar. İl seçim kurulları da, ilçe seçim kurullarının teşekkülüne, işlemlerine ve kararlarına karşı yapılan itiraz ve şikayetleri inceleyerek derhal karara bağlar. İl seçim kurullarının teşekkülüne, işlemlerine ve kararlarına karşı yapılacak itirazları oy verme gününden önce ve itiraz konusunun gerektirdiği süratle kesin karara bağlamak görevi de Yüksek Seçim Kurulu'ndadır. Yüksek Seçim Kurulu ayrıca, adaylığa ilişkin itirazları da kesin karara bağlar. İl seçim kurullarınca, oy verme günü işlemleri hakkında verilmiş olan kararlara karşı yapılan itirazları derhal inceleyip kesin karara bağlamak, il seçim kurullarınca düzenlenen tutanaklara karşı yapılan itirazları inceleyip kesin karara bağlamak, seçimlerden sonra kendisine süresi içinde yapılan, seçimin sonucuna müessir olacak ve o çevre seçiminin veya seçilenlerden bir veya birkaçının tutanağının iptalini gerektirecek mahiyette itirazları, altkurullara yapılan itirazların silsilesine ve sürelerine uygunluğunu araştırmaksızın inceleyip kesin karara bağlamak görevi de Yüksek Seçim Kurulu'ndadır. O halde seçim işleri ile ilgili konularda Yüksek Seçim Kurulu'na yapılabilecek itiraz ve şikayetleri, seçim öncesi işler ile ilgili olan, seçim günü işleri ile ilgili olan ve seçim sonrası işler ile ilgili olan itiraz ve şikayetler şeklinde üçe ayırarak incelemek mümkün ve yerindedir. Seçim öncesi işlerle ilgili olarak Yüksek Seçim Kurulu'na yapılabilecek şikayet ve itirazlar; il seçim kurullarının teşekkülüne ilişkin yapılan itiraz ve şikayetler, adaylığa ve seçilme itirazlar şeklinde sayılabilir. Yüksek Seçim Kurulu'na seçim günü işleri ile ilgili yapılabilecek şikayet ve itirazlar ise; il seçim kurullarının oy verme günü işlemleri hakkında vermiş olduğu kararlara karşı, oy verme şekline veya oyların sayım ve dökümüne ilişkin, oy verme günü yapılan yayınlara ilişkin, seçim günü yasaklarına ilişkin itiraz ve şikayetler şeklinde örneklendirilebilir. Yüksek Seçim Kurulu'na seçim sonrası işler ile ilgili yapılabilecek itiraz ve şikayetler ise daha ziyade seçim tutanaklarına ve bu tutanakların birleştirilmesine ilişkin itiraz ve şikayetler şeklinde belirtilebilir.

A. SEÇİM ÖNCESİ İŞLERLE İLGİLİ SEÇİM UYUŞMAZLIKLARI

Burada seçim öncesi işlerle ilgili seçim uyuşmazlıkları ikiye ayrılarak incelenecektir. Bu uyuşmazlıklardan ilki adaylığa ilişkin seçim uyuşmazlıkları; ikincisi ise propagandaya ilişkin seçim uyuşmazlıklarıdır.

1. Adaylığa İlişkin Seçim Uyuşmazlıkları

Seçim günü öncesi işlerle ilgili seçim uyuşmazlıklarından biri adaylığa ilişkin seçim uyuşmazlıkları olarak ifade edilebilir. Adaylığa ilişkin seçim uyuşmazlıkları ise, adayın seçilme yeterliliğine sahip olup olmadığı noktasında ortaya çıkabileceği gibi, adayın önerilmesi safhasında da ortaya çıkabilir. Adayın seçilme yeterlilikleri konusu üzerinde yukarıda birinci bölümde ayrıntılı olarak durmuştuk. Seçilme yeterliliklerini, vatandaşlık, yaş, eğitim şartları ve milletvekili seçilme yeterliliğine sahip olmak şeklinde saymıştık. Kısaca tekrar etmek gerekirse, cumhurbaşkanı seçilecek kişinin mutlaka Türk vatandaşı olması gerekir. Türk hukukunda vatandaş, Türkiye Cumhuriyeti Devleti'ne vatandaşlık bağı ile bağlı olan herkesi kapsamaktır yani ırksal temellere dayanmamaktadır. O halde vatandaşlığı doğumla veya sonradan idari bir kararla kazanıp kazanmadığına veya köken olarak Türk olup olmadığına bakılmaksızın Türkiye Cumhuriyeti Devleti'ne vatandaşlık bağı ile bağlı olan herkes cumhurbaşkanı adayı olabilir. Yine Anayasamızda herhangi bir istisna hükmü getirilmediğine göre çok vatandaşlılık hali de cumhurbaşkanı adaylığını etkilemez. Ayrıca vatandaşlık şartı, Anayasamızda bir seçilme yeterliliği olarak düzenlendiği yani seçim sürecinde arandığı için ve Anayasa'da aksi bir düzenleme yer almadığı için cumhurbaşkanı seçilen kişinin sonradan vatandaşlığı kaybetmesi cumhurbaşkanı görevinin sona ermesi sonucunu doğurmaz. Cumhurbaşkanı adaylığı için aranan yaş, 40 yaşını doldurmuş olmak şartıdır. Yaş şartı, milletvekilleri için ve cumhurbaşkanlığı için ayrı ayrı düzenlenmiştir. Şöyle ki, Anayasamızın milletvekili seçilebilmek için aradığı yaş şartı 25 iken; cumhurbaşkanı seçilebilmek için aradığı yaş şartı 40'tır. O halde Meclis içerisinden cumhurbaşkanlığına aday olabilecek milletvekilleri 40 yaşını doldurmuş olan milletvekilleridir. Anayasamız ayrıca, cumhurbaşkanı seçilebilme yeterliliği olarak, yüksek öğrenim yapmış olma şartını aramıştır. Eğitim şartı, Anayasamızda milletvekilleri ve cumhurbaşkanı için ayrı ayrı düzenlenmiştir. Milletvekili seçilebilmek için ilkokul mezunu olmak yeterli iken, cumhurbaşkanı seçilebilmek için yükseköğrenim yapmış olmak şartı aranmıştır. O halde Meclis içerisinden cumhurbaşkanı adayı olacak milletvekilleri sadece yüksek öğrenim yapmış olan milletvekilleri olacaktır. Yükseköğretim, 04.11.1981 tarih ve 2547 sayılı Yükseköğretim Kanunu'nun 3. maddesinin 1. fıkrasının a bendinde "milli eğitim sistemi içinde, ortaöğretime dayalı en az dört yarıyılı kapsayan her kademedeki eğitim-öğretimin tümü" şeklinde izah edilmiştir. 3. maddenin 1. fıkrasının c bendinde ise yükseköğretim kurumları "üniversite ile yüksek teknoloji enstitüleri ve bunların bünyesinde yer alan fakülteler, enstitüler, yüksekokullar, konservatuvarlar, araştırma ve uygulama merkezleri ile bir üniversite veya yüksek teknoloji enstitüsüne bağlı meslek yüksekokulları ile bir üniversite veya yüksek teknoloji enstitüsüne bağlı olmaksızın ve kazanç amacına yönelik olmamak şartı ile vakıflar tarafından kurulan meslek yüksekokulları" şeklinde sayılmıştır. Anayasamızda cumhurbaşkanı seçilme yeterliliği olarak aranan başka bazı şartlar da vardır. Anayasamız bu şartları milletvekili seçilme yeterliliği olarak düzenlemiştir. Biz, milletvekili seçilme yeterliliği olarak aranan şartları, olumlu şartlar ve olumsuz şartlar şeklinde yukarıda inceledik. Bu yeterliliklerden olumlu şartlar, yaş şartı ve vatandaşlık şartı idi. Anayasa'nın 76. maddesindeki ifadenin aksi yorumundan, en az ilkokul mezunu olmak şartını da olumlu şartlar arasında sayabiliriz. Anayasamız 76. maddesinde, bu şartı "en az ilkokul mezunu olmamak" şeklinde ifade ederek bir olumsuz şart yani seçilme engeli olarak düzenlemiştir. Milletvekili seçilme yeterliliklerinden olumsuz şartlar ise, en az ilkokul mezunu olmamak, kısıtlı olmamak, yükümlü olunan askerlik hizmetini yapmamış olmak, kamu hizmetinden yasaklı olmak, taksirli suçlar hariç toplam bir yıl veya daha fazla hapis ile ağır hapis cezasına hüküm giymiş olmak, affa uğramış olsa bile zimmet, ihtilâs, irtikâp, rüşvet, hırsızlık, dolandırıcılık, sahtecilik, inancı kötüye kullanma, dolanlı iflas gibi yüz kızartıcı suçlarla, kaçakçılık, resmî ihale ve alım satımlara fesat karıştırma, devlet sırlarını açığa vurma, terör eylemlerine katılma ve bu gibi eylemleri tahrik ve teşvik suçlarından biriyle hüküm giymiş olmak milletvekili seçilme engelleridir. Cumhurbaşkanı seçilme yeterlilikleri arasında milletvekili seçilme yeterliliği de sayıldığı için, bu sayılanlar aynı zamanda cumhurbaşkanı seçilme engelleridir.

Cumhurbaşkanlığına aday gösterilme usulü ise Cumhurbaşkanı Seçimi Kanunu'nun 7. maddesinde belirtilmiştir. Yukarıda birinci bölümde bu konu üzerinde ayrıntılı durulduğu için burada kısaca tekrarı yapılacaktır. Cumhurbaşkanlığına Türkiye Büyük Millet Meclisi üyeleri içinden veya Meclis dışından aday gösterilebilmesi en az yirmi milletvekilinin yazılı teklifiyle mümkündür. Her bir milletvekili ancak bir aday için teklifte bulunabilir. En son yapılan milletvekili genel seçimlerinde, aldıkları geçerli oylar toplamı yüzde onu geçen siyasi partiler ortak aday gösterebilir. Her bir siyasi parti ancak bir aday için teklifte bulunabilir. Aday gösterilmek kişinin yazılı muvafakatine bağlıdır. Yüksek Seçim Kurulu tarafından ilan edilen süre içinde adayların isimleri, muvafakat belgeleri ve gerekli diğer belgelerle birlikte Türkiye Büyük Millet Meclisi Başkanlığı'na veya Yüksek Seçim Kurulu Başkanlığı'na başvurularak aday gösterilmiş olur. Başvurunun Türkiye Büyük Millet Meclisi Başkanlığı'na yapılması halinde, tüm bilgi ve belgeler, başvuru süresinin bitiminden itibaren yirmi dört saat içinde Yüksek Seçim Kurulu'na iletilir. Aday gösterme süresinin sona erdiği tarihten itibaren hiçbir şekilde yeni aday gösterilemez.

Yukarıda belirttiğimiz gibi aday gösterilme Türkiye Büyük Millet Meclisi Başkanlığı'na veya doğrudan Yüksek Seçim Kurulu'na başvurmak suretiyle yapılabilir. Eğer başvuru Türkiye Büyük Millet Meclisi Başkanlığı'na yapılmışsa, aday ile ilgili tüm bilgi ve belgeler başvuru süresinin bitiminden itibaren yirmi dört saat içinde Yüksek Seçim Kuruluna iletilir. Cumhurbaşkanı Seçimi Kanunu'nun 8. maddesine göre, Yüksek Seçim Kurulu adaylarla ilgili bilgi ve belgelerde eksiklik tespit ederse, eksikliklerin giderilmesi için beş günlük süre verir. Eksiklikler verilen süre içinde aday tarafından giderilmezse, aday kendiliğinden adaylıktan çekilmiş sayılır. Bu aşamadan sonra geçici aday listesinin belirlenmesi aşamasına geçilir. Yüksek Seçim Kurulu, adaylar hakkında yaptığı inceleme sonucunda seçilme yeterliliğini ve aday gösterilme şartlarını taşıyanları gösteren geçici aday listesini belirler. Geçici aday listesi ve itiraz süresi Resmi Gazete'de yayımlanır (md. 9). Cumhurbaşkanı Seçimi Kanunu 10. maddesinde itiraz ve kesin aday listesinin hazırlanması konusunu düzenlemiştir. Buna göre, Resmi Gazete'de yapılan ilandan itibaren iki gün içinde, geçici aday listesine veya bu listeye alınmamaya ilişkin karara karşı Yüksek Seçim Kurulu'na itiraz edilebilir. Yüksek Seçim Kurulu, bu itirazları üç gün içinde kesin karara bağlar ve kesin aday listesini Resmi Gazete'de yayımlar.

Anayasamızın 79. maddesi de, "...seçim süresince ve seçimden sonra seçim konularıyla ilgili bütün yolsuzlukları, şikayet ve itirazları inceleme ve kesin karara bağlama ve Türkiye Büyük Millet Meclisi üyelerinin seçim tutanaklarını ve cumhurbaşkanlığı seçim tutanaklarını kabul etme görevini" Yüksek Seçim Kurulu'na vermiştir. 298 sayılı Kanun'un 14. maddesinin birinci fıkrasının 9. bendinde "seçimlerden sonra kendisine süresi içinde yapılan, seçimin sonucuna müessir olacak ve o çevre seçiminin veya seçilenlerden bir veya birkaçının tutanağının iptalini gerektirecek mahiyette itirazları, altkurullara yapılan itirazların silsilesine ve sürelerine uygunluğunu araştırmaksızın inceleyip kesin karara bağlamak" görevinin Yüksek Seçim Kurulu'nda olduğu belirtilmiştir. Bu bentden anlaşıldığı üzere, seçimin sonucuna etki edebilecek nitelikte olan ve o çevre seçiminin veya seçilenlerden bir veya birkaçının tutanağının iptalini gerektirecek nitelikte olan itirazlar, süresi içinde ilgili altkurullara yapılmamış olsa bile taşıdıkları önem itibariyle, seçimden sonra Yüksek Seçim Kurulu tarafından incelenebilmektedir. 298 sayılı Kanun'un 130. maddesinin son fıkrasında bu itirazların nelerden ibaret olduğu sayılmıştır. Buna göre, "adaylığın kesinleşmesinden sonra, adayın Türk olmadığına, yaşının kanunda gösterilenden küçük olduğuna, okur-yazar olmadığı veya seçilme yeterliliğini kaybettiren bir mahkumiyeti bulunduğuna ilişkin iddialar" dışındaki nedenlerle adaylara itiraz olunamaz. Bu hüküm olağanüstü nitelikteki itirazlar için de geçerlidir. Yüksek Seçim Kurulu, yukarıda belirtilen anayasal ve kanuni düzenlemelerden aldığı yetkiyle, adaylığın kesinleşmesinden veya seçimden sonra yapılan adaylığa ilişkin yukarıda sayılan nitelikteki itirazları "tam kanunsuzluk" sebebiyle incelemektedir. Yüksek Seçim Kurulu 02.12.2000 tarih ve 718 sayılı kararında, "*298 sayılı Kanun'un 130. maddesinin son fıkrasında, tam kanunsuzluk hallerinin tadadi olarak sayıldığını belirtmiş ve kişisel haklara ilişkin itirazların bu nitelikte olmadığına*" karar vermiştir[173]. Yüksek Seçim Kurulu 23.10.2010 tarih ve 985 sayılı Karar'ında[174] ise, yukarıdaki kararından farklı bir yaklaşım içerisindedir. Şöyle ki, söz konusu kararında,

> " Hakimler ve Savcılar Yüksek Kurulu asıl ve yedek üyelerinin seçiminde adaylara kendilerini tanıtma olanağı verilmediği, oy pusulalarında adayların fotoğraflarının basılmadığı, oy verirken soyadı farklı da olsa aynı veya benzer adı taşıyan kişilerin varlığı da gözetildiğinde oy pusulalarının hukuka uygun oluşturulmadığı, internet ortamında yayınlanan adaylara ait özgeçmişlerde içerik denetimi yoluna gidildiği, Anayasa hükmü uyarınca yargıç ve savcılara müşahit olma veya bulundurma olanağı da sağlanmadığından tam kanunsuzluk hali nedeniyle seçimlerin yenilenmesine karar verilmesi" istenmiştir. Yüksek Seçim Kurulu söz konusu kararında, 17 Ekim 2010 Pazar günü adli ve idari yargı hakim ve savcıları arasından Hakimler ve Savcılar Yüksek Kurulu asıl ve yedek üyeliği için yapılan seçimlerde, tam kanunsuzluk hali görülmediğinden seçimlerin yenilenmesi isteminin reddine karar vermiştir. Yüksek Seçim Kurulu bu kararında, tam kanunsuzluk iddiasıyla yapılan itirazı 298 sayılı Kanun'un 130. maddesine dayanarak incelemiş ve sonucunda tam kanunsuzluk halinin bulunmadığına" karar vermiştir.

298 sayılı Kanun'un 130. maddesinde tam kanunsuzluk halleri olarak sayılan haller yine Yüksek Seçim Kurulu'nun 2000 tarih ve 718 sayılı kararında belirtildiği üzere "tadadi" olarak yani sayma yöntemiyle belirlenmiş itirazlar ise, Yüksek Seçim Kurulu'nun bu kararında da söz konusu itirazın esasına girmeden, 130. maddede sayılan itirazların kapsamında olmadığı ve bu sebeple tam kanunsuzluk hali

---

[173]http://www.ysk.gov.tr/ysk/IlkeKararlari/2000/Kararlar/2000-718-karar.htm (E.T. 04.05.2013).
[174] http://www.ysk.gov.tr/ysk/docs/Kararlar/2010Pdf/2010-985.pdf (E.T. 04.05.2013).

kapsamında değerlendirilebilir bir itiraz olmadığı gerekçesiyle ön incelemeden sonra reddetmesi ve esasa ilişkin inceleme yapmaması gerekirdi.

Yüksek Seçim Kurulu'nun 22.04.2000 tarih ve 235 sayılı kararında,

"2972 sayılı Kanun'da yer alan seçilme yeterliğine ilişkin hükümlerin bir kısmının Anayasamızın 76. maddesindeki amir hükme dayandığından, seçilenin Türk olmadığı, yaşının yasada öngörülenden küçük olduğu, okur-yazar olmadığı ve seçilme yeterliğini kaybettiren bir mahkumiyeti bulunduğu ile ilgili iddia ve itirazların, süresine bakılmaksızın ve seçim sonuçlarının kesinleşmesinden sonra dahi Anayasamızın 79. maddesinin verdiği görev ve tam kanunsuzluk hali sebebiyle Yüksek Seçim Kurulu'nca her zaman incelenebileceği öncelikle belirtilerek, itirazın esas yönünden incelenmesine geçilmiştir. İddia, 18.04.1999 tarihinde yapılan seçimde Niğde İli Ulukışla İlçesi Darboğaz Beldesi belediye başkanlığına seçilen A. C.'nin, Federal Alman vatandaşlığına geçtiğinden Türk vatandaşlığından çıkarıldığı ve bu nedenle seçilme yeterliğini kaybettiğine ilişkindir. Bu yönüyle istemin yasal dayanağı 2972 sayılı Kanun'un 9. maddesidir. Anılan maddede ise, belediye başkanlığına seçilebilmek için Türk vatandaşı olma şartı getirilmiştir. Ancak, Anayasa'nın 79. maddesinde tanımlandığı üzere tam kanunsuzluk halinin seçimden önce oluşmuş olması seçim kurullarını ilgilendirdiği gibi seçimden önce olup da tutanağın kesinleşmesinden sonra ortaya çıkan tam kanunsuzluk halinin ise anılan 79. madde uyarınca Yüksek Seçim Kurulu'nca değerlendirilip gerekli kararın verileceği kurala bağlanmıştır. Yüksek Seçim Kurulu, "Türk vatandaşlığının kaybedilmesi seçildikten sonraya rastladığından konunun incelenmesi ilgili mercilere ait olup, yukarıda belirtildiği üzere ortaya çıkan tam kanunsuzluk halinin değerlendirilmesi Yüksek Seçim Kurulu'nun görevi dışındadır. O halde, itirazın görev yönünden reddine" karar vermiştir[175].

Yüksek Seçim Kurulu 04.10.2006 tarih ve 320 sayılı kararında,

"28 Mart 2004 tarihinde yapılan seçimde Mersin İli Mut İlçesi Esençay Köyü ihtiyar meclisi üyeliğine seçilen M.Ş'nin seçimin yapıldığı tarih itibariyle 25 yaşını doldurmadığı ve aynı zamanda yükümlü olduğu askerlik hizmetini yerine getirmediğine ilişkin itirazı tam kanunsuzluk hali sebebiyle incelemiş ve 28/03/2004 tarihinde yapılan mahalli idareler genel seçimlerinde, Mersin İli Mut İlçesi Esençay Köyü ihtiyar meclisi üyeliğine seçilen M.Ş'nin seçimin yapıldığı 28/03/2004 tarihinde yaş itibariyle seçilme yeterliliğine sahip olmadığı ve

---

[175] http://www.ysk.gov.tr/ysk/IlkeKararlari/2000/Kararlar/2000-235-karar.htm (E.T. 04.05.2013).

ayrıca yükümlü olduğu askerlik hizmetini yapmamış olduğu tartışmasız bulunduğundan, tam kanunsuzluk hali sebebiyle tutanağının iptaline" karar vermiştir[176].

Yüksek Seçim Kurulu'nun 21.06.2011 tarih ve 1022 sayılı kararında,

"Adı geçenin henüz infazı tamamlanmamış ve seçilme yeterliğini kaybetmesine neden olan mahkûmiyeti bulunduğu, kaldı ki, cezanın tümü mahsup işlemine konu edilmiş ve cezasını 09.06.2011 tarihi itibariyle bütünüyle çekmiş sayılsa dahi Anayasa'nın 76 ve 2839 sayılı Milletvekili Seçimi Kanunu'nun 11. maddesinden kaynaklanan milletvekili seçilme engelinin devam ettiği ve 5352 sayılı Adli Sicil Kanunu'nun 13/A maddesinde öngörülen "cezanın çekildiği tarihten itibaren üç yıllık sürenin geçmiş olması" koşulu gerçekleşmediğinden, "yasaklanmış haklarının geri verilmesi"ne ilişkin bir karar almasına, dolayısıyla bu aşamada milletvekili seçilme hakkına kavuşmasına yasal olanak bulunmadığı, bu itibarla, ilgilinin seçimden önce seçilme yeterliğini kaybettiği ve halen bu yeterliliğinin bulunmadığı açık olduğundan, Diyarbakır ili seçim çevresinden bağımsız aday olarak milletvekili seçilen M. H. D.'ye verilen milletvekili tutanağının seçilme yeterliğine ilişkin tam kanunsuzluk hali nedeniyle 298 sayılı Kanun'un 130. maddesinin 4. fıkrası ve 2839 sayılı Kanun'un 39. maddesinin 4. fıkrası uyarınca iptaline" karar verilmiştir[177].

2. Propagandaya İlişkin Seçim Uyuşmazlıkları

Yukarıda cumhurbaşkanlığı seçiminde propaganda konusunu incelerken adaylığın söz konusu olmadığı seçimlerde propaganda yapılamayacağı yönünde Yüksek Seçim Kurulu kararlarının olduğundan bahsetmiştik. Fakat adaylığın söz konusu olmadığı seçimlerde de seçime girecek kişilerin seçime gireceklerini belirtmeleri ve kendilerini tanıtmaları mümkündür. Cumhurbaşkanlığı seçimlerinde adaylık söz konusu olduğu için propaganda yapılması mümkündür. Yapılacak propaganda başta Cumhurbaşkanı Seçimi Kanunu olmak üzere 298 sayılı Kanun hükümlerine uygun olmak zorundadır. Propaganda konusu ve propaganda için başvurulacak usuller ülkenin sosyo-demografik, sosyo-kültürel ve ekonomik yapısı ile yakından ilgilidir. Şöyle ki, genç nüfusun ve özellikle genç seçmenin sayıca çok olduğu bir ülkede seçim propagandasında internet ve sosyal medyanın kullanımı önemli derecede etkili olabilir. Barack Obama'nın başkanlık propagandasında

---

176 http://www.ysk.gov.tr/ysk/IlkeKararlari/2006/Kararlar/2006-320-karar.htm (E.T. 04.05.2013).
177 http://www.ysk.gov.tr/ysk/docs/Kararlar/2011Pdf/2011-1022.pdf (E.T. 04.05.2013).

internet ve sosyal medya önemli ölçüde etkili olmuştur. Fakat aynı şeyi örneğin İngiltere'deki ve Polonya'daki seçim propagandaları için söylemek mümkün olmamıştır. İngiltere ve Polonya'da televizyon ve gazeteler seçim propagandaları için daha etkili araçlar olmuştur. Türkiye'de de seçim propagandalarında ağırlıklı olarak televizyon, gazete ve mitinglerden yararlanılmaktadır. Fakat Türkiye'de medyanın bazı siyasi görüşler etrafında kutuplaştığını ve seçim süreçlerinde daha ziyade bu görüşler doğrultusunda yayın yapıldığını ve bu yayınların tarafsızlığının tartışılır seviyede olduğunu belirtmek gerekir. Yine Türkiye'de özellikle 2000'li yıllar ve sonrasında seçim kampanyaları magazinel bir boyuta indirgenmiş ve mesajların içerikleri de daha çok izleyici çekebilmesi açısından böyle bir formata sokulmuştur. Günümüzde seçim kampanyaları ve söylemleri özden ziyade şekle, daha açık bir söyleyişle şova dönüşmüştür. Cumhurbaşkanı seçimini ve özellikle de cumhurbaşkanının bundan böyle halk tarafından seçileceğini düşünürsek, cumhurbaşkanı seçimi propagandasının bundan böyle daha da önemli bir hale geldiğini anlamamız kolaydır. Fakat seçim süreçlerinde halkın sadece seyirci düzeyine indirgendiği ve elinde kumanda televizyon karşısında seçim çalışmalarını izlediği günümüzde bu propagandaların daha da şova yönelik, daha görsel, daha eğlencelik bir boyutta olacağı söylenebilir. Yine cumhurbaşkanının halk tarafından seçileceği düşünüldüğünde, cumhurbaşkanı adaylarının arkalarında güçlü siyasi partilerin desteğini arayacakları ve bu siyasi destek karşılığında da bu siyasi partilere bağımlılıklarının artacağı söylenebilir. Güçlü siyasi iktidarların desteklediği adaylar karşısında güçsüz muhalefetin destekleyeceği adayların hiç şansının olmayacağı açıktır. Böyle bir durumda da iktidardaki siyasi parti ile, onun desteği ile seçilmiş cumhurbaşkanı arasında ve bu cumhurbaşkanının diğer muhalefet partilerine karşı tarafsızlığı konusunda ciddi endişeler ortaya çıkabilir. Hele ki, cumhurbaşkanının iki defa seçilmesi olanağı düşünüldüğünde, tekrar seçilmeyi arzu eden cumhurbaşkanının iktidar partisi ile ilişkilerini ne derece sıcak tutması gerektiği anlaşılabilir. Böyle bir durum karşısında da, "cumhurbaşkanı seçilenin varsa partisi ile ilişiği kesilir" hükmünün pratikte bir yarar sağlayıp sağlamayacağı uygulamalar sonucunda görülecektir. Burada dile getirilen endişeler, ihtimallerdir. Belki hiç yaşanmayabilir, ama yaşanma ihtimallerinin olduğu da açıktır.

Cumhurbaşkanı seçimi propaganda dönemi, aday listesinin kesinleştiği gün başlar ve oylamaların yapılacağı günden önceki gün saat 18.00'de sona erer. 298 sayılı Kanun, seçim propagandasını, açık yerlerde propaganda, kapalı yerlerde propaganda, radyo ve televizyonla propaganda, duvar ilanı ve afişle propaganda, başka yerlere asma, kamuoyu yoklamaları ve hediye dağıtma yasağı, matbua dağıtma gibi farklı haller açısından değerlendirmiştir. Cumhurbaşkanı seçimi propagandasının, Cumhurbaşkanı Seçimi Kanunu'na, 298 sayılı Kanun'a ve diğer ilgili mevzuata aykırılık teşkil etmesi halinde, örneğin yapılan yayınların tarafsızlığı söz konusu değilse, yayın süreleri Yüksek Seçim Kurulu'nca belirtilen süreleri aşıyorsa, propaganda yapılması yasak olan yerlerde propaganda yapılıyorsa, seçmenlere mevzuatın yasaklamış olduğu türden hediye vs. dağıtılıyorsa, propaganda için mevzuata aykırı şekilde devletin kaynakları kullanılıyorsa, yardım alınması yasaklanmış kurum veya kişilerden yardım, bağış alınıyorsa, propaganda süresi dışında propaganda faaliyetleri devam ediyorsa ve bunun gibi başka bazı propaganda yasakları ihlal ediliyorsa bu tür itirazları kesin karara bağlama yetki ve görevi Yüksek Seçim Kurulu'ndadır. Radyo ve televizyon yoluyla yapılacak propaganda konusunda, özel radyo ve televizyonların yayın ilkelerinin belirlenmesinde, Yüksek Seçim Kurulu görevli ve yetkilidir. Yapılacak yayınların seçim mevzuatına uygunluğunun gözetim, denetim ve değerlendirilmesinde, ülke çapında yayın yapan özel radyo ve televizyonlar için Yüksek Seçim Kurulu; bunun dışında yayın yapan özel radyo ve televizyonlar için yayının yapıldığı yer ilçe seçim kurulları görevli ve yetkilidir. İlçe seçim kurullarının verdiği kararlara karşı, yirmidört saat içinde il seçim kurullarına itiraz edilebilir. İl seçim kurulu kararları kesindir. Ülke çapında yayın yapan özel radyo ve televizyonların hangileri olduğunu belirlemeye Yüksek Seçim Kurulu yetkilidir. Yüksek Seçim Kurulu'nun buna ilişkin kararı Resmî Gazete'de yayımlanır.

B. SEÇİM GÜNÜ İŞLERİ İLE İLGİLİ SEÇİM UYUŞMAZLIKLARI

Yüksek Seçim Kurulu'na seçim günü işleri ile ilgili yapılabilecek şikayet ve itirazlar ; il seçim kurullarının oy verme günü işlemleri hakkında vermiş olduğu kararlara karşı, oy verme şekline veya oyların sayım ve dökümüne ilişkin, oy verme günü yapılan yayınlara ilişkin, seçim günü yasaklarına ilişkin itiraz ve şikayetler şeklinde örneklendirilebilir.

Cumhurbaşkanı Seçimi Kanunu'nun üçüncü bölümünde seçim günü işleri belirlenmiştir. Kanun'un 15. maddesi kullanılacak oy pusulasının şeklini düzenlemektedir. Buna göre, oylamalarda kullanılacak filigranlı birleşik oy pusulasında "cumhurbaşkanı adayları" ibaresi ile Yüksek Seçim Kurulu tarafından çekilen kuraya göre sırası belirlenen adayların adı ve soyadı yer alır. Oylamanın referandum (Kanunda geçen referandum kelimesinin isabeti yukarıda tartışılmıştı. Oylamaya tek adayla gidilmesi halinde yapılacak oylamanın referandumdan ziyade plebisit olacağı belirtilmişti. Bu sebeple kanunda referandum kelimesinin kullanılması isabetli olmamıştır. Plebisit teriminin kullanımından kaçınılmak istenilmişse bile, en azından daha genel ve kapsayıcı bir ifade olması bakımından halkoylaması ifadesinin kullanılması daha yerinde olabilirdi) şeklinde yapılması halinde beyaz üzerine "Evet", kahverengi üzerine "Hayır" ibareleri yazılı, iki ayrı renkten oluşan birleşik oy pusulası kullanılır. Kullanılacak birleşik oy pusulalarıyla ilgili diğer hususlar Yüksek Seçim Kurulu tarafından belirlenir. Yüksek Seçim Kurulu, birleşik oy pusulalarını kendisi bastırabileceği gibi gerektiğinde uygun göreceği il seçim kurulları vasıtasıyla bastırmaya da yetkilidir. Gerekli ödenek Maliye Bakanlığı'nca karşılanır.

Cumhurbaşkanı Seçimi Kanunu'nun 16. maddesinde oy kullanmanın şekli üzerinde durulmuştur. Buna göre seçmen, sandık kurulunca kendisine verilen birleşik oy pusulası ve "Evet" veya "Tercih" yazılı mührü alarak oyunu kullanmak üzere kapalı oy verme yerine girer. Seçmen, mührü, birleşik oy pusulasında tercih ettiği adaya ait özel daire içine basmak, birleşik oy pusulasını zarfa koymak ve zarfı sandığa atmak suretiyle oyunu kullanır. Oyunu kullanan seçmen, mührü sandık kurulu başkanına geri verir.

Cumhurbaşkanı Seçimi Kanunu'nun 17. maddesinde, oylamanın referandum şeklinde yapılması halinde oy kullanmanın şekli belirtilmiştir. Daha önce de aktarıldığı gibi oylamalara tek adayla gidilmesi halinde oylamanın referandum şeklinde yapılacağı Kanun'un 4. maddesinde belirtilmişti. Bu tür oylamalarda seçmen, sandık kurulunca kendisine verilen, beyaz üzerine "Evet" kahverengi üzerine "Hayır" ibareleri bulunan iki ayrı renkten oluşan birleşik oy pusulası ve "Evet" veya "Tercih" yazılı mührü alarak oyunu kullanmak üzere kapalı oy verme yerine girer. Seçmen, mührü, birleşik oy pusulasında tercih ettiği kısmın üzerine basmak, birleşik oy pusulasını zarfa koymak ve zarfı sandığa atmak suretiyle oyunu kullanır. Oyunu kullanan seçmen, mührü sandık kurulu başkanına geri verir.

Seçim günü işleri, 298 sayılı Kanun'da da ayrıntılı bir şekilde düzenlenmiştir. Cumhurbaşkanı Seçimi Kanunu'nun 2. maddesinin 5. fıkrasında yapılan atıf gereği Cumhurbaşkanı Seçimi Kanunu'nda özel hüküm bulunmayan hallerde 298 sayılı Kanun'a ve fıkra metninde sayılan diğer kanunlara başvurulabilir. 298 sayılı Kanun, seçim günü işlerini; sandık başı işleri, yasaklar ve sandık başı düzeni, oy verme, oyların sayımı ve dökümü şeklinde ayrıma tabi tutarak açıklamıştır. Sandık başı işleri ant içme ile başlar. (md. 70).

298 sayılı Kanun seçim günü yasaklarını da ayrıca düzenlemiştir. Buna göre, Oy verme günü, her ne suretle olursa olsun, ispirtolu içki satılması, içkili yerlerle umumi mahallerde her çeşit ispirtolu içki satılması, verilmesi, içilmesi yasaktır. Oy verme günü, bütün umumi eğlence yerleri oy verme süresince kapalı kalır. Eğlence yeri niteliğini haiz lokantalarda yalnız yemek verilir. Oy verme günü, emniyet ve asayişi korumakla görevli olanlardan başka hiçbir kimse, köy, kasaba ve şehirlerde silah taşıyamaz (md. 79).

Hiçbir seçmene sandık başında müdahale, telkin veya tavsiyede bulunulamaz ve hiçbir seçmen oyunu kullandıktan sonra sandık başında kalamaz (md.88). Oy verme günü, saat sekizden on yediye kadar geçecek zaman, oy verme süresidir.

Ancak, saat on yediye geldiği halde, sandık başında oylarını vermek üzere bekleyen seçmenler, başkan tarafından sayıldıktan sonra sıra ile oylarını kullanırlar. Oy verme süresinin başlayış ve bitiş saatleri, sürenin korunması kaydıyla, mevsim ve bölge özellikleriyle ulaşım durumlarına göre, bütün yurtta veya gerekli görülen seçim çevrelerinde, seçim gününden en az bir hafta önce ilan edilmek koşuluyla, Yüksek Seçim Kurulu'nca tespit edilebilir (md.89). Oy verme günü sandık başına gelecek seçmenler, sandık kurulu önüne başkan tarafından sıra ile birer birer alınırlar. Gebeler, hastalar ve sakatlar bekletilmezler. Yaşlılar önce alınabilirler (md.90).

Seçim günü işleri ve seçimin yapılmasında uygulanacak prosedürden yukarıda ayrıntılı olarak bahsedilmiştir. Seçim günü kullanılacak oy pusulalarına, sandıklara, kısacası seçim günü kullanılacak araçlara ilişkin; yine seçimde oy kullanma usulüne ilişkin, oy kullanabilecek kişilere ve bunların kimlik tespitlerine ilişkin, sandık çevresinde bulunabilecek kişiler ve sandık çevresinin güvenliğine ilişkin, sandıkların konulabileceği yerlere ilişkin, seçim günü yasaklarına ilişkin, oyların sayım ve dökümüne ilişkin, seçim günü yayınlarına ilişkin ve kısacası seçim günü ortaya çıkabilecek tüm seçim uyuşmazlıklarına ilişkin itiraz ve şikayetler seçim kurullarına yapılabilir. Şöyle ki, yurt dışı ilçe seçim kurulu, yurt dışı sandık kurulunun işlemlerine ve kararlarına karşı yapılan itiraz ve şikayetleri inceler ve karara bağlar. İlçe seçim kurulları da, sandık kurullarının teşekküllerine, işlemlerine ve kararlarına karşı yapılan itirazları inceleyerek karara bağlar. İl seçim kurulları da, ilçe seçim kurullarının teşekkülüne, işlemlerine ve kararlarına karşı yapılan itiraz ve şikayetleri inceleyerek derhal karara bağlar. İl seçim kurullarının teşekkülüne, işlemlerine ve kararlarına karşı yapılacak itirazları oy verme gününden önce ve itiraz konusunun gerektirdiği süratle kesin karara bağlamak görevi de Yüksek Seçim Kurulu'ndadır. İl seçim kurullarınca, oy verme günü işlemleri hakkında verilmiş olan kararlara karşı yapılan itirazları derhal inceleyip kesin karara bağlamak, il seçim kurullarınca düzenlenen tutanaklara karşı yapılan itirazları inceleyip kesin karara bağlamak, seçimlerden sonra kendisine süresi içinde yapılan, seçimin sonucuna müessir olacak ve o çevre seçiminin veya seçilenlerden bir veya birkaçının tutanağının iptalini gerektirecek mahiyette itirazları, altkurullara yapılan itirazların silsilesine ve sürelerine uygunluğunu araştırmaksızın inceleyip kesin karara bağlamak görevi de Yüksek Seçim Kurulu'ndadır.

C. SEÇİM SONRASI İŞLERİ İLE İLGİLİ SEÇİM UYUŞMAZLIKLARI

Yüksek Seçim Kurulu'na seçim sonrası işler ile ilgili yapılabilecek itiraz ve şikayetler, seçim tutanaklarına ve bu tutanakların birleştirilmesine ilişkin itiraz ve şikayetler şeklinde belirtilebilir.

Seçim sonrası işlerinden ilki, seçim sonuçlarının ilçe seçim kurulları tarafından birleştirilmesi ve denetlenmesidir. Cumhurbaşkanı Seçimi Kanunu'nun "Seçim tutanakları ve sonuçlarının birleştirilmesi" başlıklı 18. maddesine göre, sandık, ilçe ve il seçim kurullarınca düzenlenmesi gereken tutanakların içeriği ile seçim sonuçlarının birleştirilmesine ilişkin usul ve esaslar Yüksek Seçim Kurulu tarafından belirlenir. Yüksek Seçim Kurulu, il seçim kurullarından gelen sonuçları birleştirerek ilân eder.

298 sayılı Kanun'un 108. maddesi gereğince, sandık kurullarından gelen sonuç tutanaklarının ilçe seçim kurullarınca birleştirilmesi ve seçim sonuçlarının belirlenmesi işlemleri açık ve aralıksız olarak yapılır. İlçe seçim kurulu, sandık kurullarından gelen sandık sonuç tutanaklarını, geldikçe almakla beraber, aralıksız olarak çalışır ve gelen tutanakları, her seçim türü ve çevresine ait özel tutanaklara sandık geliş sırasına göre işlemek suretiyle birleştirmeye devam eder En son sandık sonuç tutanağı geldikten sonra, ilçe dâhilindeki bütün sandık sonuç tutanaklarının birleştirilmesi tamamlanarak, bunun sonucu bir tutanakla tespit edilir. Bu işlemler, Kanun'da belirtilen usul ve esaslara uygun olmak şartıyla, Yüksek Seçim Kurulu'nca belirlenecek usul ve esaslar çerçevesinde, bilgisayar ortamında da yapılabilir.

İlçe seçim kurullarının düzenleyeceği seçim tutanaklarına; il adı, ilçe seçim kurulu adı ve varsa numarası, seçimin türü ve çevresi, tutanak sayfa numarası, teselsül sırasına göre sandık kurulu numarası, sandığın bulunduğu seçim bölgesinin adı, sandık seçmen listesinde yazılı seçmenlerin sayısı, oy kullanan seçmenlerin sayısı, itiraz edilmeksizin geçerli sayılan oy pusulalarının sayısı, itiraz üzerine geçerli sayılan veya hesaba katılan oy pusulalarının sayısı, geçerli oy pusulalarının toplamı, geçersiz sayılan veya hesaba katılmayan oy pusulalarının toplamı, adayların birleşik oy pusulasındaki sıraya göre ad ve soyadları ile her birinin aldığı oy sayısı, Yüksek Seçim Kurulu'nca gerekli görülen diğer bilgiler rakam ve yazı ile yazılır. Birleştirme işlemi için birden fazla tutanak kullanılmış ise, her tutanağa sıra numarası verilir.

Birleşik oy pusulası kullanılan seçimlerde, ilçe birleştirme tutanağı imzalanmadan önce, adayların aldıkları oy sayıları, ilçe seçim kurulunda, başkanın görevlendireceği memur üyelerden biri tarafından, birleştirme tutanağındaki sıraya göre, yüksek sesle okunmak suretiyle, ilçe birleştirme tutanağına işlenen oy sayılarında yanlışlık olup olmadığı denetlenir. İlçe seçim kurullarında yeterli imkan olması halinde denetim işlemi hazır bulunanların izleyebileceği şekilde görüntülü olarak cihazlarla yayınlanabilir. Başkan, denetim sırasında tespit edilen hataları denetim tutanağına geçirmek üzere, kurulun diğer memur üyesini görevlendirir. Denetim tutanağında, ilçe seçim kurulunun adı, denetlenen seçimin türü ve çevresi ile denetim işlemi sırasında hatalı bilgi girişi yapıldığı tespit edilen sandıkların numarasını yazmaya elverişli bir cetvel yer alır. Denetleme sırasında, ilçe birleştirme tutanağına hatalı olarak işlenmiş sandık kurulu sonuç tutanakları bir kenara ayrılır. Denetim işlemi sonucunda, düzenlenen tutanak başkan ve üyelerce imzalanır. Denetim işlemi tamamlandıktan sonra, hata tespit edilmişse, ayrılan sandık sonuç tutanaklarına göre gerekli düzeltmeler yapılarak hazırlanan ilçe birleştirme tutanağı, kurul başkanı ve üyelerince imzalanır ve sonuçlar hazır bulunanlara sözlü olarak ilan edilir. İlçe birleştirme tutanağındaki bilgilere göre hazırlanacak tutanak özetinin onaylı bir sureti, ilçe seçim kurulunda herkesin inceleyebileceği uygun bir yere, bir hafta süreyle asılmak suretiyle ilan edilir.

İlçe seçim kurulunun düzenleyeceği ilçe birleştirme tutanak özetlerinde; il adı, ilçe seçim kurulu adı ve varsa numarası, seçimin türü ve çevresi, seçim çevresindeki sandık kurullarının toplam sayısı, sandık seçmen listesinde yazılı seçmenlerin toplam sayısı, oy kullanan seçmenlerin toplam sayısı, itiraz edilmeksizin geçerli sayılan oy pusulalarının toplam sayısı, itiraz üzerine geçerli sayılan veya hesaba katılan oy pusulalarının toplam sayısı, geçerli oy pusulalarının toplam sayısı, geçersiz sayılan veya hesaba katılmayan oy pusulalarının toplamı, adayların birleşik oy pusulasındaki sıraya göre ad ve soyadları ile her birinin aldığı toplam oy sayısı, Yüksek Seçim Kurulu'nca gerekli görülen diğer bilgiler rakam ve yazı ile yazılır. Birden çok ilçe seçim kurulu bulunan ilçelerde, her ilçe seçim kurulu, kendisine bağlı bulunan sandık kurullarından gelen sandık sonuç tutanaklarını, yukarıda belirtilen usule göre birleştirdikten sonra, düzenleyeceği denetim ve birleştirme tutanak özetinin onaylı birer suretini, bir numaralı ilçe seçim kuruluna teslim eder. Birinci ilçe seçim kurulu, aldığı bu tutanaklardaki sonuçları, kendi düzenlediği özel tutanağa, sütun başlıkları altına toplam sayıları yazmak suretiyle veya ayrı bir tutanak düzenleyerek birleştirme işlemini yapar. Birinci ilçe seçim kurulunun düzenleyeceği ilçe birleştirme tutanak özetinin ilanı ve adaylara verilmesi hususunda da yukarıdaki fıkraya göre işlem yapılır. Asıl ve geçici ilçe seçim kurulu başkanları, sayım, döküm ve birleştirme iş ve işlemlerinin yapıldığı yerlerde, sandık kurulu başkanlarının, sandık çevresinde sahip oldukları yetkileri kullanabilirler. Bu maddede belirtilen tutanaklar ile tutanak özetlerinin düzenlenmesi ve seçim sonuçlarının üst seçim kurullarına gönderilmesine dair usul ve esaslar Yüksek Seçim Kurulu'nca belirlenir.

298 sayılı Kanun'un 109. maddesi gereğince il seçim kurulları, seçimle ilgili kanunların tutanak düzenlemeyi kendilerine görev olarak verdiği hallerde, ilçe seçim kurullarından gönderilen seçim tutanaklarını birleştirerek il seçim tutanaklarını düzenler. Birleştirme sonucunu gösteren tutanağın içindekiler hazır bulunanlara ilan edilir, bir sureti il seçim kurulu başkanı tarafından il seçim kurulu kapısına asılır, asılan bu tutanak sureti bir hafta süre ile asılı kalır.

Cumhurbaşkanı Seçimi Kanunu'nun 19. maddesi, seçimin veya birleştirme tutanağının iptali konusuna ayrılmıştır. Buna göre, bir veya birkaç seçim çevresinde, yapılan seçimin veya düzenlenen birleştirme tutanağının, seçim işlemleri sebebiyle iptaline karar verilmesi hâlinde, iptal edilen kısmın ülke genelindeki seçim sonuçlarına etkisi olup olmadığı göz önüne alınarak Yüksek Seçim Kurulu tarafından söz konusu seçim çevrelerinde seçimlerin yenilenip yenilenmeyeceğine karar verilir. Cumhurbaşkanı seçiminin sonuçlandırılması, Cumhurbaşkanı Seçimi Kanunu'nun 20. maddesinde düzenlenmiştir. Buna göre, cumhurbaşkanı seçiminin kesin sonuçları, Yüksek Seçim Kurulu tarafından Türkiye Büyük Millet Meclisi başkanlığı ile cumhurbaşkanlığı makamına bildirilir, kamuoyuna ilân edilir ve Resmî Gazete'de yayımlanır. Seçilen cumhurbaşkanı adına, Yüksek Seçim Kurulu tarafından cumhurbaşkanı seçildiğine dair bir tutanak düzenlenir. Seçilen cumhurbaşkanı adına düzenlenen tutanak, Türkiye Büyük Millet Meclisi Genel Kurulu'nda, Türkiye Büyük Millet Meclisi başkanı tarafından verilir ve aynı oturumda andiçme töreni yapılır. Bu oturum, eski cumhurbaşkanının görev süresinin dolduğu gün, makamın başka bir sebeple boşalması hâlinde ise seçim sonuçlarının kesinleşmesinden itibaren üç gün içinde gerçekleştirilir (md. 21).

Yukarıda ayrıntılı olarak belirtildiği üzere, cumhurbaşkanlığı seçimlerini müteakip sandık kurulundan gönderilecek sonuç tutanakları ilçe seçim kurullarınca birleştirilecek; ilçe seçim kurullarından gönderilecek birleştirilmiş sonuç tutanakları il seçim kurullarınca birleştirilecek ve il seçim kurullarından gönderilen birleştirilmiş sonuç tutanakları da Yüksek Seçim Kurulu'nca birleştirilerek ilan edilecektir. Cumhurbaşkanlığı seçiminin kesin sonuçları Türkiye Büyük Millet Meclisi başkanlığına ve cumhurbaşkanlığı makamına bildirilecek, kamuoyuna ilan edilecek ve Resmi Gazete'de yayımlanacaktır. Seçilen cumhurbaşkanı adına, Yüksek Seçim Kurulu tarafından cumhurbaşkanı seçildiğine dair bir tutanak düzenlenecek, bu tutanak, Türkiye Büyük Millet Meclisi Genel Kurulu'nda, Türkiye Büyük Millet Meclisi başkanı tarafından verilecek ve aynı oturumda andiçme töreni yapılacak ve cumhurbaşkanı seçim süreci tamamlanmış olacaktır.

Sonuç tutanaklarının birleştirilmesine veya birleştirme sırasında yapılacak hatalara ilişkin ya da birleştirilmiş kesin sonuç tutanaklarının ilanına ilişkin itiraz ve şikayetler Yüksek Seçim Kurulu'na yapılabilir. Bilindiği gibi seçim uyuşmazlıklarını kesin karara bağlama yetki ve görevi Yüksek Seçim Kurulu'ndadır ve Yüksek Seçim Kurulu'nun kararları aleyhine başka bir mercie başvurulamaz.

SONUÇ

Cumhurbaşkanı, cumhuriyetlerde devlet başkanına verilen isimdir. Cumhuriyet ise devlet başkanlığının ırsi olarak intikal etmediği devlet şeklinin adıdır ve bu anlamda monarşinin tersidir. Türkiye Cumhuriyeti'nin kuruluşundan bu yana Türkiye'de on dokuz kez cumhurbaşkanı seçimi yapılmıştır. Halen görevde olan cumhurbaşkanı, Türkiye Cumhuriyeti'nin on birinci cumhurbaşkanıdır. Cumhurbaşkanlığı makamının önemi ve cumhurbaşkanına tanınan geniş yetkiler sebebiyle, Türkiye'de cumhurbaşkanlığı seçimleri hep yoğun tartışmalara neden olmuştur.

Cumhurbaşkanının nitelikleri ve seçimi esasları Anayasa'nın 101. ve 102. maddelerinde düzenlenmiştir. Ayrıca cumhurbaşkanının seçim usulü konusunda uygulanmak üzere bir de 26/01/2012 tarih ve 6271 sayılı Cumhurbaşkanı Seçimi Kanunu bulunmaktadır. Anayasa'nın 101. maddesinin ilk fıkrası ve Cumhurbaşkanı Seçimi Kanunu'nun 6. maddesi uyarınca cumhurbaşkanı, kırk yaşını doldurmuş ve yüksek öğrenim yapmış Türkiye Büyük Millet Meclisi üyeleri veya bu niteliklere ve milletvekili seçilme yeterliliğine sahip Türk vatandaşları arasından seçilir. O halde cumhurbaşkanı seçilebilmek için anayasada ve kanunda aranan şartlar: vatandaşlık, yaş, yüksek öğrenim yapmış olmak ve milletvekili seçilme yeterliliğine sahip olmak şartlarıdır.

29.05.2009 tarih ve 5901 sayılı Vatandaşlık Kanunu'nun 3. maddesinin 1. fıkrasının ç bendinde Türk vatandaşı, "Türkiye Cumhuriyeti Devleti'ne vatandaşlık bağı ile bağlı olan kişi" şeklinde tanımlanmıştır. Aynı tanımlama Anayasa'nın 66. maddesinde de yer almaktadır. Anayasa'da ve adı geçen kanunda vatandaşlık teriminin bir tanımı bulunmamaktadır. Vatandaşlık, kişiyi devlete bağlayan ve bu sayede ona haklar kazandırıp yükümlülükler yükleyen hukuki bağdır. Her devlet egemenlik yetkisine dayanarak vatandaşlığın kazanılması ve kaybedilmesi kurallarını kendisi belirlemekte serbesttir. Türk vatandaşlık hukukunda, vatandaşlığın kazanılması doğumla olabildiği gibi sonradan kazanma şeklinde de olabilir. Cumhurbaşkanının nitelikleri arasında sayılan vatandaşlık şartı, başka herhangi bir ayrıma gidilmeden aranan bir şarttır. O halde Türk hukukuna göre cumhurbaşkanı, vatandaşlığı doğumla kazanmış bir kişi olabileceği gibi, sonradan vatandaşlık kazanmış bir kişi de olabilir. Cumhurbaşkanı seçilme yeterliliğini düzenleyen Anayasa'nın 101. ve Cumhurbaşkanı Seçimi Kanunu'nun 6. maddesi müeyyidesiz norm niteliğindedir, yani cumhurbaşkanı seçilen kişinin seçildikten sonra seçilme yeterliliklerini kaybetmesi durumunda uygulanacak müeyyide belirtilmemiştir. Bu sebeple, cumhurbaşkanı seçildikten sonra Türk vatandaşlığını kaybetmenin cumhurbaşkanlığını sona erdirmeyeceğini ifade edebiliriz. Anayasa, seçimden sonra Türk vatandaşlığının kaybı durumunda cumhurbaşkanının görevine son verebilecek bir makam öngörmediği için vatandaşlığı seçimden sonra kaybeden bir cumhurbaşkanının görevine, Anayasa bu konuda bir makamı görevlendirmedikçe son verilemez. "Çok vatandaşlık" ise bizzat 5901 sayılı Türk Vatandaşlığı Kanunu'nun 3. maddesinin 1. fıkrasının b bendinde "Türk vatandaşının aynı anda birden çok vatandaşlığa sahip olması" şeklinde tanımlanmıştır. Yine aynı Kanun'un 44. maddesinde "herhangi bir nedenle yabancı bir devlet vatandaşlığını kazanan kişilerin, bu durumlarına ilişkin belgeleri ibraz etmeleri ve yapılacak inceleme sonucunda kayden aynı kişiler olduklarının tespiti halinde, nüfus aile kütüklerindeki kayıtlarına çok vatandaşlığa sahip olduklarına dair açıklama yapılır" ifadesi yer almaktadır. Dolayısıyla Türk hukuk düzeninde kişilerin birden fazla vatandaşlığa sahip olabilmesi mümkündür. Cumhurbaşkanı seçilebilme yeterliliği olarak da vatandaşlık şartı kayıtsız olarak arandığı için birden çok vatandaşlığa sahip olan Türk vatandaşının cumhurbaşkanı seçilebilmesi mümkündür.

Anayasamızda cumhurbaşkanı seçilebilme yaşı olarak 40 yaş şartı kabul edilmiştir. Cumhurbaşkanı seçilebilmek için aranan yaş şartı ülkeden ülkeye değişmekte, bazı ülkelerde ayrıca yaş şartı aranmazken, bazı ülkelerde 35, 40, 50 gibi değişik yaşlar öngörülmektedir. Cumhurbaşkanı seçilebilmek için aranan 40 yaş şartı, 1961 Anayasası'nın da kabul ettiği yaş sınırı idi.

Cumhurbaşkanı seçilebilmek için yüksek öğrenim yapmış olmak şartı ilk olarak 1961 Anayasası'nda yer almıştır. Bu çalışmada incelenen ülke anayasalarından hiçbirinde böyle bir şart bulunmamaktadır. Bu şart, 1961 Anayasası'nın hazırlık sürecinde de tartışmalara neden olmuştur. Yükseköğretim, 04.11.1981 tarih ve 2547 sayılı Yükseköğretim Kanunu'nun 3. maddesinin 1. fıkrasının a bendinde "milli eğitim sistemi içinde, ortaöğretime dayalı en az dört yarıyılı kapsayan her kademedeki eğitim-öğretimin tümü" şeklinde tanımlanmıştır.

Anayasamızın 101. maddesinin birinci fıkrası ve Cumhurbaşkanı Seçimi Kanunu'nun 6. maddesinde cumhurbaşkanı seçilebilmek için ya 40 yaşını doldurmuş ve yükseköğrenim yapmış olan Türkiye Büyük Millet Meclisi üyesi olmak veya yine bu niteliklere ve milletvekili seçilme yeterliliğine sahip olan Türk vatandaşı olmak şartları aranmıştır. O halde Anayasamız ve Cumhurbaşkanı Seçimi Kanunu milletvekili seçilme yeterliliğini bir genel şart olarak kabul etmiş, bu genel şart ile çelişen örneğin yaş ve öğrenim şartı gibi farklılıkları ayrıca belirtmiştir. Milletvekili seçilme yeterliliğine sahip olmak şartı başka bazı ülkelerin anayasalarında da aranan bir şarttır. Anayasamızın 76. maddesinde milletvekili seçilme yeterlilikleri hem olumlu hem de olumsuz şartlar aynı madde içerisinde belirtilerek düzenlenmiştir. Milletvekili seçilebilmek için aranan olumlu şartlar, yaş ve vatandaşlık şartlarıdır. Milletvekili seçilebilmek için 25 yaşını doldurmuş olmak ve Türk vatandaşı olmak gerekmektedir. Görüldüğü gibi cumhurbaşkanı seçilme yeterliliği olarak aranan yaş ile milletvekili seçilme yeterliliği olarak aranan yaş şartları farklıdır. O halde Meclis içinden cumhurbaşkanı adayı olabilecek milletvekilleri 25 yaşını değil, 40 yaşını doldurmuş olan milletvekilleridir.

Milletvekili seçilebilmek için aranan olumsuz şartlar yani milletvekili seçimi engelleri Anayasa'nın 76. maddesinin ikinci ve üçüncü fıkralarında ve Milletvekili Seçimi Kanunu'nun 11. maddesinde düzenlenmiştir. Anayasa'nın 76. maddesinin 2. fıkrasında sayılan olumsuz şartlar daha ziyade bazı suçlar itibarıyla değerlendirilirken, 3. fıkrada sayılan olumsuz şartlar ise belirli bazı statülerde bulunan kişiler itibarıyla değerlendirilmiştir. Milletvekili seçilme engelleri olarak da adlandırabileceğimiz olumsuz şartlardan ilki eğitim şartıdır. Bu şarta göre, en az ilkokul mezunu olmayanlar milletvekili seçilemezler. Anayasamız milletvekili olabilmek için en az ilkokul mezunu olmak şartını aramışken, cumhurbaşkanı seçilebilmek için ise yükseköğrenim yapmış olmak şartını aramıştır. O halde Meclis içerisinden cumhurbaşkanlığına aday olabilecek milletvekilleri ilkokul mezunu olan milletvekilleri değil yükseköğrenim yapmış olan milletvekilleridir.

Milletvekili seçilebilmek için aranan diğer bir olumsuz şart da kısıtlı olmamak şartıdır. Medeni Kanun'un 405-408. maddelerinde kısıtlılık sebepleri sayılmıştır. Bu sebepler: akıl hastalığı veya akıl zayıflığı; savurganlık, alkol veya uyuşturucu madde bağımlılığı, kötü yaşama tarzı, kötü yönetim; özgürlüğü bağlayıcı ceza ve istek üzerine kısıtlılıktır.

Milletvekili seçilme engellerinden bir diğeri, yükümlü olunan askerlik hizmetini yapmamış olmaktır. 1111 sayılı Askerlik Kanunu, askerlik yükümlülüğü olmayan kişileri belirlemiştir. Kişilerin askerlik yükümlülüğü yok ise, bu kişiler örneğin cumhurbaşkanı adayı olmak istediklerinde kendileri hakkında "askerlik yapmış olmak" şartı aranmaz, çünkü bu kişilerin askerlik yükümlülüğü bulunmamaktadır. Yine 1111 sayılı Askerlik Kanunu'nun 1. maddesine göre "Türkiye Cumhuriyeti tebaası olan her erkek, işbu kanun mucibince askerlik yapmaya mecburdur". O halde Askerlik Kanunu'nun 1. maddesinin aksi yorumundan Türkiye'de kadınların askerlik yükümlülüğü olmadığı anlaşılmaktadır. Şu halde Türkiye'de cumhurbaşkanlığına aday olan bir kadının askerlik yükümlülüğü olmadığından kendisi hakkında "askerlik yükümlülüğünü yerine getirmiş olmak" şartı da aranmaz.

Milletvekili seçilebilme şartlarından bir diğeri de kamu hizmetlerinden yasaklı olmamak şartıdır. 5237 sayılı Türk Ceza Kanunu'nun 53. maddesinin ilk fıkrasında, "kişi kasten işlemiş olduğu suçtan dolayı hapis cezasına mahkûmiyetin kanuni sonucu olarak; sürekli, süreli veya geçici bir kamu görevinin üstlenilmesinden; bu kapsamda, Türkiye Büyük Millet Meclisi üyeliğinden veya devlet, il, belediye, köy veya bunların denetim ve gözetimi altında bulunan kurum ve kuruluşlarca verilen, atamaya veya seçime tâbi bütün memuriyet ve hizmetlerde istihdam edilmekten, seçme ve seçilme ehliyetinden ve diğer siyasî hakları kullanmaktan yoksun bırakılır" ifadesine yer verilmiştir. Maddenin ikinci fıkrasına göre de, kişi işlemiş bulunduğu suç dolayısıyla mahkûm olduğu hapis cezasının infazı tamamlanıncaya kadar bu hakları kullanamaz.

Anayasamızda, milletvekili seçilebilmek için belirli suçlardan veya belirli sürelerle mahkum olmama şartı aranmıştır. Anayasamızın 76. maddesinin ikinci fıkrasına göre, taksirli suçlar hariç toplam bir yıl veya daha fazla hapis ile ağır hapis cezasına hüküm giymiş olanlar; zimmet, ihtilas, irtikap, rüşvet, hırsızlık, dolandırıcılık, sahtecilik, inancı kötüye kullanma, dolanlı iflas gibi yüz kızartıcı suçlarla, kaçakçılık, resmi ihale ve alım satımlara fesat karıştırma, devlet sırlarını açığa vurma, terör eylemlerine katılma (bu fıkrada geçen 'ideolojik veya anarşik eylemlere' ibaresi 27/12/2002 tarihli ve 4777 sayılı Kanun'la 'terör eylemlerine' şeklinde değiştirilmiştir) ve bu gibi eylemleri tahrik ve teşvik suçlarından biriyle hüküm giymiş olanlar affa uğramış olsalar bile milletvekili seçilemezler. Yüksek Seçim Kurulu söz konusu yüz kızartıcı suçların sınırlı sayıda olduğu ve yorum yoluyla yüz kızartıcı suç üretilemeyeceğini kararlarında vurgulamaktadır. Fakat Anayasamızın 76. maddesinin ikinci fıkrasında yer alan "gibi" edatının benzerlik edatı olduğu açıktır. O halde Anayasa'nın sınırlamadığı bir konuda Yüksek Seçim Kurulu'nun bu şekilde yorum yoluyla sınırlama yapmasının mümkün olmaması gerekir.

Anayasa'nın 76. maddesinin 3. fıkrasında statüleri itibariyle milletvekili seçilemeyecek kişiler şöyle sayılmıştır: Hakimler ve savcılar, yüksek yargı organları mensupları, yükseköğretim kurumlarındaki öğretim elemanları, Yükseköğretim Kurulu üyeleri, kamu kurum ve kuruluşlarının memur statüsündeki görevlileri ile yaptıkları hizmet bakımından işçi niteliği taşımayan diğer kamu görevlileri ve silahlı kuvvetler mensupları, görevlerinden çekilmedikçe aday olamazlar ve milletvekili seçilemezler. Madde metninden anlaşıldığı üzere sayılan bu olumsuz şart mutlak nitelikte değildir. Sayılan statülere mensup kişiler bu statüleri terk ettiklerinde milletvekilliğine ve cumhurbaşkanlığına aday olup seçilebilirler.

Türk hukuk sisteminde 1924 Anayasası'ndan 1982 Anayasası'na kadar cumhurbaşkanının Meclis tarafından seçilmesi usulü benimsenmişti. Hatta 1982 Anayasası, diğer Türk anayasalarına nazaran, cumhurbaşkanı seçim sürecinin tıkanmasını önleyici ve ayrıntılı düzenlemelere sahipti. Bununla birlikte 2007 cumhurbaşkanı seçimleri öncesi bazı hukukçuların yapmış oldukları faklı yorumlar sebebiyle cumhurbaşkanı seçim süreci yine tıkanmıştır. 2007 yılında Anayasa'nın 102. maddesinin farklı yorumlanması ülkemizde cumhurbaşkanının bir süre seçilememesine yol açmış ve hukukçular bu konuda fikir ayrılıklarına düşmüş ve hararetli tartışmalar yaşanmıştır. Tartışmaların konusunu, Anayasa'nın 102. maddesinin ilk fıkrasında yer alan üçte iki çoğunluğun karar yeter sayısını değil toplantı yeter sayısını ifade ettiği yönündeki iddialar oluşturmakta idi. Bunun üzerine Meclis, cumhurbaşkanı seçiminde toplantı yetersayısının 184 olduğu yönünde bir karar almıştır. Yapılan başvuru üzerine Anayasa Mahkemesi, Türkiye Büyük Millet Meclisi'nin, cumhurbaşkanı seçimi sırasında toplantı yetersayısının 184 olduğuna yönelik kararını eylemli içtüzük değişikliği niteliğinde bulmuş ve 01.05.2007 tarih ve 2007/45-54 E.-K. sayılı kararında başkanvekili Haşim Kılıç ve üye Sacit Adalı'nın karşı oyları ile iptal etmiş ve 01.05.2007 tarih ve 2007/45-21 E.-K. sayılı kararı ile de, oybirliği ile, ilgili TBMM kararının yürürlüğünü durdurmuştur. Türkiye Büyük Millet Meclisi, Anayasa Mahkemesi'nin söz konusu kararının ardından 31.05.2007 tarih ve 5678 sayılı kanunla Anayasa'nın 96. maddesini değiştirmiştir. Maddenin toplantı ve karar yetersayıları ile ilgili olan birinci fıkrası şu şekilde değiştirilmiştir: "Türkiye Büyük Millet Meclisi, yapacağı seçimler dahil bütün işlerinde üye tamsayısının en az üçte biri ile toplanır. Türkiye Büyük Millet Meclisi, anayasada başkaca bir hüküm yoksa toplantıya katılanların salt çoğunluğu ile karar verir; ancak karar yetersayısı hiçbir şekilde üye tamsayısının dörtte birinin bir fazlasından az olamaz". Anayasa Mahkemesi'nin söz konusu kararının ardından Türkiye Büyük Millet Meclisi, yine 31.05.2007 tarih ve 5678 sayılı kanunla cumhurbaşkanı seçimi usulünü de değiştirmiş ve Anayasa'nın 101. maddesinde "cumhurbaşkanının halk tarafından seçileceği" ifadesi yer almıştır. Cumhurbaşkanının seçim usulü konusunda uygulanmak üzere bir de 26/01/2012 tarih ve 6271 sayılı Cumhurbaşkanı Seçimi Kanunu çıkarılmıştır.

Yapılan değişiklikler sonrasında cumhurbaşkanlığına aday gösterebilecek organlar şunlardır: madde metninde sayılan şartları taşımak koşuluyla milletvekilleri ve bazı siyasi partiler. Cumhurbaşkanlığına meclis içinden veya meclis dışından aday gösterilebilmesi yirmi milletvekilinin yazılı teklifi ile mümkündür. Cumhurbaşkanı Seçimi Kanunu'nun 7/1. maddesi uyarınca her bir milletvekili ancak bir aday için teklifte bulunabilir. Ayrıca, en son yapılan milletvekili genel seçimlerinde geçerli oylar toplamı birlikte hesaplandığında yüzde onu geçen siyasi partiler ortak aday gösterebilir. Cumhurbaşkanı Seçimi Kanunu'nun 7. maddesinin 2. fıkrası uyarınca her bir siyasi parti ancak bir aday için teklifte bulunabilir.

Yüksek Seçim Kurulu'nun, adaylığın olmadığı seçimlerde propaganda yapılamayacağına ilişkin kararları vardır. Cumhurbaşkanlığı seçimlerinde adaylık söz konusu olduğu için propaganda da yapılabilir. Propaganda konusu 298 sayılı Kanun'da detaylı olarak düzenlenmiştir. Cumhurbaşkanı Seçimi Kanunu'nun yaptığı atıf sebebiyle, süreler dışındaki konularda 298 sayılı Kanun'un propaganda hakkındaki hükümlerine başvurulabilir. 298 sayılı Kanun, seçim propagandasını, açık yerlerde propaganda, kapalı yerlerde propaganda, radyo ve televizyonla propaganda, duvar ilanı ve afişle propaganda, başka yerlere asma, kamuoyu yoklamaları ve hediye dağıtma yasağı, matbua dağıtma gibi farklı haller açısından değerlendirmiştir. 298 sayılı Kanun propaganda sürecinde uyulması gereken yasakları da belirlemiştir. Cumhurbaşkanı Seçimi Kanununun yaptığı atıf sebebiyle, cumhurbaşkanı adaylarının da bu yasaklara uyması gerektiği açıktır.

Şüphesiz ki, 2007 yılında yapılan anayasa değişikliklerinden en fazla ses getireni, cumhurbaşkanını seçecek organın değiştirilmesi ve cumhurbaşkanının halk tarafından seçilmesi usulünün benimsenmesidir. Bu değişiklik mevcut hükümet sistemini değiştirip değiştirmeyeceği noktasında yoğun tartışmalara sebep olmuştur. Bizim çalışmamızın akışını değiştireceğine inandığımızdan bu tartışmalara çalışmamızda çok fazla yer vermemeye dikkat ettik. Bizim çalışmamız için söylenmesi gereken, bundan böyle cumhurbaşkanının Meclis tarafından değil halk tarafından seçileceğidir. 298 sayılı Kanun'un 6. maddesine göre, 18 yaşını dolduran her Türk vatandaşı, seçme ve halkoylamasına katılma hakkına sahiptir. 7. madde uyarınca da, silah altında bulunan erler, onbaşılar ve kıta çavuşları (her ne sebeple olursa olsun, izinli olsalar bile), askeri öğrenciler, ceza infaz kurumlarında hükümlü olarak bulunanlar oy kullanamazlar. 8. madde seçmen olamayacakları düzenlemiştir. Buna göre, kısıtlı olanlar ve kamu hizmetinden yasaklı olanlar seçmen olamazlar.

Değişiklikler sonrası cumhurbaşkanının seçim yöntemi şu şekilde düzenlenmiştir: Anayasa'nın 102/1 ve Cumhurbaşkanı Seçimi Kanunu'nun 3/2. maddesi gereğince, cumhurbaşkanlığı seçimi cumhurbaşkanının görev süresinin dolmasından önceki altmış gün içinde; makamın herhangi bir sebeple boşalması halinde ise boşalmayı takip eden altmış gün içinde tamamlanır. Cumhurbaşkanı seçim dönemi, cumhurbaşkanının görev süresinin dolmasından önceki altmışıncı gün, makamın herhangi bir şekilde boşalması halinde ise boşalmayı takip eden gün başlar. Bu süreler içinde seçimin tamamlanması amacıyla, Yüksek Seçim Kurulu tarafından, seçim takvimi resen belirlenir ve ilan edilir.

Genel oyla yapılacak seçimde, geçerli oyların salt çoğunluğunu alan aday cumhurbaşkanı seçilmiş olur. İlk oylamada bu çoğunluk sağlanamazsa, bu oylamayı izleyen ikinci Pazar günü ikinci oylama yapılır. Bu oylamaya, ilk oylamada en çok oy almış bulunan iki aday katılır ve geçerli oyların çoğunluğunu alan aday cumhurbaşkanı seçilmiş olur. İkinci oylamaya katılmaya hak kazanan adaylardan birinin ölümü veya seçilme yeterliliğini kaybetmesi halinde, ikinci oylama, boşalan adaylığın birinci oylamadaki sıraya göre ikame edilmesi suretiyle yapılır. Bunların dışındaki sebeplerle boşalma olması halinde ikame yoluna gidilemez. Oylamalara tek adayla gidilmesi halinde, oylama referandum şeklinde yapılır. Aday, geçerli oyların çoğunluğunu alması halinde cumhurbaşkanı seçilmiş olur. Oylamada adayın, geçerli oyların çoğunluğunu alamaması halinde seçim yenilenir.

Referandumun yasama işlemleri üzerinde yapılan halkoylamaları olduğu, yani referandumda bir metinin plebisitte ise bir isimin oylandığı düşünülürse, yine plebisitin muhalefetsiz seçim, rakipsiz yarış olduğu düşünülürse; hem bir yasama işlemi olmaması hem de adayın karşısında herhangi bir rakip olmaması gibi noktalardan, cumhurbaşkanlığı seçiminde tek aday için yapılacak oylamanın referandum olmayacağı açıktır. Seçim sırasında hükümetin tutumu göz önüne alınırsa ve seçim sonuçlarına göre bir değerlendirme yapılırsa, cumhurbaşkanı seçiminde oylamalara tek adayla gidilmesi durumunda bu oylamanın plebisit olup olmayacağı ileriki dönemlerde yapılacak seçimler ve sonuçları incelenerek daha doğru bir şekilde değerlendirilebilir. Fakat her halükarda yasama işlemlerinin değil de kişilerin oylanması ve hatta bu oylamanın muhalefetsiz ve rakipsiz bir aday için söz konusu olması plebisittir. Bu sebeple tek adayla yapılan bir seçimin oylanması konusunda referandum terimi yerine, daha genel bir ifade olması sebebiyle halkoylaması teriminin kullanılmasının daha yerinde bir seçenek olacağı kanaatindeyim.

1982 Anayasası'nın, "Cumhuriyetin Temel Organları" başlıklı üçüncü kısmının, "Yasama" başlıklı birinci bölümünde, "Seçimlerin Genel Yönetimi ve Denetimi" başlıklı 79. maddesinin ilk fıkrasına göre seçimler, yargı organlarının genel yönetim ve denetimi altında yapılır. 79. maddenin ikinci fıkrasına göre de, seçimlerin başlamasından bitimine kadar, seçimin düzen içinde yönetimi ve dürüstlüğü ile ilgili bütün işlemleri yapma ve yaptırma, seçim süresince ve seçimden sonra seçim konularıyla ilgili bütün yolsuzlukları, şikayet ve itirazları inceleme ve kesin karara bağlama ve Türkiye Büyük Millet Meclisi üyelerinin seçim tutanaklarını ve cumhurbaşkanlığı seçimi tutanaklarını kabul etme görevi Yüksek Seçim Kurulu'nundur.

298 sayılı Kanun'un 9. maddesine göre, seçim işleri, seçim kurullarınca yürütülür. Anılan Kanun'un 10. maddesinde seçim kurullarının neler olduğu açıklanmıştır. Buna göre, Ankara'da bir Yüksek Seçim Kurulu, her seçim çevresinde bir il seçim kurulu, her ilçede bir ilçe seçim kurulu ve seçim bölgelerine konulacak her sandık için bir sandık kurulu bulunur. Yurt dışında bulunan vatandaşların oy kullanmalarıyla ilgili seçim işlerini yönetmek üzere Ankara İl Seçim Kurulu'na bağlı Yurt Dışı İlçe Seçim Kurulu oluşturulur. İhtiyaç duyulması halinde birden fazla yurt dışı ilçe seçim kurulu teşkil edilebilir. İl merkezlerinde, ayrıca bir merkez ilçe seçim kurulu teşkil olunur. Son nüfus sayımına göre nüfusu 200.000'i aşan ilçelerde, köy ve

mahalle sınırları (seçim bölgeleri) esas alınarak ve mümkün olduğu nispette nüfus sayısında eşitlik gözetilerek; birden fazla ilçe seçim kurulu teşkil edilir. İl belediyeleri ile ilçe belediyeleri dışında; ilçe dahilindeki (merkez ilçe dahil) diğer belediyeler; bölünme yapılmaksızın, mahalleleri ile birlikte bir bütün olarak ilçe seçim kurullarından birine bağlanır.

Cumhurbaşkanı Seçimi Kanunu'nun üçüncü bölümünde seçim günü işleri belirlenmiştir. Kanun'un 15. maddesi kullanılacak oy pusulasının şeklini düzenlemektedir. Cumhurbaşkanı Seçimi Kanunu'nun 16. maddesinde oy kullanmanın şekli üzerinde durulmuştur. Buna göre seçmen, sandık kurulunca kendisine verilen birleşik oy pusulası ve "Evet" veya "Tercih" yazılı mührü alarak oyunu kullanmak üzere kapalı oy verme yerine girer. Seçmen, mührü, birleşik oy pusulasında tercih ettiği adaya ait özel daire içine basmak, birleşik oy pusulasını zarfa koymak ve zarfı sandığa atmak suretiyle oyunu kullanır. Oyunu kullanan seçmen, mührü sandık kurulu başkanına geri verir.

Cumhurbaşkanı Seçimi Kanunu'nun 17. maddesinde, oylamanın referandum şeklinde yapılması halinde oy kullanmanın şekli belirtilmiştir. Daha önce de aktarıldığı gibi oylamalara tek adayla gidilmesi halinde oylamanın referandum şeklinde yapılacağı Kanun'un 4. maddesinde belirtilmişti. Bu tür oylamalarda seçmen, sandık kurulunca kendisine verilen, beyaz üzerine "Evet" kahverengi üzerine "Hayır" ibareleri bulunan iki ayrı renkten oluşan birleşik oy pusulası ve "Evet" veya "Tercih" yazılı mührü alarak oyunu kullanmak üzere kapalı oy verme yerine girer. Seçmen, mührü, birleşik oy pusulasında tercih ettiği kısmın üzerine basmak, birleşik oy pusulasını zarfa koymak ve zarfı sandığa atmak suretiyle oyunu kullanır. Oyunu kullanan seçmen, mührü sandık kurulu başkanına geri verir.

Cumhurbaşkanı Seçimi Kanunu, seçim sonrası işlere de yer vermiştir. Cumhurbaşkanı Seçimi Kanunu'nun "Seçim tutanakları ve sonuçlarının birleştirilmesi" başlıklı 18. maddesine göre, sandık, ilçe ve il seçim kurullarınca düzenlenmesi gereken tutanakların içeriği ile seçim sonuçlarının birleştirilmesine ilişkin usul ve esaslar Yüksek Seçim Kurulu tarafından belirlenir. Yüksek Seçim

Kurulu, il seçim kurullarından gelen sonuçları birleştirerek ilân eder. 298 sayılı Kanun'un 108. maddesi gereğince, sandık kurullarından gelen sonuç tutanaklarının ilçe seçim kurullarınca birleştirilmesi ve seçim sonuçlarının belirlenmesi işlemleri açık ve aralıksız olarak yapılır.

Seçim uyuşmazlığı, seçim mevzuatı çerçevesinde, seçim sürecinde ortaya çıkabilecek, seçime katılan tarafların hak ve menfaatlerini ilgilendiren uyuşmazlıklardır. Bu tanımda geçen "seçim süreci" kavramını dar yorumlamamak gerekir. Örneğin adayların belirlenmesi, propaganda gibi seçim günü öncesi işler veya seçim tutanaklarının düzenlenmesi, bu tutanakların birleştirilmesi gibi seçim sonrası işler de seçim sürecine ait işlerdir. Bu durumda seçim günü işlerinin yanında, seçim öncesi işler ve seçim sonrası işler diye adlandırabileceğimiz bazı işlemler de seçim sürecinin içerisinde yer almaktadır. Yani seçim süreci kavramı seçim ile ilgili bütün iş ve işlemleri kapsayan çerçeve niteliğinde bir kavramdır.

Anayasa'nın "Seçimlerin genel yönetimi ve denetimi" başlıklı 79. maddesinin 2. fıkrası uyarınca, seçimlerin başlamasından bitimine kadar, seçimin düzen içinde yönetimi ve dürüstlüğü ile ilgili bütün işlemleri yapma ve yaptırma, seçim süresince ve seçimden sonra seçim konularıyla ilgili bütün yolsuzlukları, şikayet ve itirazları inceleme ve kesin karara bağlama ve Türkiye Büyük Millet Meclisi üyelerinin seçim tutanaklarını ve Cumhurbaşkanlığı seçim tutanaklarını kabul etme görevi Yüksek Seçim Kurulu'ndadır. Yüksek Seçim Kurulu'nun kararları aleyhine başka bir mercie başvurulamaz. Anayasa'nın 79. maddesinin 2. fıkrası hükmünden anlaşıldığına göre seçim konularıyla ilgili bütün şikayet ve itirazları inceleme konusunda en üst karar mercii Yüksek Seçim Kurulu'dur. Fakat seçim ile ilgili işler konusunda yapılacak şikayet ve itirazları inceleme konusunda diğer seçim kurulları da yetkilidir. Şöyle ki, yurt dışı ilçe seçim kurulu, yurt dışı sandık kurulunun işlemlerine ve kararlarına karşı yapılan itiraz ve şikayetleri inceler ve karara bağlar. İlçe seçim kurulları da, sandık kurullarının teşekküllerine, işlemlerine ve kararlarına karşı yapılan itirazları inceleyerek karara bağlar. İl seçim kurulları da, ilçe seçim kurullarının teşekkülüne, işlemlerine ve kararlarına karşı yapılan itiraz ve şikayetleri inceleyerek derhal karara bağlar. İl seçim kurullarının teşekkülüne, işlemlerine ve kararlarına karşı yapılacak itirazları oy verme gününden önce ve itiraz konusunun gerektirdiği süratle kesin karara bağlamak görevi de Yüksek Seçim Kurulu'ndadır. Yüksek Seçim Kurulu ayrıca, adaylığa ilişkin itirazları da kesin karara bağlar. İl seçim kurullarınca, oy verme günü işlemleri hakkında verilmiş olan kararlara karşı yapılan itirazları derhal inceleyip kesin karara bağlamak, il seçim kurullarınca düzenlenen tutanaklara karşı yapılan itirazları inceleyip kesin karara bağlamak, seçimlerden sonra kendisine süresi içinde yapılan, seçimin sonucuna müessir olacak ve o çevre seçiminin veya seçilenlerden bir veya birkaçının tutanağının iptalini gerektirecek mahiyette itirazları, altkurullara yapılan itirazların silsilesine ve sürelerine uygunluğunu araştırmaksızın inceleyip kesin karara bağlamak görevi de Yüksek Seçim Kurulu'ndadır. O halde seçim işleri ile ilgili konularda Yüksek Seçim Kurulu'na yapılabilecek itiraz ve şikayetleri, seçim öncesi işler ile ilgili olan, seçim günü işleri ile ilgili olan ve seçim sonrası işler ile ilgili olan itiraz ve şikayetler şeklinde üçe ayırarak incelemek mümkün ve yerindedir. Seçim öncesi işlerle ilgili olarak Yüksek Seçim Kurulu'na yapılabilecek şikayet ve itirazlar; il seçim kurullarının teşekkülüne ilişkin yapılan itiraz ve şikayetler, adaylığa ve seçilme itirazlar şeklinde sayılabilir. Yüksek Seçim Kurulu'na seçim günü işleri ile ilgili yapılabilecek şikayet ve itirazlar ise; il seçim kurullarının oy verme günü işlemleri hakkında vermiş olduğu kararlara karşı, oy verme şekline veya oyların sayım ve dökümüne ilişkin, oy verme günü yapılan yayınlara ilişkin, seçim günü yasaklarına ilişkin itiraz ve şikayetler şeklinde örneklendirilebilir. Yüksek Seçim Kurulu'na seçim sonrası işler ile ilgili yapılabilecek itiraz ve şikayetler ise daha ziyade seçim tutanaklarına ve bu tutanakların birleştirilmesine ilişkin itiraz ve şikayetler şeklinde belirtilebilir.

Yüksek Seçim Kurulu, 298 sayılı Seçimlerin Temel Hükümleri ve Seçmen Kütükleri Hakkında Kanun'un 130. maddesinin son paragrafına dayanarak, seçimden önce var olan seçilme yeterliliğine engel olacak durumların adaylığın kesinleşmesinden sonra veya seçimden sonra ortaya çıkması durumunda, örneğin adaylığın kesinleşmesinden sonra ortaya çıkan adayın Türk olmadığına, yaşının kanunda gösterilenden küçük olduğuna, okur-yazar olmadığına veya seçilme yeterliğini kaybettiren bir mahkumiyeti bulunduğuna ilişkin iddialarının varlığı durumunda, tam kanunsuzluk hali nedeniyle konuyu incelemekte ve kesin karara bağlamaktadır.

KAYNAKLAR

ARAÇ İbrahim-Hasan ERİKLİ, "Anayasanın 87. Maddesine Göre Kabulünde Nitelikli Çoğunluk Aranması Gereken Af Kanunları", **Yasama Dergisi**, Sayı:1, Nisan-Mayıs-Haziran, 2006.

ARSLAN N. Talat, "Kamu Örgütlerinde Hukuksal Düzenlemelerden Kaynaklanan Sorunlar (İnfaz Kurumları Örneği)", **Cumhuriyet Üniversitesi İktisadi ve Bilimler Dergisi**, Cilt:4, Sayı:1, 2003.

BAŞLAR Kemal, "Anayasa Mahkemesinin 367 Kararı Sonrası", www.anayasa.gen.tr/367karari.doc.

BİLİR Faruk, "Yeni Anayasada Yüksek Seçim Kurulu", **Ankara Strateji Enstitüsü**, 29.05.2012.http://www.ankarastrateji.org/yazar/doc-dr-faruk-bilir/yeni-anayasada-yuksek-secim-kurulu/.

BORINS Sanford, "Online Adaydan Online Başkana", Çev. Nazlı Çetin, **Seçim Kampanyalarında Geleneksel Medya, İnternet ve Sosyal Medyanın Kullanımı**, Ed. Yusuf Devran, Başlık Yayın Grubu, İstanbul, 2011.

CİN Turgay, "Yunan Vatandaşlık Yasasına Göre Yunan Asıllılığın (Vatandaşlığının) Kazanılması", s.1. http://deu.mitosweb.com/browse/51051/cin1.pdf?show.

ÇAĞAN Nami, "Türk Hukukunda Vergi Cezalarının Affı", **Ankara Üniversitesi Hukuk Fakültesi Dergisi**, Cilt:29, Sayı:1-2, 1972.

ÇELEBİ Aykut, "Doğrudan Demokrasi ya da Temsili Hükümet Modelinin Demokratikleştirilmesi Üzerine", **Demokratik Anayasa**, Haz: Ece Göztepe ve Aykut Çelebi, Metis Yayınları, İstanbul, 2012.

ÇİFLİK Filiz Yalçın, **Seçim Suçları ve Cezaları**, Adalet Yayınevi, Ankara, 2008.

DEVRAN Yusuf, "Medya Bağlamında 22 Temmuz Seçimleri", **Seçim Kampanyalarında Geleneksel Medya, İnternet ve Sosyal Medyanın Kullanımı**, Ed. Yusuf Devran, Başlık Yayın Grubu, İstanbul, 2011.

DEVRAN Yusuf-Gülcan Seçkin, "Kamusal İnsan, Medya ve Siyaset", **Seçim Kampanyalarında Geleneksel Medya, İnternet ve Sosyal Medyanın Kullanımı**, Ed. Yusuf Devran, Başlık Yayın Grubu, İstanbul, 2011.

DURSUN Hasan, "Af Kavramına Genel Bir Bakış", **Türkiye Barolar Birliği Dergisi**, Sayı:85, 2009.

ECO Umberto, **Yorum ve Aşırı Yorum**, Çev. Kemal Atakay, 6. b., Can Yayınları, İstanbul, 2012.

ERDOĞAN Mustafa, **Anayasa Hukuku**, Genişletilmiş 5. b., Orion Kitabevi, Ankara, 2009.

EROĞUL Cem, "2007 Cumhurbaşkanı Seçimi Bunalımından Çıkarılabilecek Dersler", **Ankara Üniversitesi SBF Dergisi**, Cilt: 62, Sayı: 3, 2007.

EŞEN Hamit, "Parlamento Hukukunda Milletvekilliğinin Sona Ermesi", **Yasama Dergisi**, S:19, Eylül-Ekim-Kasım-Aralık, 2011.

GÖNENÇ Levent, **Türkiye'de Seçim Uyuşmazlıkları ve Çözüm Yolları**, Adalet Yayınevi, Ankara, 2008.

GÖREN Zafer, **Anayasa Hukukuna Giriş**, 2. b., Dokuz Eylül Üniversitesi Yayınları, İzmir, 1999.

GÖZLER Kemal, **Anayasa Hukukunun Genel Esasları**, Genişletilmiş 2.b., Ekin Yayınevi, Bursa, 2011.

GÖZLER Kemal, **Anayasa Hukukunun Genel Teorisi**, C. II, Ekin Yayınevi, Bursa, 2011.

GÖZLER Kemal, "Cumhurbaşkanının Seçimi Konusunda Bir Açıklama", **Türkiye Günlüğü**, Sayı: 89, Yaz 2007.

GÖZLER Kemal, **Devlet Başkanları**, Ekin Yayınevi, Bursa, 2001.

GÖZLER Kemal, "Halkoylamasının Değeri", **Ankara Üniversitesi Hukuk Fakültesi Dergisi**, Cilt:40, Sayı: 1-4, 1988.

GÖZLER Kemal, "Hukukun Siyasetle İmtihanı-Kim Sınıfta Kaldı?", **Türkiye Günlüğü**, Sayı: 89, Yaz 2007.

GÖZLER Kemal-Gürsel KAPLAN, **İdare Hukuku Dersleri**, 11. b., Ekin Yayınevi, Bursa, 2011.

GÖZLER Kemal, "Realist Yorum Teorisi ve Mekanist Anayasa Anlayışı", **Anayasa Yargısı,** Cilt:15, 1998.

GÖZLER Kemal, "Vatandaşlık ve Milletvekilliği", **Liberal Düşünce**, Cilt 4, Yaz 1999.

GÖZLER Kemal, "Yorum İlkeleri", **Anayasa Hukukunda Yorum ve Norm Somutlaşması (Kamu Hukukçuları Platformu 3. Toplantısı),** Ankara, TBB Kongre Merkezi, 29 Eylül 2012. www. anayasa.gen.tr.

HAFIZOĞULLARI Zeki-Bülent H. ACAR, "Cumhurbaşkanı Seçilme Yeterliliğinin Suç İsnadı Altında Bulunmama Koşulu", **Ankara Barosu Dergisi**, Yıl:65, Sayı:2, Bahar 2007.

İZMİR Gökalp, "Milletvekili Seçilme Yeterliliği ve Sıfatın Kazanılması", **Yasama Dergisi**, S: 18, Mayıs-Haziran-Temmuz-Ağustos, 2011.

KABOĞLU İbrahim, **Değişiklikler Işığında 1982 Anayasası Halk Neyi Oylayacak**, İmge Kitabevi, Ankara, 2010.

KAHRAMAN Mehmet, "Fonksiyonları İtibariyle Türkiye'de Cumhurbaşkanlığı ve Cumhurbaşkanlığı Seçimi Tartışmaları", **Dumlupınar Üniversitesi Sosyal Bilimler Dergisi**, Sayı:19, Aralık 2007.

KARAARSLAN Mehmet, "Suç ve Cezaların Memuriyete Etkisi", **Ankara Üniversitesi Hukuk Fakültesi Dergisi,** Cilt: 58, Sayı:1, 2009.

KAVAS D. Celaleddin, "Araçsal Akıl ve 367 Kararı", **Türkiye Günlüğü Dergisi**, Sayı: 90, Seçim 2007.

KELEŞOĞLU Abdurrahman, "Cumhurbaşkanını Kim Seçmelidir?", http://www.caginpolisi.com.tr/50/10-11.htm.

KELLNER Douglas, "Barack Obama ve Ünlü Gösterisi", Çev. Leyla Keskiner, **Seçim Kampanyalarında Geleneksel Medya, İnternet ve Sosyal Medyanın Kullanımı**, Ed. Yusuf Devran, Başlık Yayın Grubu, İstanbul, 2011.

KIRBAŞ Sadık, **Türkiye'de Kayıtdışı Ekonomi, Yolsuzluk, Siyasetin Finansmanı**, Phoenix Yayınevi, Ankara, 2012.

KİLİ Suna-Şeref GÖZÜBÜYÜK, **Sened-i İttifaktan Günümüze Türk Anayasa Metinleri**, Yenilenmiş 3. b., Türkiye İş Bankası Kültür Yayınları, İstanbul, 2006.

KOÇ Nevzat, "Türk Medeni Kanunundaki Düzenlemeler Işığında Vesayet Hukukuna Genel Bir Bakış", **Dokuz Eylül Üniversitesi Hukuk Fakültesi Dergisi**, Cilt:7, Özel Sayı, 2005.

MISCICKA Monika, "2010 Polonya Seçim Kampanyasında Sosyal Medyanın Kullanımı", Çev. Hande Gürel, **Seçim Kampanyalarında Geleneksel Medya, İnternet ve Sosyal Medyanın Kullanımı**, Ed. Yusuf Devran, Başlık Yayın Grubu, İstanbul, 2011.

MONTESQUIEU, **Kanunların Ruhu Üzerine**, Çev: Fehmi Baldaş, Hiperlink Yayınları, İstanbul, Tarihsiz.

ÖZBEK Veli Özer-Nihat KANBUR-Pınar BACAKSIZ, **Ceza Muhakemesi Hukuku**, 2.b., Seçkin Yayınevi, Ankara, 2008.

ÖZBUDUN Ergun, "Anayasa Mahkemesi ve Demokrasi", **Zaman Gazetesi**, 3 Mayıs 2007.

ÖZBUDUN Ergun, "Anayasa Savaşları", **Zaman Gazetesi**, 23 Ağustos 2007.

ÖZBUDUN Ergun, "Cumhurbaşkanı Seçimi ve Anayasa", **Zaman Gazetesi**, 17 Ocak 2007.

ÖZBUDUN Ergun, **Türk Anayasa Hukuku**, 13. b., Yetkin Yayınları, Ankara, 2012.

ÖZBUDUN Ergun, "Türk Anayasa Mahkemesinin Yargısal Aktivizmi ve Siyasal Elitlerin Tepkisi", **Ankara Üniversitesi Siyasal Bilgiler Fakültesi Dergisi,** Cilt:62, Sayı:3, 2007.

ÖZDEMİR Hikmet, **Atatürk'ten Günümüze Cumhurbaşkanı Seçimleri**, Remzi Kitabevi, Ankara, 2007.

ÖZKAN Nejat, "Adli Sicil ve Arşiv Kayıtlarının 5352 Sayılı Yasaya Göre Silinmesi", **Ankara Barosu Dergisi**, Yıl:68, Sayı:3, 2010.

ÖZTAN Bilge, **Medeni Hukukun Temel Kavramları**, 18. b., Turhan Kitabevi, Ankara, 2005.

ÖZTÜRK Bahri-Mustafa Ruhan ERDEM, **Uygulamalı Ceza Hukuku ve Güvenlik Tedbirleri Hukuku**, Seçkin Yayınevi, Ankara, 2011.

Radikal Gazetesi, 29.08.2007, http://www.radikal.com.tr/veriler/2007/08/29/tarihimin.gif.

SELÇUK Sami, "Anayasa Mahkemesinin Kararları, Kararlar Öncesinde ve Sonrasında Yaşananlar ve Ortaya Çıkan Gerçekler", **Türkiye Günlüğü Dergisi**, Sayı:90, Seçim 2007.

SEVİNÇ Murat, "Güncel Gelişmelerin Işığında, 1982 Anayasasına Göre Cumhurbaşkanı", **Ankara Üniversitesi Siyasal Bilgiler Fakültesi Dergisi**, Cilt:57, Sayı:2, 2002.

TACAR Pulat, **Siyasetin Finansmanı**, Doruk Yayıncılık, Ankara, 1997.

TANÖR Bülent-Necmi YÜZBAŞIOĞLU, **1982 Anayasasına Göre Türk Anayasa Hukuku**, Son Değişikliklere Göre 9. b., Beta Yayınevi, İstanbul, 2009.

TAŞKIN Ş. Cankat, "2007 Anayasa Değişikliklerinden Sonra Türkiye'nin Hükümet Sistemi ve Cumhurbaşkanının Konumu", http://cankattaskin.av.tr/wp-content/uploads/2011/03/Anayasa-makale-pdf.pdf.

TAVAŞ İbrahim Halil, "Türk Anayasalarında Cumhurbaşkanı Seçimi", **Yasama Dergisi**, Sayı 5, Nisan-Mayıs-Haziran 2007.

TEZİÇ Erdoğan, **Anayasa Hukuku**, 7. b., Beta Yayınevi, İstanbul, 2001.

TÜRE İlknur, "Anayasal Denetimin Gücü Üzerine Teoriler", **Türkiye Günlüğü Dergisi**, Sayı:90, Seçim 2007.

Türk Dil Kurumu, Büyük Türkçe Sözlük, http://tdkterim.gov.tr.

Türk Dil Kurumu, Büyük Türkçe Sözlük, http://tdkterim.gov.tr/bts/ .

ULUŞAHİN Nur, "Cumhurbaşkanı Seçiminin Düşündürdükleri yada Hukukun Siyasallaşması", **Ankara Barosu Dergisi**, Sayı:2, Yıl: 65, Bahar 2007.

WRING Dominic-Stephen Ward, "İngiltere'de Medya ve 2010 Kampanyası: Televizyon Seçimi", Çev. Ali Serim, **Seçim Kampanyalarında Geleneksel Medya, İnternet ve Sosyal Medyanın Kullanımı**, Ed. Yusuf Devran, Başlık Yayın Grubu, İstanbul, 2011.

YAVUZ Bülent, "2007 Anayasa Değişikliğinin Doğurduğu Tereddütler ve Çözüm Yolları", **Gazi Üniversitesi Hukuk Fakültesi Dergisi**, C. XII, S. 1-2, 2008.

YÜKSEL Cüneyt, **Siyasette Etik**, Boğaziçi Üniversitesi Yayınevi, İstanbul, 2010.

http://www.ysk.gov.tr/ysk/IlkeKararlari/2000/Kararlar/2000-235-karar.htm.

http://www.ysk.gov.tr/ysk/IlkeKararlari/1999/Kararlar/1999-1585-karar.htm.

http://www.adalet.gov.tr/duyurular/2011/eylul/anayasalar/ulkeana/pdf/04-AVUSTURYA%201-98.pdf.

http://www.adalet.gov.tr/duyurular/2011/eylul/anayasalar/ulkeana/pdf/07-FRANSA%20169-208.pdf.

http://www.adalet.gov.tr/duyurular/2011/eylul/anayasalar/ulkeana/pdf/08-ALMANYA%20209-276.pdf.

http://www.adalet.gov.tr/duyurular/2011/eylul/anayasalar/ulkeana/pdf/09-İRLANDA%20277-318.pdf.

http://www.adalet.gov.tr/duyurular/2011/eylul/anayasalar/ulkeana/pdf/10-İTALYA%20319-354.pdf.

http://www.adalet.gov.tr/duyurular/2011/eylul/anayasalar/ulkeana/pdf/12-POLONYA%20385-438.pdf.

http://www.adalet.gov.tr/duyurular/2011/eylul/anayasalar/ulkeana/pdf/13-PORTEKİZ%20439-532.pdf.

http://www.ysk.gov.tr/ysk/IlkeKararlari/2005/Kararlar/2005-267-karar.htm.

http://www.ysk.gov.tr/ysk/IlkeKararlari/2007/Kararlar/2007-433-karar.htm.

http://www.ysk.gov.tr/ysk/IlkeKararlari/1999/Kararlar/1999-1679-karar.htm.

http://www.ysk.gov.tr/ysk/IlkeKararlari/2007/Kararlar/2007-427-karar.htm.

http://www.ysk.gov.tr/ysk/IlkeKararlari/2005/Kararlar/2005-181-karar.htm.

http://www.ysk.gov.tr/ysk/IlkeKararlari/1999/Kararlar/1999-371-karar.htm.

http://www.ysk.gov.tr/ysk/IlkeKararlari/2007/Kararlar/2007-494-karar.htm.

http://www.ysk.gov.tr/ysk/IlkeKararlari/1999/Kararlar/1999-1553-karar.htm.

http://www.ysk.gov.tr/ysk/IlkeKararlari/1999/Kararlar/1999-2363-karar.htm.

http://www.ysk.gov.tr/ysk/IlkeKararlari/1999/Kararlar/1999-1816-karar.htm.

http://www.ysk.gov.tr/ysk/IlkeKararlari/1999/Kararlar/1999-784-karar.htm.

http://www.ysk.gov.tr/ysk/IlkeKararlari/2005/Kararlar/2005-8-karar.htm.

http://www.ysk.gov.tr/ysk/IlkeKararlari/2005/Kararlar/2005-398-karar.htm.

http://www.ysk.gov.tr/ysk/IlkeKararlari/2005/Kararlar/2005-105-karar.htm.

http://www.ysk.gov.tr/ysk/IlkeKararlari/2005/Kararlar/2005-80-karar htm.

http://www.ysk.gov.tr/ysk/docs/Kararlar/2011Pdf/2011-200.pdf.

http://www.ysk.gov.tr/ysk/IlkeKararlari/2002/Kararlar/2002-576-karar.htm.

http://www.ysk.gov.tr/ysk/IlkeKararlari/2002/Kararlar/2002-194-karar.htm.

http://www.ysk.gov.tr/ysk/IlkeKararlari/2007/Kararlar/2007-452-karar.htm.

http://www.ysk.gov.tr/ysk/IlkeKararlari/1999/Kararlar/1999-1554-karar.htm.

http://www.ysk.gov.tr/ysk/IlkeKararlari/2002/Kararlar/2002-620-karar.htm.

http://www.ysk.gov.tr/ysk/docs/Kararlar/2011Pdf/2011-200.pdf.

http://www.ysk.gov.tr/ysk/IlkeKararlari/2005/Kararlar/2005-254-karar.htm.

http://www.ysk.gov.tr/ysk/IlkeKararlari/2007/Kararlar/2007-496-karar.htm.

http://www.ysk.gov.tr/ysk/IlkeKararlari/2007/Kararlar/2007-502-karar.htm.

http://www.anayasa.gov.tr/index.php?l=manage_karar&ref=show&action=karar&id=2435&content=.

http://www.ysk.gov.tr/ysk/docs/Kararlar/2012Pdf/2012-252.pdf.

http://www.ysk.gov.tr/ysk/docs/Kararlar/2004Pdf/2004-304.pdf.

http://www.ysk.gov.tr/ysk/IlkeKararlari/2007/Kararlar/2007-323-karar.htm.

http://www.ysk.gov.tr/ysk/docs/Kararlar/2011Pdf/2011-186.pdf .

http://www.ysk.gov.tr/ysk/docs/Kararlar/2011Pdf/2011-847.pdf.

http://www.ysk.gov.tr/ysk/IlkeKararlari/1998/Kararlar/1998-183-karar.htm.

http://www.ysk.gov.tr/ysk/IlkeKararlari/2007/Kararlar/2007-648-karar.htm.

http://www.ysk.gov.tr/ysk/IlkeKararlari/2007/Kararlar/2007-260-karar.htm.

http://www.ysk.gov.tr/ysk/IlkeKararlari/2007/Kararlar/2007-313-karar.htm.

http://www.ysk.gov.tr/ysk/docs/Kararlar/2011Pdf/2011-660.pdf.

http://www.ysk.gov.tr/ysk/docs/Kararlar/2011Pdf/2011-120.pdf.

http://www.ysk.gov.tr/ysk/docs/Kararlar/2011Pdf/2011-234.pdf.

http://www.ysk.gov.tr/ysk/docs/Kararlar/2010Pdf/2010-870.pdf.

http://www.ysk.gov.tr/ysk/docs/Kararlar/2010Pdf/2010-650.pdf.

http://www.ysk.gov.tr/ysk/docs/YSKGorev.pdf.

http://www.ysk.gov.tr/ysk/IlkeKararlari/2002/Kararlar/2002-718-karar.htm.

http://www.ysk.gov.tr/ysk/docs/Kararlar/2011Pdf/2011-586.pdf.

http://www.ysk.gov.tr/ysk/docs/Kararlar/2012Pdf/2012-24.pdf.

http://www.ysk.gov.tr/ysk/docs/Kararlar/2010Pdf/2010-972-973.pdf.

http://www.ysk.gov.tr/ysk/docs/Kararlar/2010Pdf/2010-452.pdf.

http://www.ysk.gov.tr/ysk/docs/Kararlar/2010Pdf/2010-574.pdf.

http://www.ysk.gov.tr/ysk/docs/Kararlar/2010Pdf/2010-744.pdf.

http://www.ysk.gov.tr/ysk/docs/Kararlar/2010Pdf/2010-609.pdf.

http://www.ysk.gov.tr/ysk/docs/Kararlar/2009Pdf/2009-481.pdf.

http://www.ysk.gov.tr/ysk/docs/Kararlar/2011Pdf/2011-922.pdf.

http://www.ysk.gov.tr/ysk/docs/Kararlar/2011Pdf/2011-905.pdf.

http://www.ysk.gov.tr/ysk/IlkeKararlari/2000/Kararlar/2000-718-karar.htm.

http://www.ysk.gov.tr/ysk/docs/Kararlar/2010Pdf/2010-985.pdf.

http://www.ysk.gov.tr/ysk/IlkeKararlari/2000/Kararlar/2000-235-karar.htm.

http://www.ysk.gov.tr/ysk/IlkeKararlari/2006/Kararlar/2006-320-karar.htm.

http://www.ysk.gov.tr/ysk/docs/Kararlar/2011Pdf/2011-1022.pdf.

FSC
www.fsc.org
MIX
Papier | Fördert gute Waldnutzung
FSC® C083411

Kolibri 360 GmbH
Ferdinand-Jühlke-Straße 7
99095 Erfurt, Deutschland
produktsicherheit@kolibri360.de

Druck:
CPI Druckdienstleistungen GmbH
im Auftrag der
Kolibri 360 GmbH
Ferdinand-Jühlke-Str. 7
99095 Erfurt